职业院校汽车类专业规划教材

汽车空调构造与维修

主　编　王伟波　曲海勇
副主编　李世朋　张　洋　马兆宾
参　编　张艳春　崔　宇　李永录
　　　　张阳利　王彦喜　张　龙
　　　　韩金龙　刘静丽　袁　伟

机械工业出版社

本书结合汽车空调技术与检测维修实践，对汽车空调的构造、工作原理、维修方法等进行了全面、系统的介绍，主要内容包括：汽车空调基础知识、汽车空调供暖通风配气装置、汽车空调制冷系统、汽车空调的控制、汽车自动空调、新能源汽车空调、汽车空调的检测与维修。

本书可供高等职业学校和技师学院汽车运用技术专业师生使用，也可作为相关行业岗位培训用书，同时可供汽车维修人员参考。

图书在版编目（CIP）数据

汽车空调构造与维修/王伟波，曲海勇主编. —北京：机械工业出版社，2018.7

职业院校汽车类专业规划教材

ISBN 978-7-111-60126-5

Ⅰ.①汽… Ⅱ.①王… ②曲… Ⅲ.①汽车空调-构造-高等职业教育-教材②汽车空调-维修-高等职业教育-教材 Ⅳ.①U463.850.3②U472.41

中国版本图书馆CIP数据核字（2018）第163164号

机械工业出版社（北京市百万庄大街22号 邮政编码100037）
策划编辑：王华庆 责任编辑：王华庆 责任校对：陈 越
封面设计：张 静 责任印制：李 昂
北京京丰印刷厂印刷
2018年9月第1版第1次印刷
184mm×260mm · 11.75印张 · 285千字
0001—3000册
标准书号：ISBN 978-7-111-60126-5
定价：35.00元

前　言

近年来，汽车空调技术得到了较快发展，已从单一的制冷、制热功能发展到自动控制，从手动机械控制发展到控制单元对怠速提升和加速切断的控制，从纯电路控制发展到CAN总线控制，从人工诊断发展到控制单元自诊断。这对职业院校教学和学生的知识体系提出了新的要求。为此，我们组织具有多年一线教学经验的教师编写了本书。

本书紧扣汽车空调技术的最新发展状况，理论紧密联系实践，知识结构符合职业院校教学需求和教学规律，在内容上体现新车型、新知识、新技术、新工艺、新方法，并对传统教材知识重新进行了调整、归类，注重实践的补充，强化基础知识延伸与维修技术应用之间的关系，以使培养的学生能尽快适应专门化岗位的需要，直接为企业所用。

本书从汽车空调的基础知识开始，在汽车空调制冷系统的构造和工作原理的基础上，详细分析了汽车空调的控制，在此基础上介绍了汽车自动空调的控制，并对控制单元的针脚及波形进行了详细介绍；新能源汽车空调部分以丰田普瑞斯汽车空调为例，详细介绍了新能源汽车空调的构造、工作原理及控制方法；最后介绍了汽车空调的检测与维护知识，并详细列举了汽车空调常见故障的诊断及排除方法。本书内容从易到难，注重发散思维的培养，采用归纳、演绎等方法对知识进行梳理，符合学生认知规律，可供高等职业学校和技师学院汽车运用技术专业师生使用，也可作为相关行业岗位培训用书，同时可供汽车维修人员参考。

本书由郑州交通技师学院王伟波、曲海勇任主编，郑州交通技师学院李世朋、河南省交通高级技工学校张洋、河南工业技师学院马兆宾任副主编，郑州交通技师学院张艳春、崔宇，安阳市高级技工学校李永录，郑州铁路技师学院张阳利，日照市技师学院王彦喜、张龙，郑州商业技师学院韩金龙、刘静丽、袁伟参加编写。

在本书编写过程中，参阅了部分文献资料，在此向这些文献资料的作者表示衷心的感谢。

由于编者水平有限，再加上编写时间仓促，书中错误之处在所难免，恳请广大读者批评指正。

编　者

目　录

第一章 汽车空调基础知识

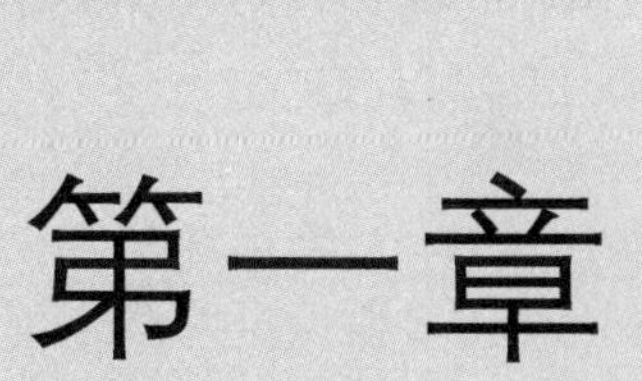

【学习目标】

1. 了解汽车空调技术的发展历程、特点和发展趋势。
2. 熟悉汽车空调制冷系统相关热力学知识。
3. 掌握制冷剂 R134a、冷冻机油的特理化学性质和相似相溶原理。

第一节　汽车空调概述

一、汽车空调的作用

汽车空调的主要作用是调节车内空气的温度、湿度、流速等参数，人为地创造车内清新、舒适的环境，增加驾驶人和乘客的舒适感，缓解疲劳和压力，同时还能够清除车窗上面的一些水蒸气、雾气、霜等，提高能见度，从而确保行车安全性。汽车空调的作用具体概括如下：

1. 调节温度

调节温度是汽车空调的主要作用。夏季主要依靠汽车空调制冷系统产生冷气对车内进行降温；冬季大多数轿车采用汽车冷却系统的余热进行供暖，有的大型客车采用独立燃烧式加热器供暖。在生活中，气温在 25℃左右时，人感到最舒适。当使用汽车空调制冷时，设定的制冷温度比环境温度低 5~7℃即可，过大的车内外温差，不仅容易使驾乘人员患感冒，而且制冷系统长时间工作，会导致经济性变差，汽车空调故障增多、寿命缩短。推荐调节温度：冬季为 18~20℃，夏季为 25~27℃。

2. 调节湿度

空气的湿度是指空气中水蒸气的含量。车内对湿度的调节一般都是降低湿度，即除湿。湿度对车内驾乘人员的舒适感影响很大，湿度直接影响人体内水分的蒸发速度，特别是在夏季，在同样的温度下，湿度越大会使人感觉越热，因此，在降低温度的同时降低湿度会使人感到更凉爽、更舒适。湿度的降低是通过车内空气中的水蒸气在蒸发器表面凝结成水，然后流出车外完成的。车内的湿度一般应保持在 30%~70%之间。普通汽车不具备独立的湿度调节设备，只有通过汽车空调或开车窗来调节。现代汽车普遍采用的冷暖一体化装置，通过制冷和供暖的合理调配对车内湿度进行调节。我国南方的空气湿度夏季为 70%~80%，冬季为 60%~70%；北方的空气湿度夏季为 60%~70%，冬季为 40%~50%。人感到最舒适的空气湿

度是 60%~70%。实践证明，如果空气湿度过小，人会感到口干舌燥；相反，若空气湿度过大，人又会感到闷热憋气。因此，当空气湿度过大或过小时，都应对其进行调节。

3. 调节流速

空气的流速和方向对人的舒适感影响很大。如果直吹，在温度合适时，应将流速限制在 0.15m/s 以内。当然，根据驾乘人员的生活环境、年龄、健康状况、冷热习惯等可以适当改变流速的大小，一般夏季流速应大一些，冬季流速应小一些。根据人的生理特点，头部对冷比较敏感，脚部对热比较敏感。

4. 换气及净化空气

车内空气的质量直接影响驾乘人员健康。车内充满了各种材料释放的化学分解物、空气中的悬浮物、烟味等，因而在汽车空调的进风口大都装有 PM2.5 空气过滤装置或空气净化装置。

二、汽车空调发展历程

1. 汽车空调的发展历程

汽车空调从最初只能用于加热到现在采用电脑控制的冷暖一体化智能空调，经历了几十年的发展历程。汽车空调技术是随着汽车的普及而发展起来的，其发展可以概括为 5 个阶段。

（1）单一供暖阶段　1925 年在美国首先出现了利用汽车冷却液通过加热器供暖的方法。1927 年，在美国纽约市场上出现了第一台汽车空调装置，在当时轰动了世界各国汽车制造商。该装置集加热器、风机和空调滤芯为一体，实现车内空气加热功能，在寒冷的季节，能起到一定的保暖作用。目前，北欧、亚洲北部寒冷地区仍在使用此类装置。

（2）单一制冷阶段　1938 年美国人帕尔德根据电冰箱“冷气”生成的原理，将冷气机在一辆老爷车上进行了试验。次年，他将改进后的冷气机安装在美国福特汽车公司制造的林肯 V12 型轿车中，效果很好。1939 年美国首先在轿车上安装了机械制冷降温的空调器，为世界汽车空调市场开辟了发展道路。1950 年美国南部的炎热天气，促进了单一降温的汽车空调发展，单一降温的方法目前仍然在热带、亚热带地区使用。

（3）冷暖一体化阶段　1954 年通用汽车公司率先在轿车上安装了冷暖一体化空调器，汽车空调才基本具有调节和控制车内温度、湿度的功能。目前的冷暖一体化空调具有调温、除湿、通风、过滤、除霜等功能。

（4）电控自动控制阶段　1964 年，美国通用汽车公司生产的凯迪拉克豪华轿车中安装了第一台自动控温的空调。配备电控自动装置的汽车空调能够自动地在设定的温度范围内工作。

（5）电脑控制阶段　1971 年之后，皇冠、劳斯莱斯、梅赛德斯-奔驰等豪华高档轿车中，都安装了电脑控制的汽车空调装置，并用数字显示，达到最佳控制。1973 年美国和日本联合研究电脑控制的汽车空调系统，并于 1977 年投入使用，将汽车空调技术提高到了一个新的高度，使汽车空调功能增多，显示数字化，冷暖、通风一体化、微调化，实现了空调运行与汽车运行的统一，提高了汽车的整体性能和舒适性。目前，这种空调在汽车上已经得到了普遍使用。

2. 我国汽车空调的发展历程

我国汽车空调的发展经历了以下三个阶段。

第一阶段是从 20 世纪 60 年代初到 70 年代末，主要是利用汽车发动机排出的废气或冷却液循环产生的热量来采暖。

第二阶段是20世纪80年代初至90年代初，长春第一汽车集团的红旗牌轿车装上了空调器，上海汽车制造厂也在上海牌轿车上安装了国产空调器。20世纪80年代中后期，我国汽车制造厂不断从日本、德国引进先进的空调生产线和空调技术，将生产出的空调安装在国产大中型客车、轻型车及轿车上。

第三阶段是从20世纪90年代初到2000年，我国已形成规模化的汽车空调生产线，同时按《关于消耗臭氧层物质的蒙特利尔议定书》和《中国逐步淘汰消耗臭氧层物质国家方案》的要求，开始研究开发汽车空调制冷媒介，由R12向R134a转换。至此，我国汽车空调技术在短时间内缩小了与国外的差距。

近年来，我国汽车空调行业发展迅速，汽车空调技术取得了突破性进展，主要表现在汽车空调技术的更新换代周期越来越短，压缩机从斜盘式到涡旋式再到变容式的变革，各种新型换热器在汽车空调上的使用都是在较短的时间内完成的。同时，汽车空调的研究内容也越来越深，越来越广泛，如制冷剂替代技术、动态仿真研究、系统智能控制技术和系统匹配与优化技术等，所有这些都是为了使汽车空调达到最佳性能。我国汽车空调技术正在走向成熟，与发达国家的差距在逐渐缩小。

三、汽车空调的特点

汽车空调已经成为一门专业技术，汽车空调的特点主要是指汽车制冷技术的一些特点。概括起来汽车空调有以下特点：

1. 要求制冷、制热负荷大和轻量化

车内驾乘人员密度大，散发热量多，热负荷大，汽车的门窗多、面积大致使汽车隔热性能差，热量流失严重，太阳直射车厢使隔热困难，乘客在车中停留等问题，都要求汽车空调与房间空调不同，要求汽车空调能在较短的时间内把车内的空气温度调节到规定值，要求汽车空调制冷、制热负荷大。同时，汽车工作环境恶劣，要使车内温度速降，在短时间内达到舒适的工作环境，就要求制冷量特别大。汽车空调结构紧凑、轻量化要求越来越高，现代汽车空调的总质量已比20世纪60年代下降了50%，是原始汽车空调质量的1/4，制冷能力却增加了50%左右。

2. 冷凝温度高

我们知道在热的天气要使车内凉爽，车内多余的热量就得散发到车外的空间中去，要求冷凝效果好。房间空调的室外机装在建筑物的外面，与周围环境的空气接触，这个环境温度最高时也就是三十几摄氏度。与房间空调不同，汽车空调的冷凝器只能装在发动机舱的前端（经过多年研究试验，这是最佳的位置），其周围环境的温度最低也有七十几摄氏度，这就对其热交换即冷凝的过程造成很大的影响，所以要求汽车空调冷凝效果好。

3. 制冷剂易泄漏

汽车在不平坦的道路上行驶时，要承受剧烈和频繁的振动冲击作用，导致空调制冷系统管路连接处容易松动，所以汽车空调的各个零部件应有足够的强度和抗震能力，连接处牢固并防泄漏（统计表明：制冷剂泄漏故障约占空调全部故障的80%，而且频率很高），另外雨水的腐蚀、冲刷等都容易造成制冷剂泄漏现象。

4. 汽车空调制冷系统所需的动力来自发动机或电池组

轿车、轻型汽车、中小型客车及工程机械，其空调制冷所需的动力和驱动汽车的动力都来自同一发动机，这种空调称为非独立空调；对于大型客车和豪华型大中客车，由于所需制

冷量和暖气量大，一般采用专用发动机驱动制冷压缩机和设置独立的采暖设备，故称为独立式空调。非独立空调系统会影响汽车的动力性能，但比独立空调系统在设备成本和运行成本上都经济。汽车安装了非独立式空调后，耗油量平均增加 10%~20%（和汽车的速度有关），发动机的输出功率减少 10%~12%。对于纯电动汽车，所需要的动力来源于电池组，开启空调制冷系统，会缩短续航里程。

5. 汽车空调结构紧凑

汽车空调安装在汽车上，使本身非常狭小的发动机舱更加拥挤，因此空调安装位置受到限制，对其结构尺寸的要求达到了近乎苛刻的程度。随着汽车智能化、小型化，这一矛盾在很长一段时间内还会存在。

四、汽车空调发展趋势

当前，汽车向智能化、轻量化方向发展，需要进一步提高汽车空调的效率和舒适性，进一步降低汽车空调的成本。从市场需求方面来看，汽车空调操作要简便，要提高燃油经济性，车内温度调节更加合理，功能更加强大，具体体现在以下 5 个方面：

1. 向全自动方向发展

电子计算机的普及并逐步应用到汽车空调，使汽车空调的控制效果日趋完善，空调设备的性能也越来越高。汽车全自动空调能进行全天候的空气调节，集制冷、采暖、通风于一体，在人为设定的温度、湿度及风量的情况下，可根据车内人员数量及其他情况的变化进行多档次、多模式的自动微调，使车内温度、湿度等达到最佳，同时还可进行故障自动诊断和数字显示，缩短检测和维修时间。

2. 提高舒适性

当前不少汽车空调的制冷和采暖是各自独立的。在南方梅雨季节，车窗上常常蒙上雾气，若要去掉雾气，需要开启制冷装置，但这样一来将会使车内太冷，因此，全季节型汽车空调应运而生。该空调具有换气、采暖、除湿、制冷、除霜、除雾等功能，夏天由发动机驱动制冷系统，冬天由加热器采暖，过渡季节（如梅雨季节）则采用制冷与采暖混合吹出的温和风进行除湿，使车内换气情况达到最佳状态。

3. 高效节能、小型轻量化

要进一步降低汽车空调的重量和尺寸，需要提高各组成装置的轻量化，为此各汽车制造企业正致力于改善各部件的结构、材料和制造工艺，使其更加高效、节能和轻量化，不断优化汽车空调的布局，提高其整体性能。我们看到，新型压缩机技术在汽车空调中的应用，为汽车空调升级提供了空间。

4. 采用更环保的材料

汽车空调早期所使用的制冷剂 R12 对大气臭氧层有很强的破坏作用，2000 年以后已被禁止使用，目前汽车空调已经完全用 R134a 取代了 R12，并解决了汽车空调匹配和材料等一系列问题。此外，多种更加环保的制冷剂（如 R407c）也正在研究和运用之中。

5. 新能源汽车空调

随着国家对新能源汽车的政策鼓励，混合动力和纯电动汽车逐渐走入寻常百姓家庭，电动变频压缩机制冷系统和 PDC 加热采暖系统成为新能源汽车空调的发展方向。

未来汽车空调发展向更经济性迈进，成本进一步降低，车内的舒适性进一步提高，行驶的安全性更高，同时汽车空调在使用过程中更加环保，操作进一步简化，更加智能。伴随着

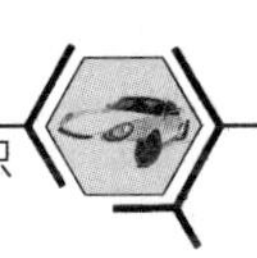

全球工业技术的发展，汽车空调技术将继续向智能化、环保节能、轻量舒适的新高度迈进！

第二节　热力学基础知识

一、物质的状态参数

1. 温度

温度是表征物体冷热程度的物理量。从分子运动论观点看，温度是大量分子热运动的集体表现，是物体分子运动平均动能的标志，也是物质微观热运动的宏观体现，具有统计意义。

根据使用目的的不同，人们设计制造出了多种温度计，如水银温度计、气体温度计、电阻温度计、温差电偶温度计、指针式温度计、玻璃管温度计、压力式温度计等。温度计的温标主要有：摄氏温标、华氏温标和绝对温标。

摄氏度是摄氏温标的温度计量单位，用符号“℃”表示，最早是瑞典天文学家安德斯·摄尔修斯于1742年提出的，是目前世界上使用较为广泛的一种温标。摄氏温标把纯净的水在标准大气压下的冰点作为0℃，沸点作为100℃，在这两者之间均分成100份，每一份定为1℃，用“t”表示。

华氏度是华氏温标的温度计量单位，用符号“℉”表示，是由荷兰人华伦海特提出的。他把一定浓度的盐水凝固时的温度定为0℉，把纯水凝固时的温度定为32℉，把标准大气压下水沸腾的温度定为212℉。

华氏温标与摄氏温标之间换算关系为

$$F=9t/5+32$$

式中　t——摄氏温度（℃）；

F——华氏温度（℉）。

开尔文是绝对温标的温度计量单位，用符号“K”表示，由苏格兰数学家威廉·汤姆逊·开尔文于1848年提出，是国际单位制的七个基本单位之一。以开尔文计量的温度称为热力学温度，其零点为绝对零度。在热力学的经典表述中，绝对零度下所有热运动停止。1K定义为水的三相点与绝对零度之差的1/273.15。水的三相点是0.01℃，实际上，如以水的冰点为标准，绝对零度应比它低273.15℃，因此温度变化1℃，相当于变化了1K。

绝对温标和摄氏温标之间的换算关系为

$$T=t+273.15。$$

式中　T——热力学温度（K）；

t——摄氏温度（℃）。

2. 湿度

湿度用来表示空气的干湿程度。1m^{3}湿空气中所含水蒸气的质量称为空气的绝对湿度。由于湿空气是空气和水蒸气的均匀混合物，因此绝对湿度在数值上等于水蒸气的含量，用d_v表示。

绝对湿度只能说明湿空气在某一温度下实际所含水蒸气的质量，但不能说明湿空气的吸湿能力。因此，采用湿空气的相对湿度来说明空气的潮湿程度，或说明空气接近饱和的程度。相对湿度就是湿空气中实际所含的水蒸气量（空气的绝对湿度）与同温度下饱和湿空气所含的水蒸气量（饱和湿空气的密度）的比值，用公式表示为

$$U=\frac{d_v}{\rho_s}=\frac{e}{e_s}\times 100\%$$

式中　d_v——空气的绝对湿度；

ρ_s——饱和湿空气的密度；

e——空气中水蒸气的分压力；

e_s——饱和湿空气中水蒸气的分压力（简称饱和水蒸气压力）。

U 值越小，表示湿空气离饱和状态越远，空气越干燥，还能再吸收水分；反之，U 值越大，则表示空气越潮湿，吸收水分的能力越差。当 $U=0$ 时，则为干空气；当 $U=100\%$时，则为饱和空气，再也不能吸收水分了。

湿空气在状态变化过程中，由于水分蒸发，水蒸气凝结，其体积和质量会发生变化。即使湿空气中的水蒸气含量不变，由于温度变化，其体积也跟着变化，因此绝对湿度也将发生变化。

3. 压力

物理学上的压力是指发生在两个物体接触表面上的作用力，或者是气体对于固体和液体表面的垂直作用力，或者是液体对于固体表面的垂直作用力。容器中气体在宏观上施于容器壁的压力是大量气体分子对容器壁不断碰撞的结果。无规则运动的气体分子不断地与容器壁相撞，就某个分子来说，对器壁的碰撞是断续的，而且每次碰到容器壁的什么地方都是偶然的，但是对于包含大量分子的整体来说，每一刻都有许许多多分子与容器壁相撞，所以宏观上就表现出一个恒定的、持续的压力。这和雨点打在雨伞上的情形很相似。

压力的国际单位是“牛顿”，简称“牛”，符号为“N”；压强的国际单位是“帕斯卡”，简称“帕”，符号为“Pa”。

压力常见的表示方式有三种：绝对压力、真空度、表压力。

1）绝对压力：把完全真空状态作为零值，表示实际的压力数值。

2）真空度：低于标准大气压力的压力值被称为真空度。

3）表压力：把标准大气压作为零值，从压力表上读出的数值称为表压力。

二、热力学定律

1. 热力学第一定律

热量可以从一个物体传递到另一个物体，也可以与机械能或其他能量互相转换，但是在转换过程中，能量的总值保持不变，这就是热力学第一定律。热力学第一定律是能量守恒定律在热现象领域中的表述，它表达了能量在传递和转换过程中的守恒性，是自然界的普遍规律之一。

热力学第一定律的数学表示式为

$$\Delta U=Q+W$$

式中　ΔU——内能的变化量；

Q——外界传递给系统的热量；

W——系统对外界所做的功。

首先必须理解表达式的物理意义，掌握它的符号法则：①$W>0$ 表示外界对系统做功，$W<0$ 表示系统对外界做功；②$Q>0$ 表示系统吸热，$Q<0$ 表示系统放热；③$\Delta U>0$ 表示系统

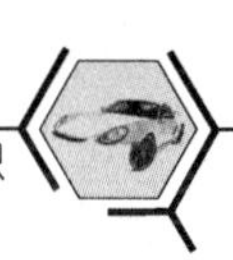

内能增加，$\Delta U<0$ 表示内能减少。如果事先不便确定其正负，可以先假定其为正，在定量计算出结果后再做判断。若大于零，说明与原假定的相同；若小于零，则与原假定相反。必须指出的是，一般来说系统对外界做功，表现出系统体积膨胀；外界对系统做功，系统体积则被压缩。但在某些特定条件下，例如气体自由膨胀（外界为真空）时，气体就没有克服外力做功。另外，在判断内能变化时，还必须结合物态变化以及能的转化与守恒。规定系统吸热为正，放热为负。系统得功为正，对环境做功为负。当然，上述 ΔU、W、Q 对于无限小过程，热力学第一定律的也可以用微分表达，在这里不多阐述。热量和功是与其有关的系统与外界交换的能量，能量在传递和转换过程中是守恒的。热力学第一定律是许多试验结果的归纳总结，却又无法由其他任何自然原理推导或证明。热力学第一定律及其推论和应用的正确性，已被广泛的试验所证实。

对于汽车空调制冷系统，压缩机对低温低压的气态制冷剂做功，W 为正，制冷剂内能 ΔU 的增量就是 W 减去做功过程中制冷剂散发的热量 Q，忽略掉其他能量损失，总体上制冷剂的内能增大，体现在温度和压力的增加。

2. 热力学第二定律

热力学第二定律的两种表述：

（1）克劳休斯表述　不可能使热量由低温物体传递到高温物体，而不引起其他变化（按照热传递的方向性来表述）。

（2）开尔文表述　不可能从单一热源吸收热量并把它全部用来做功，而不引起其他变化。

这两种表述是等价的，可以从一种表述导出另一种表述，所以他们都称为热力学第二定律。

意义：热力学第二定律揭示了有大量分子参与的宏观过程的方向性（自然界中进行的涉及热现象的宏观过程都具有方向性）。

热力学第二定律的其他表述：第二类永动机是不可能制成的（能从单一热源吸收热量，然后全部用来做功，而不引起其他变化的机器，称为第二类永动机）。

第二类永动机并不违反能量守恒定律，人们为了制造出第二类永动机做出了各种努力，但都失败了。热机是把内能转化为机械能的装置，热机效率总是小于 100%。自然界的能量是守恒的，但是有的能量便于利用，有些能量不便于利用。很多事例证明，我们无法把流散的内能重新收集起来加以利用。这种现象叫作能量的耗散。它从能量转化的角度反映出自然界中的宏观现象具有方向性。举个例子：图 1-1 所示气缸内盛有一定量理想气体（忽略气体分子的自身体积，将分子看成是有质量的几何点，假设分子间没有相互吸引和排斥，即不计分子势能，分子之间及分子与器壁之间发生的碰撞是完全弹性的，不造成动能损失，这种气体称为理想气体）的气缸壁是导热的，气缸外环境保持恒温，活塞与气缸壁的接触是光滑的，但不漏气。现将气体等温膨胀并通过杆对外做功，活塞杆缓慢地向右移动。这样，若已知理想气体的内能只与温度有关，气体是从单一热源吸热，全用来对外做功，但此过程不违反热力学第二定律。也可以施加外力使杆和活塞向左移动，外界做的功在理想情况下全部转化成理想气体的内能。

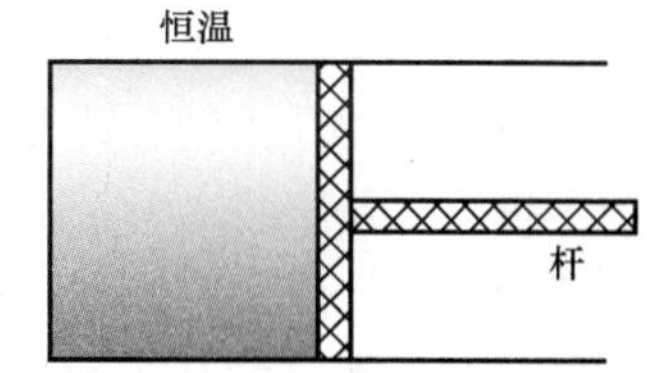

图 1-1　理想气体的热力学现象

热力学第二定律的微观解释：一切不可逆过程总是沿着大量分子热运动的无序程度增大。

三、相与相变

自然界中许多物质都是以固、液、气三种聚集态存在着的，它们在一定条件下可以平衡共存，也可以相互转变。例如：在标准大气压下，0℃时冰与水可以平衡共存。这时，若加热，则冰可以转化成水，若提取热量，则水可以凝结成冰，即冰可以与水互相转化。所谓相，指的是系统中物理性质均匀的部分，它和其他部分之间由一定的分界面隔离开来。因此，在冰和水组成的系统中，冰是一个相，水也是一个相，共有两个相。又如，冷冻机油溶于制冷剂，冷冻机油与制冷剂在液态时的混合物只是一个相。冰和水组成的系统属于单元复相系。单元指的单一物质，复相指的是有两个以上的相。冷冻机油和液态制冷剂属于二元单相系。

物质的相变通常是由温度变化引起的，在一定的压强下，当温度升高或降低到某一值时，相变就会发生。也就是说，在一定的压强下，相变是在一定的温度下发生的。众所周知，在标准大气压下，冰在0℃时融化为水，水在100℃时沸腾而变成蒸汽。由于相变时，固、液、气三相每一摩尔所占的体积不同，所以，对于单元系固、液、气三相的相互转变过程来说，相变时体积要发生变化。其次，在单元系固、液、气三项相互转变过程中，还要吸收或放出大量的热量，这种热量称为相变潜热。例如，在标准大气压下，0℃时，1kg 冰要吸收 333.27kJ 的能量才能转化为同温度的水。同样，对于制冷剂 R134a，1kg 制冷剂的汽化潜热为 198kJ。

温度或者压力的变化导致物体状态的变化称为相变。根据热力学定律，热量只能从高温物体传递给低温物体，相变过程中一定伴随能量的转移。热量从高温物体传递到低温物体的现象称为热传导现象。热量是物体分子不规则热运动动能大小的量度。常用的热量单位有卡（cal）和焦耳（J）。

卡：在标准大气压下，将 1g 纯水加热或冷却，使其温度上升或下降 1℃，所加进或者放出的热量即为 1cal。由于卡的单位比较小，所以一般用千卡（kcal）表示。

焦耳：用 1N 的力作用在力的方向上移动 1m 所做的功即为 1J。1cal = 4.1868J。

在相变的过程中，常见的变化有汽化、液化。

汽化是指物质从液态变为气态的相变过程，该过程吸收外界热量。蒸发和沸腾是物质汽化的两种形式。前者是在液体表面发生的汽化现象，而后者是当饱和蒸气压等于外界压强时发生在液体体内的汽化现象。在汽车空调里，蒸发器中的制冷剂吸收周围空气热量的过程称为蒸发，制冷剂蒸发的温度称为蒸发温度，蒸发时的压力称为蒸发压力。

液化是指物质由气态转变为液态的过程，该过程会对外界放热。实现液化有两种手段：一是降低温度，二是压缩体积。临界温度是气体能液化的最高温度。由于气体液化后体积会变成原来的几千分之一，便于贮藏和运输，所以现实中通常对一些气体（如氨气、天然气）进行液化处理。氨气和天然气的临界温度较高，在常温下加压就可以变成液体，而另外一些气体（如氢、氮）的临界温度很低，在加压的同时必须进行深度冷却，即液化。在空调技术里，制冷剂由气态变成液态的过程称为冷凝。物质从液态转化为气态的相变过程是蒸发。冷凝的过程是放热的过程，高温高压的气态制冷剂在冷凝器中放热变成液态制冷剂的过程就是冷凝过程。

第三节　制冷剂和冷冻机油

一、制冷剂

在制冷过程中起传递热量作用的媒介叫作制冷剂，又称“冷媒”或“雪种”。从广义上

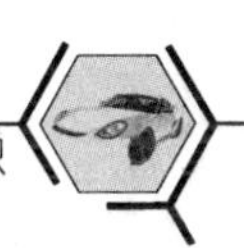

来讲，任何一种流体，若在一定的条件下能实现液态与气态间的相互转换，就可用作制冷剂。但由于各种各样的原因，适合用作制冷剂的媒介种类还是很有限的。

1. 汽车空调制冷剂应该具备的性能和要求

（1）在物理性质方面　要求制冷剂有较低的凝固点和较高的临界温度，较小的密度和黏度，较大的导热系数，且应具有一定的吸水性。

（2）在化学性质方面　要求制冷剂无毒、无害、无刺激性，化学性质稳定，高温下不易分解，不易燃烧和爆炸，对金属及橡胶的腐蚀作用小，与冷冻机油互溶且不发生化学反应。

（3）在热力学性质方面　制冷剂就是把热量不断地从低温物体转移给高温物体的物质，因此要求制冷剂要有很强的制冷能力。制冷能力是以单位时间内所能转移的热量来表示的，单位为J/h。制冷剂的蒸发压力稍高于标准大气压力即可，这样既可以使蒸发压力较低，也不致因制冷系统产生负压而吸进空气。另外，制冷剂的冷凝压力也不应太高，以降低对制冷系统强度的要求，同时减小压缩机功耗。最后，要求制冷剂有较小的等熵指数和较大的汽化潜热，以减小制冷剂的用量。

（4）环保方面　要求制冷剂对人类的生存环境无明显破坏作用，臭氧破坏潜能值（ODP）和全球温暖化潜能值（即地球温室效应GWP值）要小。

（5）成本方面　要求制冷剂价格便宜，容易采购，适合商业运作。

2. 无机化合物制冷剂

（1）氨气（NH_3）　氨气一般用作大型冷柜（库）的制冷剂。氨气作为制冷剂的优点是成本很低，最大的缺点是它是一种强毒性气体，即使含量不高，也会使人窒息而亡。此外，它还有其他一些缺点，如汽化潜热较小等。因此，汽车空调不采用氨气作制冷剂。

（2）丙烷（C_3H_8）　丙烷气体对大气和人体都无危害，是无色无味的气体，其最大的缺点是可燃、易爆炸。若将丙烷用作汽车空调制冷剂，必须经过改制。它在汽车空调中的应用还不成熟。

（3）二氧化碳（CO_2）　二氧化碳作为制冷剂已有100多年的历史。由于二氧化碳制冷系统存在饱和压力过大、循环制冷量损失较大等缺点，导致经济性差、压缩机功耗过大，因而已经被R134a制冷剂代替。与R134a制冷剂相比，二氧化碳制冷剂的优点是对大气臭氧层无破坏作用，汽化潜热较大，无毒，不可燃，不爆炸，成本低廉，来源很广。若从工业废气中获取二氧化碳，还可实现废物利用，减少污染。

近年来，由于环境保护越来越受到人们的重视，氟利昂类制冷剂正在被淘汰（从长远看R134a也终将被淘汰）。在这种情况下，非人工合成的二氧化碳制冷剂又引起了人们的兴趣。目前，各发达国家都在积极开展二氧化碳汽车空调系统的研究。综合分析各方面的情况，有理由相信二氧化碳是最理想的空调制冷剂。

3. 制冷剂R12、R134a和R407c

（1）R12　氟利昂制冷剂是乙烷的衍生物，其性质随分子中氟、氯、氢的原子个数不等而变化，对人体及大气有危害。最常见的氟利昂制冷剂的中文名、分子式及代号见表1-1。

代号中，“F”是英文Freon（氟利昂）的第一个字母，“R”是英文Refrigerant（制冷剂）的第一个字母，国际上通用的表示氟利昂的代号是“R”。

表 1-1 最常见的氟利昂制冷剂

中文名称	分子式	代号
二氟二氯甲烷	$CH_2F_2Cl_2$	F12 或 R12
二氟一氯甲烷	CHF_2Cl_1	F22 或 R22
一氟三氯甲烷	$CFCl_3$	F11 或 R11

我国汽车空调使用的制冷剂中，曾经用得较多的老式氟利昂是 R12，如图 1-2 所示。其主要性能如下：

1）汽化潜热大（165kJ/kg，沸点时）。

2）易于液化（在标准大气压下沸点为-29.8℃，凝点为-155℃）。

3）化学稳定性较好，无色，基本无味（只有很弱的一点芳香味），不变质、不燃烧、不爆炸；但在 400℃以上与明火接触会产生光气，使人咳嗽、头晕、虚弱甚至死亡。

4）对人体无直接危害，但在空气中的含量较大时能使人窒息甚至导致死亡，对大气中的臭氧层有极强的破坏作用。

5）R12 具有较好的热力性能，冷凝压力较低，一般为 0.8~1.2MPa，汽车空调一般要求制冷剂的冷凝压力为 1~1.5MPa。

图 1-2 R12

图 1-3 R134a

R12 在含有水分时对镁和铝的合金有侵蚀作用（不能使用含镁超过 2%的铝合金）；它会溶解天然橡胶，但不侵蚀合成橡胶。R12 在水中的溶解度非常小，且随温度的降低而减小，因此 R12 制冷剂中一旦有水分就会在膨胀阀的出口处结冰，造成“冰堵”现象。因此，在加注 R12 制冷剂前必须进行的一项重要工作就是对系统进行抽真空作业，且在制冷系统中设置干燥剂，以吸收系统中的水分。

（2）R134a 现代轿车普遍采用新型环保制冷剂 R134a（HFC134a），如图 1-3 所示。R134a 学名为四氟乙烷，代号为 R134a，另一代号为 HFC-R134a。R134a 是目前取代 R12 较为理想的制冷剂。其基本性能如下：

1）汽化潜热比 R12 大，但质量较小，导致制冷能力比 R12 略小或与之相当。

2）饱和蒸气压总的来讲与 R12 相近。以 18℃为界，低于 18℃时 R134a 的饱和蒸气压略低于 R12，高于 18℃时又刚好相反。

3）化学性质稳定，无色、无臭、不易燃、不爆炸。

4）对人体无毒性，不破坏大气臭氧层，在大气层停留寿命短。

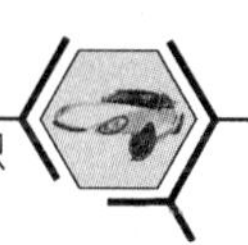

5）吸水性和水溶液性比 R12 高。

6）R134a 具有良好的大气环境特性，臭氧层破坏系数（ODP）为 0，其大气寿命年限低，安全性高，无刺激性和腐蚀性，具有较好的制冷能力，黏度较低、流动性好、制冷剂渗透少。其温度与饱和蒸气压力的关系如图 1-4 所示。

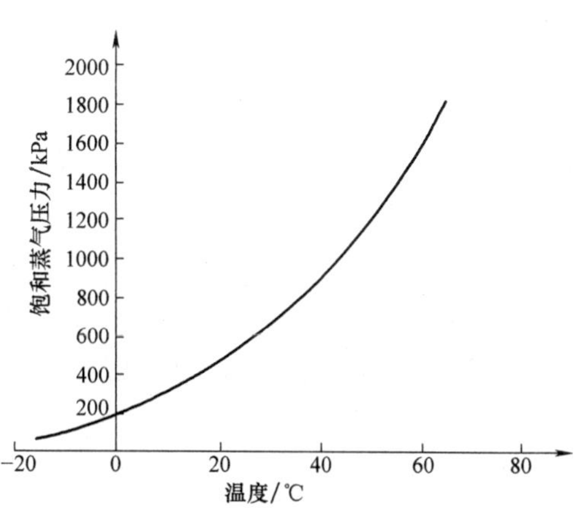

图 1-4　R134a 温度与饱和蒸气压力的关系

（3）R407c　R407c 由 23% 的 R32、25% 的 R125 和 52%的 R134a 制冷剂混合而成，是一种不破坏臭氧层的环保制冷剂。R407c 由于和 R22 有着极为相近的特性和性能，所以成为 R22 的长期替代物，用于各种空调系统和非离心式制冷系统。R407c 可用于 R22 的系统，不用重新设计，只需更换 R22 系统的少量部件，以及将 R22 系统内的矿物冷冻机油更换成能与 R407c 互溶的润滑油（POE 油），就可直接充注 R407c，实现原设备的环保更换。由于 R407c 是混合非共沸媒介，为了保证其混合成分不发生改变，必须进行液态充注。如果 R407c 的系统发生泄漏，且系统的性能发生明显的改变，其系统内剩余的 R407c 不能回收循环使用，必须放空系统内剩余的 R407c，重新充注新的 R407c。R12、R134a、R407c 的性质比较见表 1-2。

表 1-2　R12、R134a、R407c 的性质比较

制冷剂性质	R12	R134a	R407c
化学式	$CH_2Cl_2F_2$	CH_2FCF_3	CH_2F_2/ $C_2H_1F_5$/ $CH_2Cl_2F_2$
相对分子质量	121	102.0	86.2
沸点/℃	−29.8	−26.5	−43.4
凝固点/℃	−157.8	−101	—
临界温度/℃	112	101.1	86.74
临界压力/kPa	4115.4	4056.1	4819
临界容积/($10^{-3}m^3/kg$)	1.7917	1.9415	—
临界密度/(kg/m^3)	557.4	515.8	515.78
液体密度(25℃时)/ (kg/m^3)	1311	1203	1136
蒸气压(25℃时) /kPa	651.5	661.9	1.55
液体比热容(25℃时)/[kJ/(kg · K)]	0.971	1.44	—
蒸气比热容(25℃时,101kPa)/[kJ/(kg · K)]	0.615	0.852	—
等熵指数	1.138	1.11	—
汽化潜热(101kPa)/(kJ/kg^3)	165.11	219.8	249.9
饱和蒸气密度(101kPa)/(kg/m^3)	6.33	5.05	—
可燃性	不燃	不燃	不燃
毒性(10^{-4}%)	1000	1000	无毒
臭氧破坏潜能值(ODP)	1.0	0.0	0.0
全球温暖化潜能值(GWP)	3	0.28	1.526
大气寿命/年	130	16	—

4. 制冷剂使用注意事项

（1）泄漏　如果制冷剂发生大的泄漏，尽可能切断泄漏源。如果通风良好，可使少量的溢出物蒸发。如果制冷剂溢出量大，应使区域通风，并用沙土或其他适宜的吸收材料覆盖。防止制冷剂进入排水管、下水道、地下室或工作坑中，防止制冷剂蒸气通过下水道、通风系统和密闭性空间扩散，因为其蒸气将会导致人窒息。尽管制冷剂在正常温度和压力条件下不易燃烧，但是在高压和高浓度空气条件下，其混合物可燃烧。制冷剂泄漏时，会从泄漏处冒出大量的烟雾。应避免进入高浓缩的制冷剂周围环境，因为制冷剂泄漏处的设备、管道发冷，严重结冻。作业人员防护措施和应急处置程序：根据气体的影响区域划定警戒区，无关人员从侧风、上风向撤离至安全区。出于安全，应远离泄漏地点。禁止接触或跨越泄漏的制冷剂，尽可能切断泄漏源。可通过喷雾状水抑制制冷剂蒸气或改变制冷剂蒸气云流向，避免水流接触泄漏物。禁止用水直接冲击泄漏的制冷剂或泄漏源。

(2) 吸入　低浓度制冷剂对黏膜有刺激作用，高浓度的 R407c 会导致人麻醉甚至失去知觉。大量吸入制冷剂会导致人心率异常和突然死亡。急性中毒：轻度者表现为皮肤、黏膜的刺激反应，出现鼻炎、喉炎、气管炎，可能有角膜及皮肤灼伤；重者出现喉头水肿、声门狭窄、呼吸道黏膜细胞脱落、气道阻塞而窒息，可有中毒性肺水肿和肝损伤症状。如果不小心吸入制冷剂，应使受伤人员远离高浓度区，如果呼吸停止或逐渐微弱，应进行人工呼吸，并就近医治。

(3) 皮肤接触　皮肤接触到喷溅的制冷剂可能会导致冻伤。如果发生冻伤，应将患部浸泡于 38~42℃的温水中复温，不要涂擦，不要使用热水或辐射热。此外，应更换污染的衣物，使用清洁、干燥的敷料包扎，然后就医。

警告：发生冻伤后，衣物可能会粘到皮肤上；喷溅入眼的制冷剂可能会导致冻伤，致使晶体浑浊，角膜穿孔，甚至失明，如果不小心入眼，应立即使用洗眼液或清水冲洗，至少 15min 不得闭眼，并立即就医。

(4) 误食　这种情况不太可能发生，但是一旦发生，将导致冻伤，此时不可强制呕吐。如果受伤人员还有意识，应使用清水清洗嘴部，并使其喝下 200~300mL 的水，并立即就医。

(5) 正确放置和使用　不要击打或滥用制冷剂瓶，制冷剂瓶必须垂直放置。应使用适宜的工具打开和关闭制冷剂瓶阀门。

二、冷冻机油

1. 冷冻机油的作用

冷冻机油就是制冷系统中压缩机的润滑油。冷冻机油的品种、规格及数量对制冷系统的制冷效果、压缩机的寿命等都有重要影响。冷冻机油的作用具体如下：

(1) 润滑作用　减少压缩机运动部件的摩擦和磨损，延长使用寿命。

(2) 冷却作用　冷冻机油在制冷系统内不断循环，因此能带走压缩机工作过程中产生的大量的热，使制冷系统保持在一定的温度下工作，从而提高压缩机的工作效率和使用的可靠性。

(3) 密封作用　活塞与缸壁之间以及压缩机各轴封处的油封起密封作用，防止制冷剂泄漏。在安装管路时，一般也在管路的接合面涂上冷冻机油，以提高管接头的密封性。

2. 汽车空调对冷冻机油性能的要求

因为汽车空调的特殊工作环境，所以对冷冻机油的要求也就有别于其他的润滑油。具体要求如下：

(1) 要有适当的黏度　黏度是润滑油的基本条件，因为只有具有一定的黏度，润滑油才能在各摩擦副表面形成油膜，起到润滑作用。

(2) 要有较好的黏温特性　冷冻机油在制冷系统工作过程中，最高工作温度可达

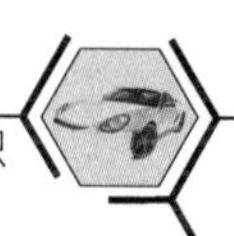

120℃，最低温度会在 0℃以下，所以要求润滑油的黏度受温度的影响变化要小，即在各种温度下都具有良好的润滑性能。

（3）要有良好的低温流动性　如果低温流动性差，润滑油进入蒸发器内后就会因温度较低而在其内沉积，一方面失去其润滑作用造成运动机件损坏，另一方面又会造成系统堵塞，使制冷系统失去制冷能力。

（4）要有良好的互溶性　在汽车空调制冷系统中，冷冻机油是和制冷剂混在一起的。当制冷剂在系统管路中流动时，润滑油也随之流动，这就要求润滑油与制冷剂互溶。若不相溶则冷冻机油会从冷凝器的液态制冷剂中分离出来形成“油堵”，妨碍制冷剂的正常流动。

（5）要有良好的化学稳定性　要求润滑油在高温下不氧化、不分解、不出现凝结和结炭现象。

（6）腐蚀性要小　要求冷冻机油对金属、密封橡胶、干燥剂等腐蚀性小。

（7）油膜强度要高　油膜要能承受比较大的轴向载荷，防止轴承因油膜破坏而遭到损伤。

（8）吸水性要小　如果油中水分含量大，当通过节流口时会因低温而结冰，造成系统出现冰堵现象。另外也会因油中水分多而造成金属镀铜现象以及材料腐蚀、变质加剧等问题。

（9）毒性要小、闪点要高　这是对其安全性的一种要求，最好是无毒，而且还不燃烧。

3. 冷冻机油的类型及选用

应根据所用的制冷剂选择相应的冷冻机油。对于采用 R12、R22 作为制冷剂的汽车空调，一般都以矿物油为冷冻机油，这种润滑油因其各方面的性能较好且价格低，一直被广为使用。但矿物油与制冷剂 R134a 不相溶，不符合作为 R134a 冷冻机油的条件。目前一般用 PAG 和 POE 这两类润滑油作为以 R134a 为制冷剂的汽车空调的冷冻机油。

（1）PAG　PAG 是一种合成多元醇，由于有不同的分子结构而分成许多种类，分别呈现出不同的物理性质，具体如下：

1）PAG 与 R134a 不完全互溶，低黏度的 PAG 与 R134a 互溶性较好，但互溶性会随着 PAG 黏度的升高而降低。

2）PAG 的吸水性很强，从大气中吸收水分的饱和量超过 10%（矿物油小于 0.01%）。

3）PAG 在高温时能分解成水、酸、一氧化碳和二氧化碳，可能会造成压缩机镀铜现象。

4）PAG 与矿物油、R12、R11 以及许多密封材料不相溶。

5）PAG 的绝缘性能不好，将其用在全封闭的压缩机中时要慎重。

6）PAG 的价格较贵，是普通矿物油价格的 4~5 倍。

（2）POE　POE 是一种合成多元醇酯，又称为酯类润滑油。图 1-5 所示为 POE 冷冻机油。由于添加剂不同，各种 POE 的性能略有不同，具体性能如下：

1）POE 与 R134a 互溶性很好，并且与 R12、R11 等制冷剂也相溶。

2）POE 的吸水性比矿物油的大，但 POE 中的水分与油是牢固结合的，不会在制冷系统中出现结冰现象，但水分会造成制冷系统的制冷能力下降，所以仍要控制 POE 中水分的含量。

3）POE 在高温下也会分解成水、二氧化碳等，这种分解要以铁为催化剂，所以需要在制冷系统中加入一种金属钝化剂保护 POE 不分解。

4）POE 与丁腈橡胶、氯丁橡胶等材料能较好地相溶。

5）POE 中加了极限压力添加剂，所以 POE 的耐磨润滑性良好，提高了油膜的强度。

总之，目前生产的冷冻机油的各项性能指标还不能令人十分满意，还正处于开发研制阶段，POE 的使用相对于 PAG 多一些。

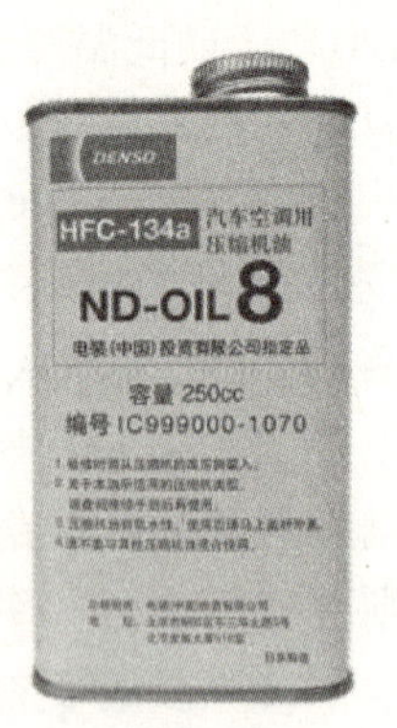

图 1-5　POE 冷冻机油

4. 冷冻机油的使用

（1）冷冻机油使用注意事项

1）冷冻机油应保存在干燥、密封的容器里，放在阴暗处。

2）使用冷冻机油时要随时关闭容器盖，以免空气中的水分和其他杂物进入油中。

3）不同牌号的冷冻机油不能混装、混用，尤其是使用 R134a 作制冷剂的制冷系统不能加注矿物油。

4）变质的冷冻机油不能使用。

5）应按规定加入适量的冷冻机油，过多和过少都会影响制冷系统正常工作。

（2）正确使用冷冻机油　正确使用冷冻机油包括使用正确的牌号和正确的加注量。在汽车空调中，制冷剂与冷冻机油需要完全互溶，这样才能保证压缩机能始终得到润滑。矿物油与 R12 互溶，却与 R134a 不互溶。各种压缩机采用了不同类型和不同牌号的冷冻机油，因此使用时应严格遵守规定，不能混淆，否则会损坏压缩机，造成系统故障。由于冷冻机油有一定的吸水能力，因此即使最初是合格的冷冻机油，如果在空气中放置一定的时间，造成油中水分过多，加入系统后，也会造成系统故障。在维修汽车空调时，需要根据更换的零部件情况，来进行倒出冷冻机油或加入冷冻机油的工作。例如，只更换压缩机时，需要将新更换的压缩机内部的冷冻机油倒出一定的量；只更换冷凝器时，则需要加入一定量的冷冻机油。

三、制冷系统的密封

汽车空调制冷系统是个密闭的系统，制冷剂在制冷系统中循环。制冷系统以 R134a 制冷剂为工作介质时，采用蒸发形式制冷，工作时高压侧的压力可达到 3.0MPa 左右，温度可达到 100℃左右。制冷管道的密封是制冷系统正常工作的基础。在汽车空调制冷系统中，O 形密封圈起着重要的静密封作用。其应用主要有三个方面：第一，作为制冷压缩机旋转轴机械密封或唇形密封的辅助密封元件；第二，作为制冷压缩机机体、端盖之间的密封元件；第三，作为制冷管道管接头的密封元件。与其他密封圈相比，O 形密封圈因具有下列优点而被广泛应用于汽车、动力机械、石油化工等领域。

1）结构简单，体积小，重量轻，安装部位紧凑。

2）具有预密封和自密封作用，不需要周期性调整。

3）静、动密封均可使用，用于静密封时几乎没有泄漏。

4）单件使用具有双向密封作用。

5）摩擦系数小，动摩擦阻力小。

6）使用范围很宽。密封压力在 1.33×10^{-5} Pa～400 MPa（动密封可达 35MPa，超过 5MPa 时一般需加挡圈）之间，如果材料选用适当，使用温度范围为-60℃～220℃。

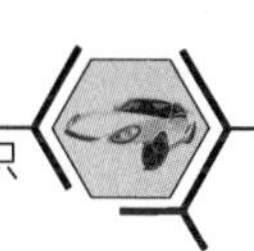

7）制造简单，成本低廉，拆装方便。

但是，O 形圈也有一定的局限性，例如用于动密封时，工件与 O 形圈的相对速度不宜太大（线速度不大于 15m/s），速度过大时易发生泄漏现象；动密封时摩擦阻力较大，约为动摩擦阻力的 3~4 倍。

制冷系统要求密封圈不能与制冷剂、冷冻机油相溶，制冷剂与冷冻机油遵循相似相溶原理。相似相溶原理中“相似”是指溶质与溶剂在结构上相似，“相溶”是指溶质与溶剂彼此互溶。

第二章

汽车空调供暖通风配气装置

【学习目标】

1. 对汽车空调总体有基本的认识。
2. 掌握水暖式汽车空调的组成、构造与工作原理。
3. 熟悉汽车空调的通风、净化和配气装置。

第一节　汽车空调的认识

一、汽车空调的组成及分类

乘用车由于其自身空间限制，一般采用非独立式空调系统。发动机驱动压缩机工作来制冷，用发动机的余热供暖。汽车空调在车上的布置如图 2-1 所示。

1. 汽车空调的组成

汽车空调可以调节车内空气的温度、湿度，改善车内空气的流动性，并且提高空气的清洁度。汽车空调主要由以下几部分组成：

（1）制冷系统　主要用于降温，对车内空气或由外部进入车内的新鲜空气进行冷却或除湿，使车内空气变得更加凉爽舒适。制冷系统由压缩机、冷凝器、管路、储液干燥过滤器、膨胀阀、蒸发器等组成。

（2）暖风装置　主要用于供暖，对车内空气或由外部进入车内的新鲜空气进行加热，达到供暖、除霜的目的。

（3）通风装置　将外部新鲜空气吸入车内，起通风和换气作用。同时，通风可以防止风窗玻璃起霜。

（4）除湿、加湿装置　当车内湿度较大时，可以降

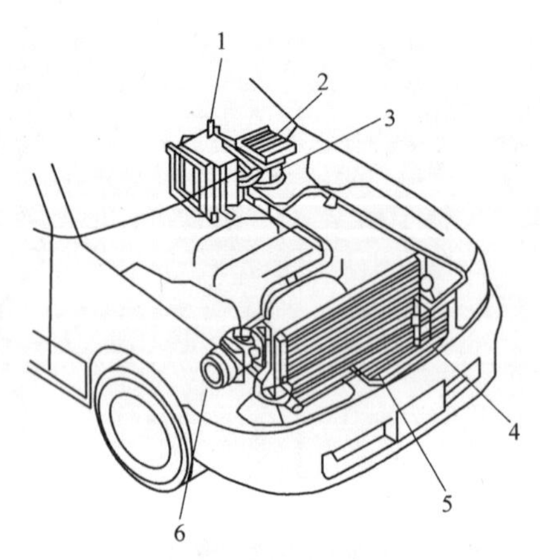

图 2-1　汽车空调在车上的布置

1—制冷单元（膨胀阀、蒸发器）　2—空调滤芯　3—鼓风机　4—储液干燥过滤器　5—冷凝器　6—压缩机

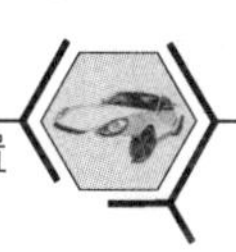

低车内湿度；当车内空气湿度较低的时候，对车内空气进行加湿，以提高车内空气的相对湿度。

（5）空气净化装置　除去车内空气中的灰尘、异味、烟气及有毒气体，使车内空气变得更加清新。

（6）电气系统　电气系统主要由电气元件、控制单元、控制面板等组成。控制单元主要是接收人为和电气元件的信号后，对制冷系统进行控制，从而达到最后效果。

将上述全部或部分有机地组合在一起装在汽车上，便组成了汽车空调。在一般的客、货车上，通常仅安装单一的制冷或制热装置，在中、高档轿车和高档大、中型客车上，除了制冷装置、暖风装置外，还有加湿装置和空气净化装置。

2. 汽车空调的分类

（1）按功能分类　按功能可分为单一功能和综合式两种。

1）单一功能是指仅有制冷装置或供暖装置，主要安装在常年在炎热或者寒冷地区行驶的汽车上。

2）综合式是指冷、暖风共用一个鼓风机和操纵机构。这种空调有冷、暖风分别工作和冷、暖风同时工作两种方式，多用于中、高档轿车上。

（2）按驱动方式分类　按驱动方式可分为非独立式汽车空调和独立式汽车空调两种。

1）非独立式汽车空调。空调制冷的压缩机由汽车本身的发动机驱动，汽车空调的制冷性能受汽车发动机工况的影响较大，工作稳定性较差，特别是低速时制冷量不足，在高速时制冷量过剩，并且消耗发动机功率较大，影响发动机动力性。这种类型的汽车空调一般多用于制冷量相对较小的中、小型汽车上。

2）独立式汽车空调。空调制冷的压缩机由专用的发动机（也称副发动机）驱动，汽车空调的制冷性能不受汽车主发动机工况的影响，工作稳定、制冷量大，但由于加装了一台发动机，不仅增加了成本，而且也增加了体积和重量。这种类型的汽车空调多用于大、中型客车上。

（3）按控制方式分类　按控制方式可分为手动：半自动和自动（智能）空调三种。

1）手动空调。这类空调不具备车内温度和空气配送自动调节功能，制冷、采暖和风量需要使用者按照需要调节，控制电路简单，通常使用在中低端轿车和中、大型货车上。

2）半自动空调。这类空调虽然具备车内温度和空气配送调节功能，但制冷、供暖和送风量等仍然需要人工调节，配有电子控制和保护电路。这种控制方式现在已经被自动空调取代。

3）自动空调。这类空调不仅能实现自动调节和自动控制车内温度、风量、空气配送方式，而且具有故障诊断、网络通信系统保护等功能，工作可靠，目前广泛应用在中、高档轿车和大型豪华客车上。

二、汽车空调控制面板

1. 手动空调控制面板（见图 2-2）

（1）选择出风位置旋钮　旋转该旋钮，选择出风位置，可以选择面部、脚部和面部、脚部、前风窗玻璃和脚部、前风窗玻璃等出风位置。

（2）A/C 开关　按下该开关，指示灯亮，空调制冷系统打开，如果鼓风机仍然在 0 档的位置，通过控制电路，仍然会让鼓风机以一定的速度转动，保证凉风从出风口吹出。若再次按下该按钮，指示灯不亮，表示制冷系统关闭。

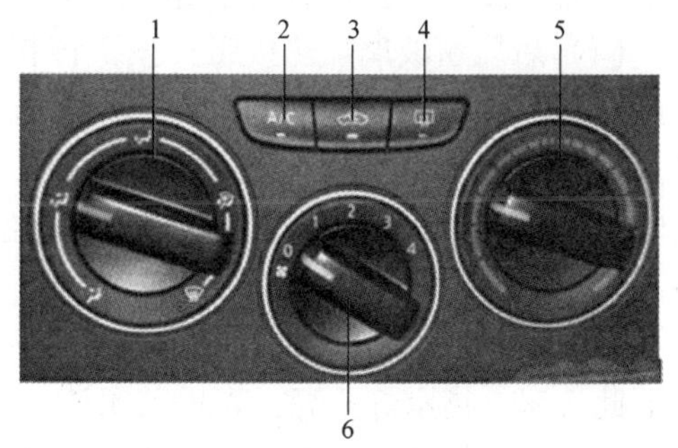

图 2-2　手动空调控制面板

1—选择出风位置旋钮　2—A/C 开关　3—内循环按钮　4—除霜按钮　5—选择制冷/制热强度旋钮　6—选择风量大小旋钮

（3）内循环按钮　按下该按钮，指示灯亮，表示当前为车内空气循环模式；如果指示灯不亮，表示车外空气进入车内，为外循环模式。

（4）除霜按钮　按下该按钮，指示灯亮，表示对后风窗玻璃进行除霜；如果指示灯不亮，表示后风窗玻璃不除霜。

（5）选择制冷/制热强度旋钮　向左旋转至蓝色区域表示制冷，向右旋转至红色区域表示制热。向左旋转得越多表示制冷效果越好，向右旋转得越多表示制热效果越好。

（6）选择风量大小旋钮　0 表示鼓风机不转，关闭。1、2、3、4 为鼓风机的档位，数字越大，鼓风机转速越高。

2. 自动空调控制面板（见图 2-3）

（1）显示所选择的车内温度（左侧）　显示驾驶人区域温度，向左侧旋转温度降低，旋转到 LO 位置时为最低温度；向右旋转温度升高，并显示温度，向右旋转至最右侧时为最高温度。

（2）风窗玻璃除霜 MAX 按钮　按下该按钮，指示灯亮，表示前风窗玻璃除霜最强；再次按下此按钮，指示灯不亮，表示关闭该功能。

（3）前风窗玻璃除霜按钮　按下该按钮，指示灯亮，表示给前风窗玻璃除霜；再次按下此按钮，指示灯不亮，表示关闭该功能。

（4）中央空气分布按钮　按下该按钮，指示灯亮，表示向车内中央吹风；再次按下此按钮，指示灯不亮，表示关闭该功能。

（5）下部空气分布按钮　按下该按钮，指示灯亮，表示向腿部吹风；再次按下此按钮，指示灯不亮，表示关闭该功能。

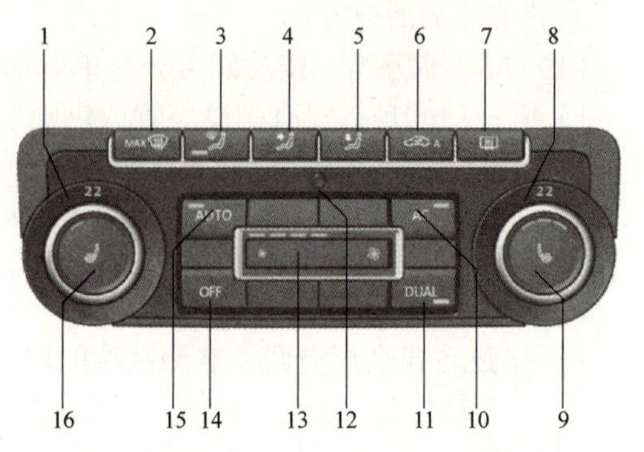

图 2-3　自动空调控制面板

1—显示所选择的车内温度（左侧）　2—风窗玻璃除霜 MAX 按钮　3—前风窗玻璃除霜按钮　4—中央空气分布按钮　5—下部空气分布按钮　6—空气内循环模式按钮　7—后风窗玻璃加热按钮　8—显示所选择的车内温度（右侧）　9—副驾驶人座椅加热按钮　10—AC 按钮　11—DUAL 按钮　12—车内温度传感器　13—鼓风机调节器　14—空调器关闭按钮　15—AUTO 按钮　16—驾驶人座椅加热按钮

（6）空气内循环模式按钮　按下该按钮，指示灯亮，表示当前为空气内循环模式；再次按下此按钮，指示灯不亮，表示关闭该功能。

（7）后风窗玻璃加热按钮　按下该按钮，指示灯亮，表示给后风窗玻璃除霜；再次按下此按钮，指示灯不亮，表示关闭该功能。

（8）显示所选择的车内温度（右侧）显示副驾驶人区域温度，向左侧旋转温度降低，旋转到 LO 位置时为最低温度；向右旋转温度升高，并显示温度，向右旋转至最右侧时为最高温度。

（9）副驾驶人座椅加热按钮　按下该按钮，指示灯亮，表示副驾驶人座椅加热；再次按下此按钮，指示灯不亮，表示关闭该功能。

（10）AC 按钮　按下 AC 按钮，指示灯亮，表示打开了空调制冷功能；再次按下 AC 按钮，指示灯不亮，表示关闭其功能。可将空调压缩机的消耗功率调到最小，按下 AUTO 按钮可以起动该功能，其运行由电控单元按程序自动控制。

（11）DUAL 按钮　两区温度调节模式开关按钮。如果 DUAL 按钮的指示灯亮，那么左、

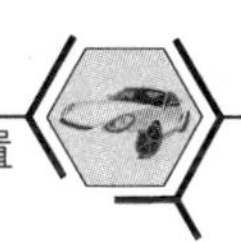

右侧的车内温度能被单独设定。

(12) 车内温度传感器　测量车内温度的传感器。

(13) 鼓风机调节器　通过左右两个按键可改变鼓风机的风速，可对风速进行多级调节。

(14) 空调器关闭按钮　按下该按钮，表示关闭空调器。

(15) AUTO按钮　按下AUTO按钮，自动空调控制单元就会根据各个传感器的信号，依据原定程序，自动控制车内温度、湿度等。

(16) 驾驶人座椅加热按钮　按下该按钮，指示灯亮，表示驾驶人座椅加热；再次按下此按钮，指示灯不亮，表示关闭该功能。

有的自动空调控制面板上还有用于显示温度、风速、湿度的显示屏，通过面板按键的组合操作，可以完成对空调的自诊断，故障码可以通过组合按键呈现到屏幕上，节约维修时间。

第二节　汽车空调供暖系统

汽车空调供暖系统的作用是将新鲜空气或者车内空气送入热交换器，吸收汽车发动机冷却液的热量，将热空气送入车内，从而提高车内空气的温度。

一、汽车空调供暖系统的主要作用与分类

1. 汽车空调供暖系统的主要作用

(1) 调节温度　汽车空调大多采用冷暖一体化设计，空调控制单元可以通过供暖系统并配合其他装置将出风口空气温度调节到人所需要的最佳温度。

(2) 冬季供暖　冬天天气寒冷，人在运动的汽车内会感到更寒冷。汽车空调供暖系统可以向车内提供暖气，以提高车内的温度，使驾乘人员感觉温暖。

(3) 玻璃除霜　冬季或者春秋季，车内外温差较大，车上玻璃会结霜或起雾，影响驾驶人和乘客的视线，不利于行车安全，此时可以用供暖系统给玻璃除霜或除雾。

2. 汽车空调供暖系统的分类

汽车空调供暖系统的种类很多，根据热源不同，汽车供暖系统可分为如下几种形式：

1) 水暖式。利用发动机冷却液的热量进行供暖，这种形式多用于轿车、大型货车及对采暖要求不高的大客车上。

2) 气暖式。利用发动机排放废气的热量进行供暖，这种形式多用于风冷式发动机汽车和有特殊要求的汽车上。

3) 独立燃烧式。装有专门的燃烧机构，这种形式多用在大客车上。

4) 综合预热式。既利用发动机冷却液的热量，又装有燃烧预热器进行供暖，这种形式多用于豪华大客车上。

3. 根据空气循环方式，汽车供暖系统又可分为：

1) 内气式（又称内循环式）。内气式是指利用车内空气循环，将车内空气作为载热体，让其通过热交换器升温，使升温后的空气再进入车内取暖。这种方式消耗热源少，升温快，但从卫生标准看，是最不理想的。

2) 外气式（又称外循环式）。外气式是指利用车外空气循环，全部使用车外新鲜空气

作为载热体，让其通过热交换器升温，使升温后的空气再进入车内取暖。从卫生标准看，外气式是最理想的，但消耗热源也最大，初始升温慢，经济性较差。

3）内外气并用式（又称内外混合式）。内外气并用式是指引进车外新鲜空气的同时，又利用部分车内的原有空气，以新旧空气的混合体作为载热体，通过热交换器，向车内供暖。从卫生标准和热源消耗看，该类汽车供暖系统正好介于内气式和外气式之间，但此种方式控制比较复杂，多应用在高档轿车自动空调中。

不论利用何种热源，热量都通过热交换装置传递给空气，并通过鼓风机把热空气送入车内。

二、水暖式供暖系统的结构与工作原理

水暖式供暖系统一般以水冷式发动机冷却系统中的冷却液作为热源，将冷却液引入车辆内的热交换器中，使鼓风机送来的车内空气（内气式）或外部空气（外气式）与热交换器中的冷却液进行热交换，鼓风机将加热后的空气送入车内。

轿车、载货车和中小型客车需要的热量较少，可以用发动机冷却液的余热来直接供暖。余热供暖设备简单、使用安全、运行经济，缺点是受汽车运行工况的影响，热量较小，发动机停止运行时，没有暖气提供。水暖式供暖系统工作原理如图 2-4 所示。

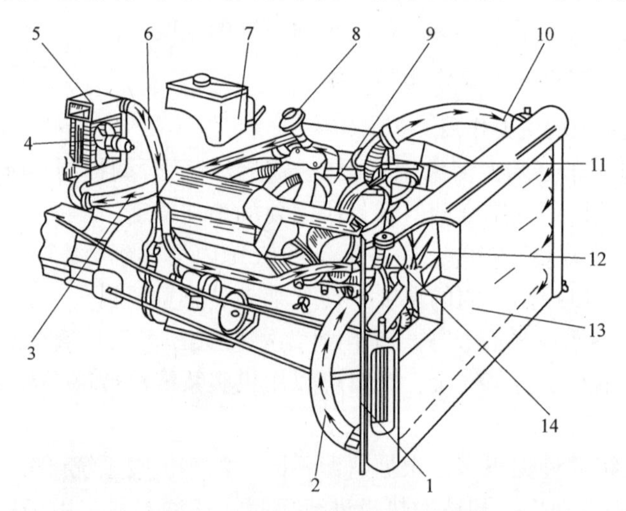

图 2-4　水暖式供暖系统工作原理

1—溢流管　2—回流管　3—加热器送水管　4—鼓风机　5—加热器　6—加热器出水管　7—溢流罐（膨胀水箱）　8—热水开关　9—发动机　10—发动机出水管　11—节温器　12—散热风扇　13—散热器　14—水泵

从发动机出来的冷却液经过节温器 11，在温度达到 80℃左右时，节温器开启，发动机冷却液的一部分流到供暖系统的加热器 5。在节温器和加热器之间设置了一个热水开关 8，用来控制热水的流动。冷却液的另一部分流到散热器。冷却液在加热器内散热，加热周围的空气，然后再用鼓风机 4 将加热后的空气送到车内。冷却液从加热器出来，在水泵 14 的作用下，又重新进入发动机的水套内，吸收发动机热量，完成一次供暖循环。

图 2-5 所示为独立式水暖供暖系统的结构。该系统由暖风加热器、鼓风机及外壳组成一个完整的总成。壳体上有吹向脚部、前部的出风口及吹向车窗起除霜作用的出风口。此种结构通常用于普通轿车、货车和小型客车。

目前暖风加热器主要有管片式和管带式两种。管带式暖风加热器的散热效率高、体积小、重量轻，但其制造工艺复杂。现在用得最多的还是管片式暖风加热器，可以采取减小管壁厚度、在散热片上开槽等措施，以提高其传热效率。

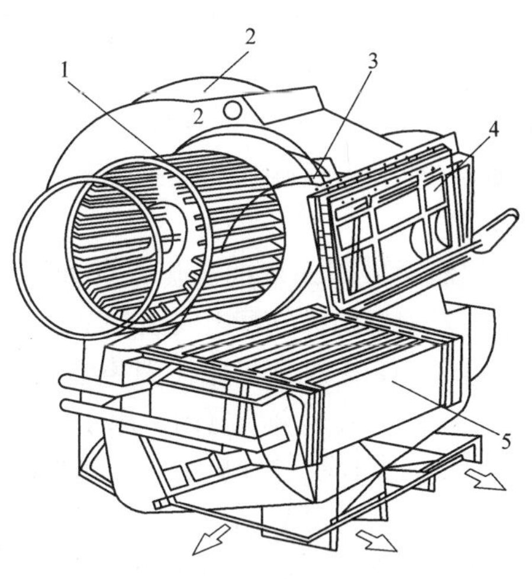

图 2-5　独立式水暖供暖系统的结构
1—鼓风机叶轮　2—壳体　3—电动机
4—调节风门　5—暖风加热器

图 2-6 所示为水暖式内外混合循环供暖系统。由外部空气吸入口 7 吸进新鲜空气，内部空气吸入口 5 吸入内部空气，它们在混合室 4 内混合后，由鼓风机 8 送入热交换器 1，热交换器管内侧由发动机循环水提供热源，混合气体被加热后被送往前座脚下，通过前窗除霜的塑料管输送到前窗除霜或除雾。这种结构的供暖系统效果较好，一般用在中、高档轿车上。

水暖式供暖系统的另一种结构如图 2 7 所示。它是将加热器和蒸发器组装在一个箱体内，共用一个风机和壳体，可以实现全功能空调，大多数中、高档轿车采用这种结构。

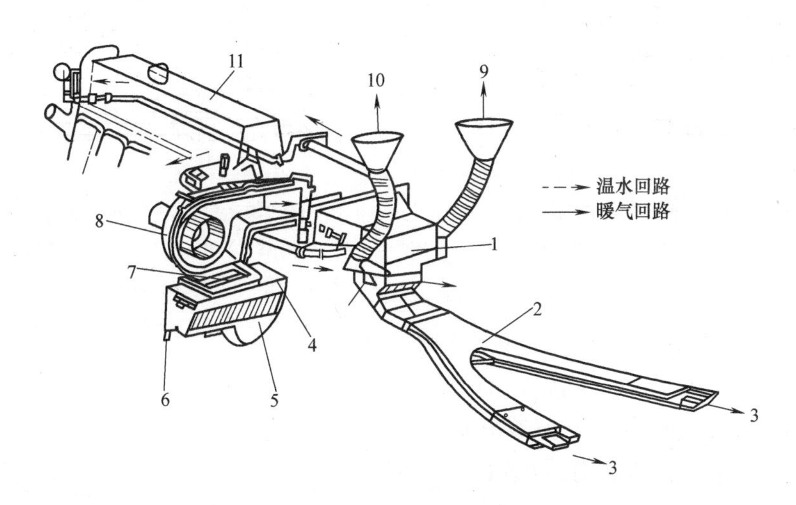

图 2-6　水暖式内外混合循环供暖系统
1—热交换器　2—后座导管　3—管道　4—混合室
5—内部空气吸入口　6—风门操纵杆　7—外部空气吸入口
8—鼓风机　9—前窗除霜管　10—出风口管　11—发动机

三、气暖式供暖系统的结构与工作原理

在汽油机中，发动机排气带走的热量约占 36%，在柴油发动机中，则占 30%左右。气暖式供暖系统就是利用发动机的废气余热进行车内供暖的。气暖式供暖系统是最早采用的供暖形式之一，它让排气管通过驾驶室直接供暖。

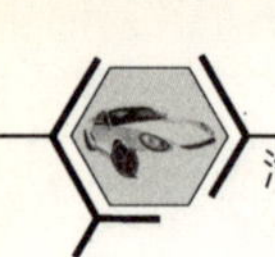

通常采用的方法是将换热器铸成装有散热片的管子，装在发动机排气管上，一方面内腔作排气管用，外侧加热空气并将此汇集起来，送到车内供暖。气暖式热交换器的结构如图 2-8 所示。

气暖式供暖系统的工作原理如图 2-9 所示。它是在发动机的排气管上安装一个热交换器用于加热空气。工作时，将通往消声器的阀门关闭，汽车废气就进入热交换器内，用于加热交换器外的冷空气，冷空气通过热交换器吸收热量后温度升高，由鼓风机吹入车内用于供暖和除霜。

图 2-10 所示为余热气暖式供暖系统。热交换器 1 接在发动机后，由进气管 10 将混合气引入热交换器加热，加热的空气通过排热风管 3，由鼓风机 5 将加热的空气送入车内供暖。

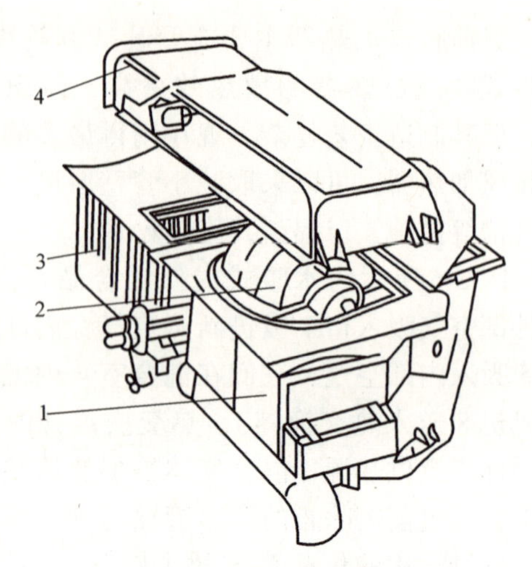

图 2-7　整体式空调器的供暖系统

1—加热器芯　2—鼓风机　3—蒸发器　4—新鲜空气进风口

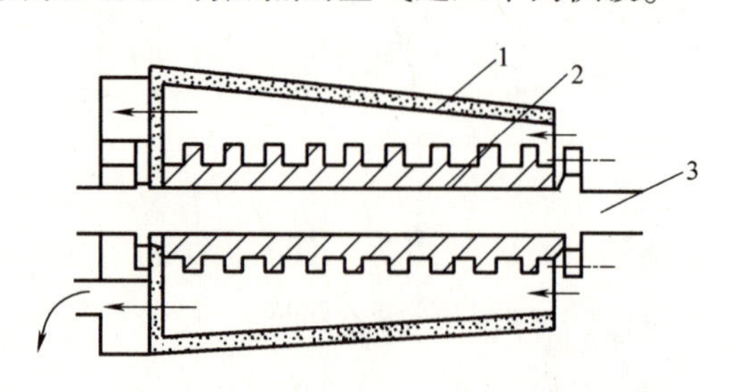

图 2-8　气暖式热交换器的结构

1—空气保温管　2—热交换管　3—排气管

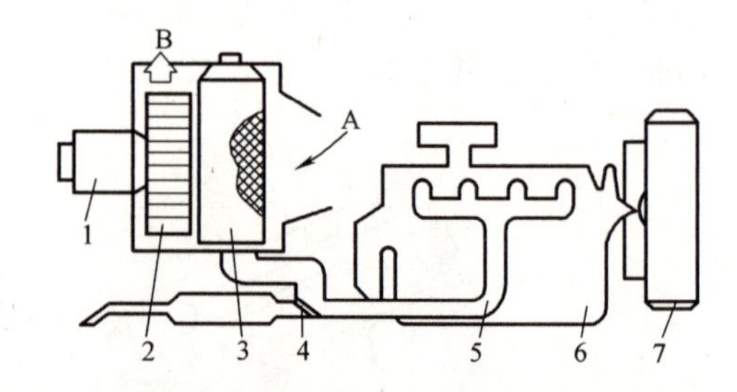

图 2-9　气暖式供暖系统的工作原理

A—新鲜空气　B—暖风　1—鼓风机电动机　2—暖风鼓叶轮　3—热交换器　4—废气阀门　5—发动机排气管　6—发动机　7—发动机散热器

控制面板在仪表板上，它可改变风门位置使部分热风进入除霜器 7，对车前风窗玻璃进行除霜。若需要，可通过专用排气管 2 对后风窗玻璃、侧窗玻璃、脚下等部位供暖。夏季空调制冷时，从蒸发器吹出的冷风温差较大，会使人感到不舒服，这时可通过其与热风泄出阀 9 吹出的热风相混合，混合比例可根据舒适度要求由风门控制冷、热风量，这样就可以得到舒适的凉风。截止阀 12 是用来关闭热风的。

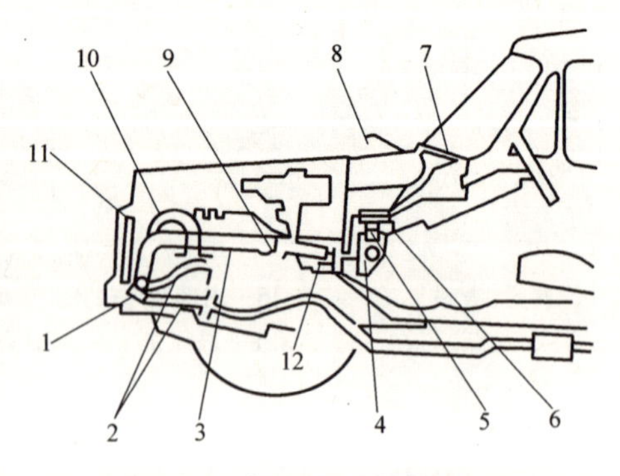

图 2-10　余热气暖式供暖系统

1—热交换器　2—专用排气管（除霜）　3—排热风管　4—转换阀　5—鼓风机　6—电动机　7—除霜器　8—通风口　9—夏季用热风泄出阀　10—进气管　11—挡风栅　12—截止阀

由于发动机的废气含热量较高，能够提供足够暖气来调节车内的温度，所以特别适合于北方寒冷地方解决车内供暖问题。但它的供热效果受发动机工况、车速的影响，供暖温度不稳定。其次，由于

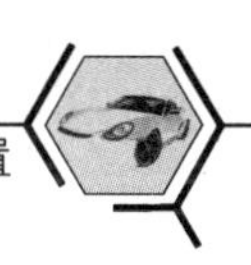

废气中含腐蚀性气体以及有毒气体和微粒，这种取暖器必须采用耐腐蚀材料，密封性必须可靠，否则一旦穿孔，后果不堪设想。另外，在排气管道中加装的换热装置使排气阻力加大，对发动机工况有一定的影响。这种装置的结构比较复杂，体积较大，在一定程度上限制了它的应用。

第三节　汽车空调通风、净化和配气装置

一、汽车空调的通风装置

为了健康和舒适，车内空气要符合一定的卫生标准，需要输入一定量的新鲜空气。新鲜空气的配送量除了要考虑人们因呼吸排出的二氧化碳、蒸发的汗液、吸烟以及从车外进入的灰尘、花粉等污染物外，还必须考虑造成车内正压和局部排气量所需的风量。将新鲜空气送进车内，取代污浊空气的过程，称为通风。新鲜空气进入量只有大于排出和泄漏的空气量，才能保持车内压力略大于车外的压力。保持车内空气正压的目的是防止外面空气不经空调装置直接进入车内，而且能防止热空气泄出，以及避免发动机废气通过回风道进入车内，污染空气。因此，对车内进行通风换气以及对车内空气进行过滤、净化是十分必要的。汽车通风装置也是汽车空调的重要组成部分。根据我国对轿车、客车的空调新鲜空气要求，换气量按人体卫生标准最低为 $20m^3/h$ · 人，且车内二氧化碳的体积分数一般应控制在 0.03%以下，风速为 0.2m/s。汽车空调通风装置主要有三大功能：

1）将调节好的温度、湿度适宜的空气输送并分配到车内。

2）将外界空气导到车内，保持车内空气新鲜、清洁。

3）保持车内气压略大于外界气压，以防外界空气不经空调直接进入车内。

汽车空调的通风方式分为手动调节和自动调节两类。空调手动调节系统的操纵机构可分为拉绳式操纵机构和真空式操纵机构。对于拉绳式操纵机构的空调，其温度、风道等调节都是通过调节控制键带动其后连接的拉绳来实现的。空调自动调节系统按照系统控制模式的不同可以分为电控气动式和电脑控制式。

汽车空调的通风方式一般有动压通风、强制通风和综合通风三种。

1. 动压通风

动压通风也称自然通风，它以汽车行驶时对车身外部所产生的风压为动力，在适当的地方开设进风口和排风口，实现车内通风换气。

进、排风口的位置决定于汽车行驶时车身外表面的风压分布状况和车身结构。进风口应设置在正风压区，并且离地面尽可能高，以免引入汽车行驶时扬起的尘土。排风口则设置在汽车车厢后部的负压区，并且应尽量加大排气口的有效流通面积，提高排气效果，还必须注意防尘、噪声以及雨水的侵入。图 2-11 所示是用普通轿车车身进行风洞试验的表面压力分布图，“+”表示正压区，“-”表示负压区。由图 2-11 可见，车身外部大多受到负压作用，而车前及前风窗玻璃周围为正压区。所以，轿车的进风口设在车窗的下部正压区，而且此处都

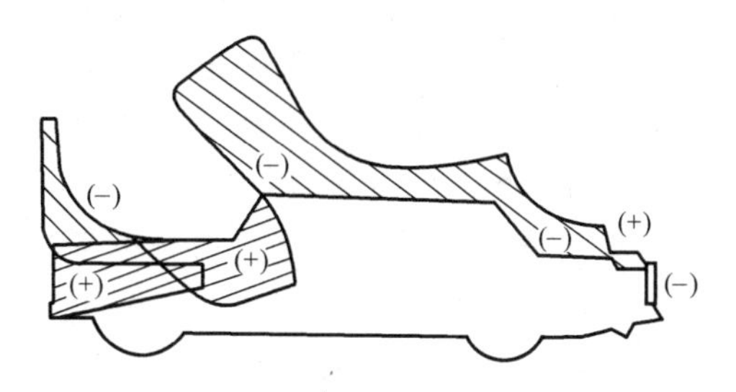

图 2-11　轿车车身表面风压分布

设有进气阀门和内循环空气阀门，用来控制新鲜空气的流量。一般在空调系统刚起动而且车内外温差较大时，关闭外循环气道，采用内循环方式工作，这样可以尽快降低车内温度。排风口设置在轿车尾部负压区。动压通风时车内空气的流动如图 2-12 所示。

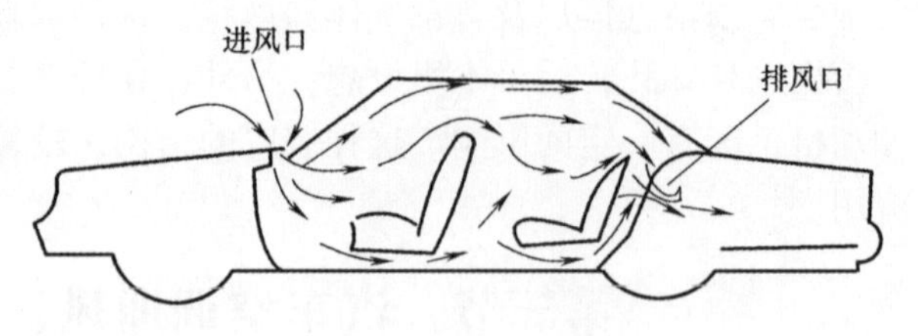

图 2-12　动压通风时车内空气的流动

由于动压通风不消耗动力，且结构简单，通风效果也较好，因此，轿车大都用动压通风换气。

2. 强制通风

强制通风是指利用鼓风机强制将车外空气送入车内进行通风换气。这种方式需要能源和通风设备，在冷暖一体化的汽车空调上，大多采用通风、供暖和制冷的联合装置，将车外空气与空调冷暖空气混合后送入车内。此种通风装置常用于中、高级轿车上。

3. 综合通风

综合通风是指一辆汽车上同时采用动压通风和强制通风。采用综合通风系统的汽车比单独采用强制通风或动压通风的汽车结构要复杂得多。最简单的综合通风系统是在动压通风的车身基础上，安装强制通风扇，根据需要可分别使用和同时使用，基本上能满足各种气候条件的通风换气要求。

综合通风系统虽然结构复杂，但是经济性好，运行成本低。特别是在春秋季节，用动压通风导入凉爽的外部空气，以取代制冷系统工作，同样可以保证舒适性要求。

二、空气净化装置

汽车空调采用的空气净化装置通常有空气过滤式和静电集尘式两种。空气过滤式是在汽车空调的送风口和回风口处设置空气滤清装置，结构简单，能滤除空气中的灰尘和杂物，只需定期清理滤网上的灰尘和杂物即可。

1. 空气过滤式

如图 2-13 所示，花粉过滤器是一种空气过滤式空气净化装置，主要适用于各类中、高档轿车、豪华客车的空调送风循环系统，以实现车内空气环境的净化。它能有效阻止各类污染物及汽车排放的废气进入车内。特殊的花粉过滤器还可采用活性炭技术实现车内有害化学物质的空气污染控制。滤材采用聚丙烯、聚乙烯亚胺或聚碳酸酯纤维等材料制成。也可根据需要将两种过滤材料复合加工成成品。其过滤精度在颗粒尺寸为 0.65μm 时不低于 80%，初阻力小于 50Pa（附活性炭材料时小于 100Pa），耐温范围为 -40 ~ 80℃。采用的特殊活性炭材料，具有细孔发达、吸附性能强的特点，能有效去除空气中的异味（SO_2、NH_3），并能杀灭有害细菌。

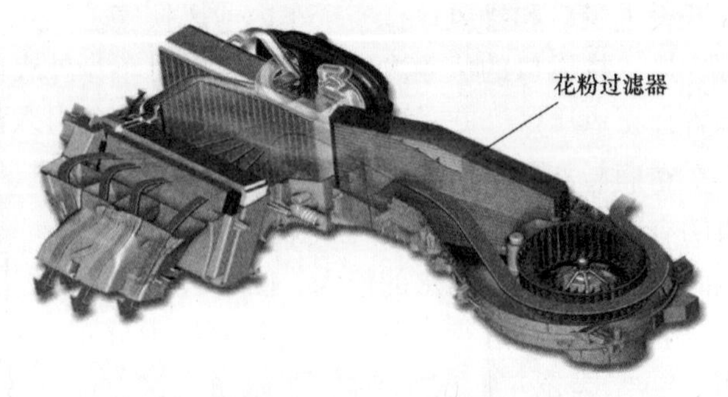

图 2-13　花粉过滤器

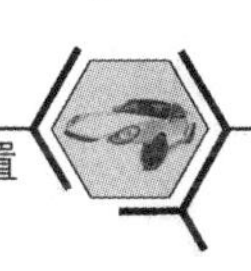

2. 静电集尘式

静电集尘式是在空气进口的滤芯后设置一套静电集尘装置或单独安装一套用于净化车内空气的静电除尘装置。它除具有过滤和吸附烟尘等微小杂质颗粒的作用外，还具有除臭、杀菌、产生负氧离子，使车内空气更为新鲜洁净的作用。由于其结构复杂、成本高，所以，只用于中、高档轿车。图 2-14 所示为静电集尘式空气净化装置的空气净化过程。

预滤器用于过滤大颗粒的杂质。静电集尘器则以静电集尘方式把微小的尘埃、烟灰及汽车排出的气体中含有的微粒吸附在集尘板上。其工作原理是：高压放电时产生的加速离子通过热扩散或相互碰撞而使浮游尘埃带电，在高压电场的作用下，克服空气的阻力使灰尘被吸附在集尘板上。图 2-15 所示为静电集尘原理。其中，图 2-15a 所示为放电电极电流使尘埃带电的状况，图 2-15b 所示为带电的尘埃向集尘板运动的状况。

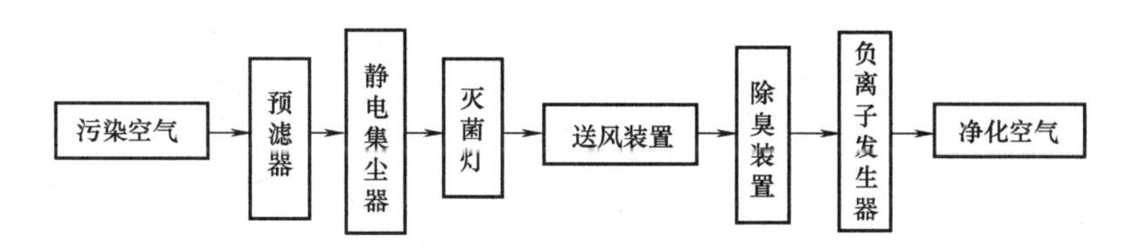

图 2-14　静电集尘式空气净化装置的空气净化过程

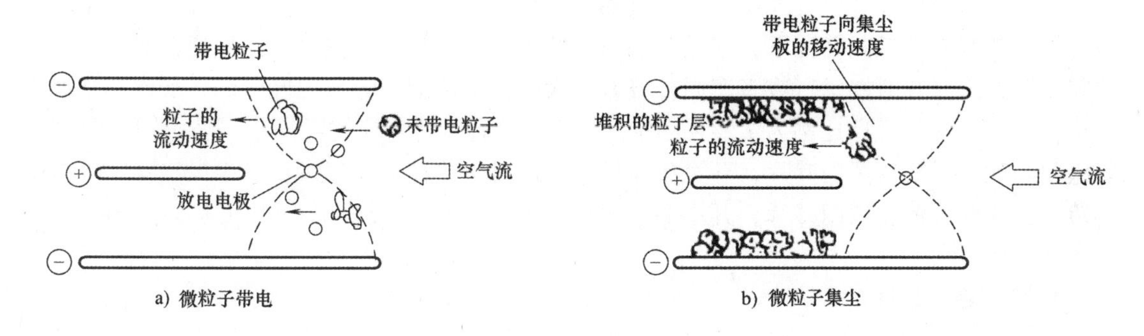

图 2-15　静电集尘原理

灭菌灯用于杀死吸附在集尘板上的细菌。它是一只低压水银放电管，能发射出波长为 353. 7nm 的紫外线光，其杀菌能力约为太阳光的 15 倍。除臭装置用于除去车内的油料及烟雾等气味，一般采用活性炭、纤维式或滤纸式空气滤芯来吸附烟雾和臭气等有害气体。图 2-16 所示为实用的静电集尘式空气净化装置结构示意图。它通常安装在采用内循环方式制冷、采暖的大客车上。采用这种装置净化后的空气清洁度很高，可以充分满足汽车对舒适性的要求。

三、汽车空调配气系统

图 2-17 所示为汽车空调配气系统的基本结构，它通常由三部分构成：第一部分为空气进口段，主要由用来控制新鲜空气和车内循环空气的风门叶片和伺服器组成；第二部分为空气混合段，主要由加热器和蒸发器组成，用来提供所需温度的空气；第三部分为空气分配段，使空气吹向面部、脚部和风窗玻璃上。它们通过手动控制钢索、真空装置（手动空调）

或者伺服电动机（自动空调）由空调控制键控制动作，执行配气工作。

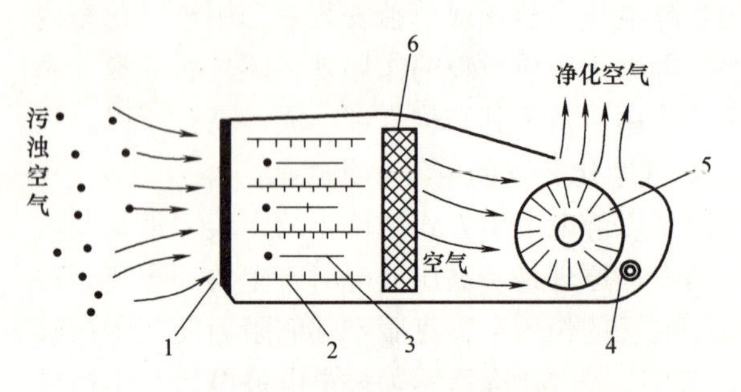

图 2-16　静电集尘式空气净化装置结构示意图

1—粗滤器　2—集尘电极　3—充电电极　4—负离子发生器　5—风机　6—活性炭滤网

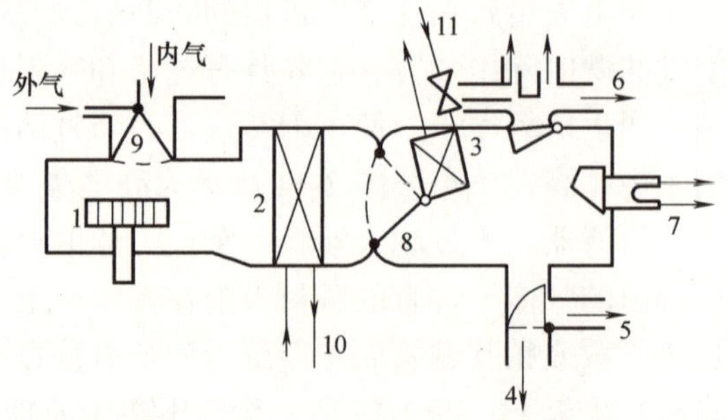

图 2-17　汽车空调配气系统的基本结构

1—鼓风机　2—蒸发器　3—加热器　4—脚部吹风口　5—面部吹风口　6—除霜风口　7—侧吹风口　8—加热器旁通风门叶片　9—空气进口风门叶片　10—制冷系统进出气管　11—水阀调节进出水管

空调配气系统的工作过程为：新鲜空气和车内循环空气进入鼓风机，混合后的空气进入蒸发器冷却，然后由加热器旁通风门进入加热器，最后到各吹风口。

空气进口风门叶片主要控制新鲜空气和车内循环空气的比例，在夏季车外空气气温较高或冬季车外温度较低的情况下，尽量开小风门叶片，以减少冷、热气量的损耗。当车内空气质量下降，汽车长时间运行或者车内外温差不大时，应定期开大风门叶片。一般汽车空调空气进口风门叶片的开启比例为15%~30%。加热器旁通风门叶片主要用于调节通过加热器的空气量：顺时针旋转风门叶片，开大旁通风门，通过加热器的空气量少，由风口 4、5、7 吹出冷风；逆时针旋转风门叶片，开小旁通风门，此时风口 4、5、6、7 吹出热风，用于采暖和玻璃除霜。

1. 汽车空调配气方式分类

（1）空气混合式配气系统　图 2-18a 所示为空气混合式配气系统，其工作过程为：车外空气和车内空气进入鼓风机 3，混合后的空气进入蒸发器 1 冷却，然后进入加热器加热，最后进入出风道 4、5、7。进入蒸发器 1 后再进入加热器 2 的空气量可用风门进行调节。若进入加热器的风量少，也就是冷风量相对较多，这时冷风由冷气风道 7 吹出；反之，则吹出的热风较多，热风从除霜风道 5 或热风（脚部）风道 4 吹出。

空气混合式配气系统的优点是能节省冷气量，缺点是冷暖风不能均匀混合，空气处理后的参数不能完全满足要求，即被处理的空气参数精度差一些。

（2）全热式配气系统　图 2-18b 所示为全热式配气系统，其工作过程为：车外空气和车内空气进入鼓风机 3，混合后的空气进入蒸发器 1 冷却，出来后的空气全部进入加热器 2，加热后的空气由各风门调节风量分别进入 4、5、6、8、9 各吹风口。全热式配气系统与空气混合式配气系统的区别在于由蒸发器出来的冷空气全部直接进入加热器，两者之间不设风门进行冷热空气的风量调节。全热式配气系统的优点是被处理后的空气参数精度较高，缺点是浪费一部分冷气，即为了达到较高的空气参数精度而不惜浪费少量冷气。这种配气方式只用在一些高档豪华汽车空调上。

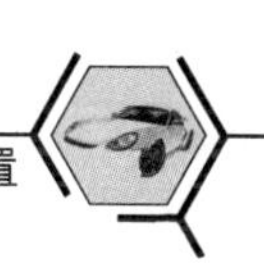

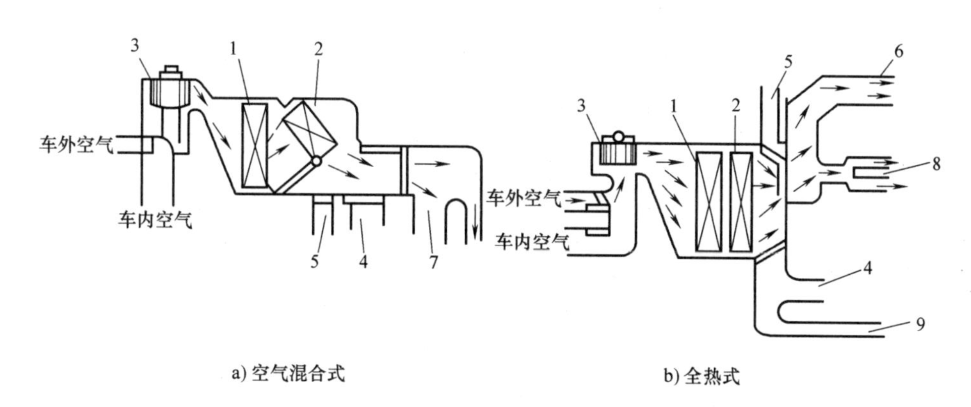

a) 空气混合式　　　　b) 全热式

图 2-18　汽车空调配气流程

1—蒸发器　2—加热器　3—鼓风机　4—热风风道　5—除霜风道

6—中心风道　7—冷气风道　8—侧风道　9—尾部风道

（3）加热与冷却并进混合式配气系统　图 2-19 所示为加热与冷却并进混合式配气系统的工作原理。

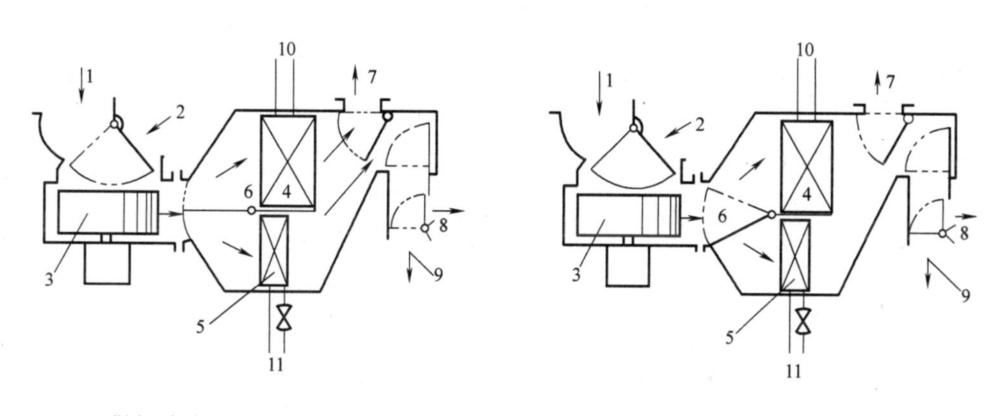

a) 混合风门在上方、下方区域之间的位置　　　　b) 混合风门在最下方位置

图 2-19　加热与冷却并进混合式配气系统的工作原理

1—新鲜空气　2—内循环空气　3—鼓风机　4—蒸发器　5—加热器　6—混合风门　7—上部通风口　8—除霜风道　9—脚部风道　10—制冷剂进出管　11—热水阀调节进出水管

该配气系统工作时，混合风门 6 可以在最上方与最下方区域之间的任何位置开启或停留，如图 2-19a 所示。当空气由鼓风机 3 吹出后，将由混合风门调节进入并联的蒸发器 4 和加热器 5，蒸发器的冷风从上面吹出，对着人身上部，而热空气对着脚下和除霜处。由于风量和温度多种多样，则由混合风门调节进入蒸发器和加热器的空气流量，以满足不同温度、不同风量的要求。其工作模式如图 2-20 所示。

当混合风门 6 处在最上方时，将通往蒸发器的通道口关闭，或者当混合风门 6 处在最下方时，将通往加热器的通道口关闭，这样在蒸发器或加热器不用时，单纯暖气或冷气不经混合直接送至各出风口。若两者都不运行，送入车内的便是自然风。

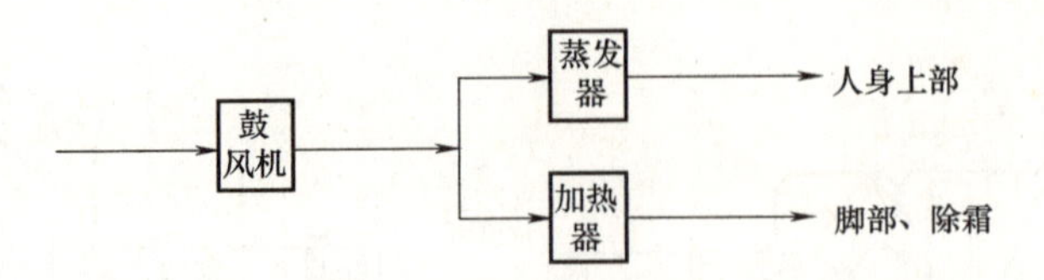

图 2-20　加热与冷却并进混合式工作模式

2. 自动空调配气系统

新鲜空气和车内循环空气经风门调节后，先经过鼓风机吹进蒸发器进行冷却，然后由混合风门调节，一部分空气进入加热器，冷气出口不再进行调节。其工作模式如图 2-21 所示。

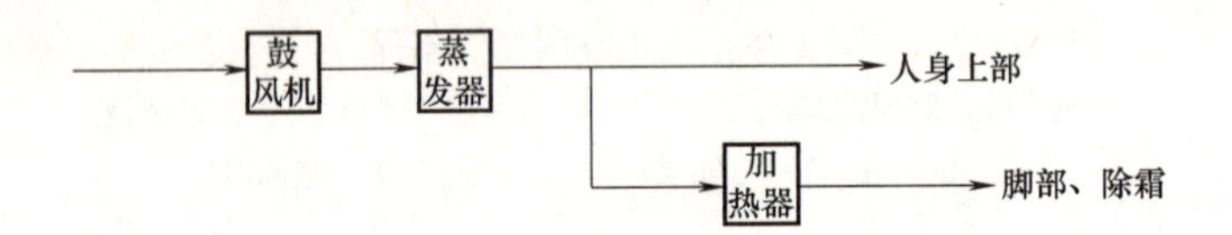

图 2-21　自动空调配气系统工作模式

同样，由混合风门来调节其送入车内的空气温度。若蒸发器不工作，将空气全部引到加热器，则送出的是暖风；若加热器不工作，则送出来的全部是冷风；若两者都不工作，则送出来的是自然风。其结构如图 2-22 所示。

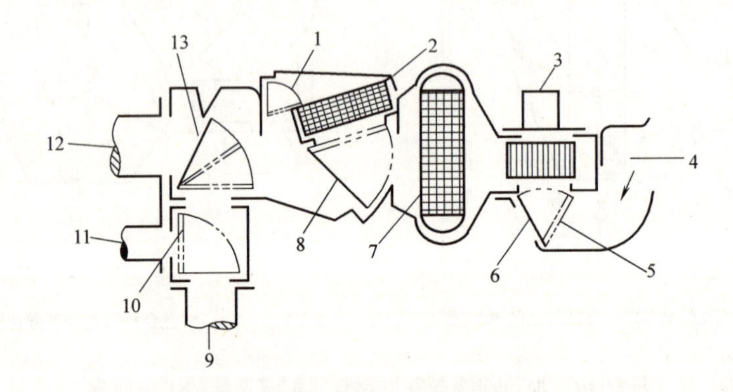

图 2-22　自动空调配气系统的结构

1—限流风门　2—加热器芯　3—鼓风机　4—新鲜空气入口
5—新鲜/再循环空气风门　6—再循环空气风口　7—蒸发器芯
8—混合风门　9—面板处风道　10—A/C 除霜风门　11—除霜器风道　12—底部风道　13—加热除霜口

对于相对封闭的汽车，只有温度的调节是不能满足驾乘人员舒适度要求的。汽车空调的配气方式目前使用最多的是空气混合式。空气经过蒸发器进行降温除湿处理后，用调节风门将一部分空气送到加热器加热，出来的热气和冷气再混合，可以调节成所需要的各种温度的空气，而且除霜的热风可直接从加热器引到除霜风口，直接吹向风窗玻璃。它的最大特点是效率高，节能显著。

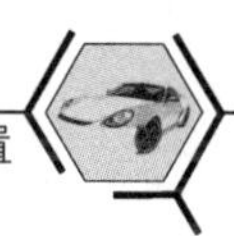

3. 配气系统的风门控制

汽车上使用真空动作器的地方非常多，它的作用就是利用真空度的变化产生机械运动，控制风门、水阀等。所谓真空动作器，实际上是一种带膜片的真空盒，能传递位移。

目前，汽车空调中常用的真空动作器有两种，单膜片真空动作器和双膜片真空动作器。由发动机进气歧管真空度控制。

（1）单膜片真空动作器　单膜片真空动作器的结构如图 2-23 所示。当接通真空源时，膜片在真空吸力的作用下克服弹簧的弹力带动拉杆向上移动，使拉杆产生一定的位移；当切断真空源时，弹簧的弹力又带动膜片和拉杆向下移动，使拉杆又产生一个动作。这种真空动作器通常用来控制全开或全闭的风门。

（2）双膜片真空动作器　双膜片真空动作器的结构如图 2-24 所示。当只有 A 腔通真空源时，膜片带动拉杆只提到一半的位置；只有 A、B 两腔同时有真空作用时，拉杆才能被提到极限位置；如果 A、B 两腔都没有真空作用，则拉杆处于最下端的位置。所以，双膜片真空动作器控制的风门可以有三种状态：半开、全开、全闭。它也可以同时控制两个风门，一个开、一个关或者两个同时半开。

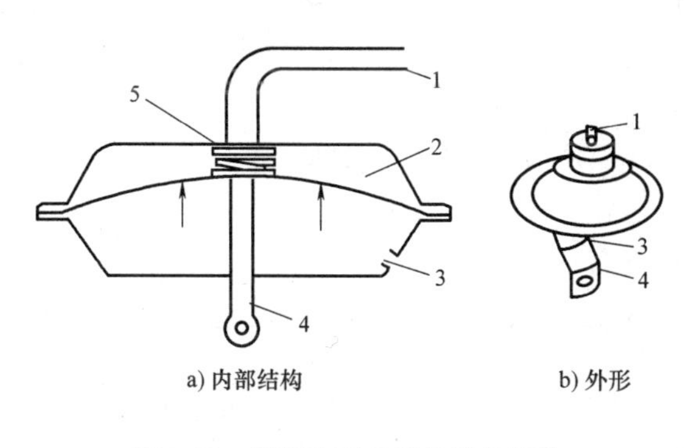

图 2-23　单膜片真空动作器的结构
1—真空接口　2—膜片　3—通气孔
4—拉杆　5—复位弹簧

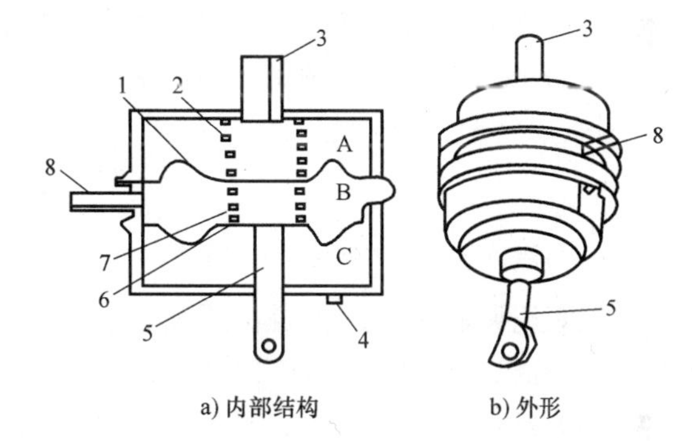

图 2-24　双膜片真空动作器的结构
1—A 腔膜片　2—A 腔弹簧　3—A 腔真空接口　4—通气孔　5—拉杆　6—B 腔膜片　7—B 腔弹簧　8—B 腔真空接口

第三章 汽车空调制冷系统

【学习目标】

1. 掌握汽车空调制冷系统的组成和工作原理。
2. 掌握压缩机、冷凝器、储液干燥过滤器、节流装置的构造与工作原理。
3. 熟悉常见汽车空调制冷系统保护装置的构造与原理。

第一节 汽车空调制冷系统的组成与工作原理

一、汽车空调制冷系统的组成

汽车空调制冷系统主要由压缩机、冷凝器、蒸发器、储液干燥过滤器、膨胀阀（或膨胀管）、高低压管路、鼓风机和控制电路等组成，如图 3-1 所示。

（1）压缩机 压缩机是汽车空调制冷系统的动力源，使制冷剂在制冷系统内循环流动，把机械能转换成制冷剂的内能，即温度和压力增大。压缩机使制冷剂的压力升高，容易液化放热；压缩机使制冷剂温度超过环境温度，更有利于向外散热。

（2）冷凝器 冷凝器的作用是将从压缩机出来的高温高压制冷剂在冷却风扇（自然风）的作用下很快从气态变为液态，同时向外界放出热量。

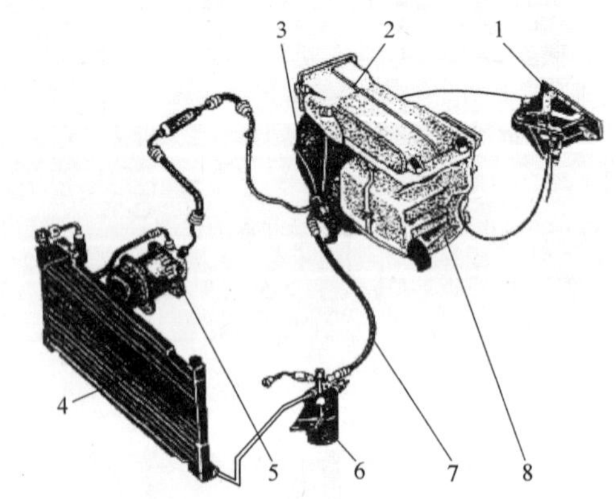

图 3-1 汽车空调制冷系统的组成

1—控制装置 2—进气罩 3—蒸发器 4—冷凝器 5—压缩机 6—储液干燥过滤器 7—管道 8—加热器

（3）储液干燥过滤器 储液干燥过滤器的作用如下：

1）储存多余的液体制冷剂，保持蒸发器的压力稳定。

2）吸收系统中的水分。

3）过滤制冷剂中的杂质。

4）观察制冷剂的流动情况（通过观察窗）。

（4）膨胀阀 膨胀阀的作用如下：

1）降低制冷剂压力，促使制冷剂在蒸发器中汽化吸热。

2）降低制冷剂压力的同时，使其温度也降

低，以利于其从车内空气吸热。

3）可根据制冷负荷的需要自动调节制冷剂流量。

（5）蒸发器　蒸发器的作用是通过降低压力（用膨胀阀），使制冷剂从液态变为气态，同时吸收车内空气的热量。

制冷系统各部件通过管路组成了一个封闭的系统。当制冷系统工作时，制冷剂在压缩机的作用下以不同的状态在制冷系统中循环流动。

二、汽车空调制冷系统的工作原理

起动发动机，打开 A/C 开关，当发动机通过传动带带动压缩机工作时，压缩机吸入蒸发器出口处低温（0℃左右）低压（0.15～0.25MPa）的气态制冷剂，将其压缩成高温（70～80℃）高压（1.37～1.57MPa）的气态排出压缩机。高温高压的气态制冷剂进入冷凝器，在冷却风扇的作用下向大气散热，压力和温度降低。当气态制冷剂的温度降至 40～50℃时，变为液态。液态制冷剂流到储液干燥过滤器，经过滤杂质、干燥水分后送入膨胀阀。膨胀阀根据制冷负荷（为了把汽车内部的温度和湿度保持在一定的范围内，必须将来自车外太阳的辐射热和车内人体散发出的热量排到大气中去，这两种热量的总和就叫作制冷负荷）的需要自动调节进入蒸发器中制冷剂的量。温度和压力较高的液态制冷剂通过膨胀阀装置后体积变大，压力和温度急剧下降，以雾状（细小液滴）送入蒸发器。低温、低压的雾状制冷剂进入蒸发器后，在鼓风机的作用下，热风通过蒸发器的外壁变成凉风送入车内。在蒸发器中的制冷剂吸收热风的热量汽化后再次被压缩机吸入，重新进行制冷循环。如此周而复始，达到降低车内空气温度的目的。汽车空调制冷系统的工作原理如图 3-2 所示。

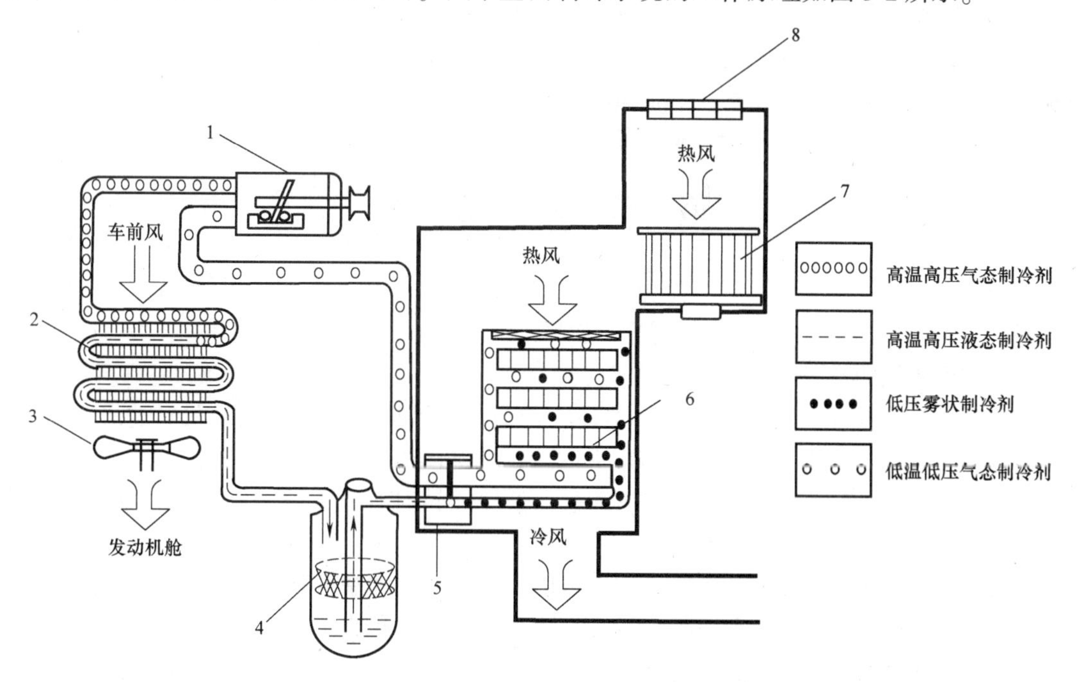

图 3-2　汽车空调制冷系统工作原理

1—压缩机　2—冷凝器　3—冷却风扇　4—储液干燥过滤器　5—膨胀阀
6—蒸发器　7—鼓风机　8—花粉过滤器（空调滤芯）

由此可知，汽车空调制冷系统实际上是一个传热系统，通过制冷剂把车内的热量传送到车外，使车内空气温度降低。

三、汽车空调制冷系统和发动机冷却系统的比较

汽车空调制冷系统的工作原理和发动机冷却系统的工作原理有很多相似点，也有一些不同点。

（1）相似点

1）制冷系统和冷却系统都是一个密闭的系统，都是一个循环过程，在这个过程中进行热交换。汽车发动机冷却系统如图3-3所示。

2）都有一个“泵”为循环系统提供动力。

3）制冷系统的冷凝器和冷却系统的散热器的功能、构造、安装位置相似，往往共用一个冷却风扇。

4）都有一个控制“流量”的“阀”，制冷系统为膨胀阀，冷却系统为节温器。

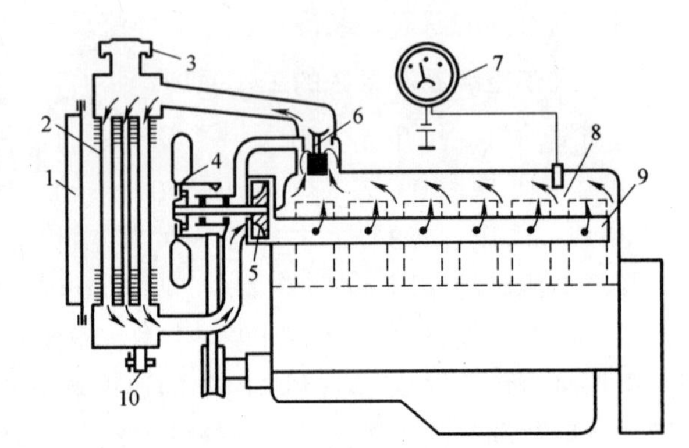

图3-3　汽车发动机冷却系统

1—百叶窗　2—散热器　3—散热器盖　4—风扇　5—水泵　6—节温器　7—冷却液温度表　8—水套　9—分水管　10—放水阀

（2）不同点

1）在制冷系统制冷循环中，制冷剂需要相变，而冷却系统冷却液几乎没有相变。

2）压缩机的功率是可以控制的，而水泵的运转一般是不可控制的。

3）制冷系统只有一个循环，冷却系统可以有大、小循环。

4）制冷系统压力比冷却系统压力高。

第二节　压　缩　机

压缩机是汽车空调制冷系统的心脏，为制冷剂在制冷系统中不断循环提供动力，起着提高制冷剂内能、保证制冷系统正常循环的作用。

一、压缩机的性能要求及类型

汽车空调压缩机由汽车发动机通过传动带带动。压缩机的转速受发动机转速影响很大，并且工作条件很差。因此，对汽车空调压缩机在性能和结构方面提出了下列要求：

1）要有良好的低速性能，即要求压缩机在低速运转时有较大的压缩气体的能力和工作效率。

2）高速运行时要求输入功率低，这样可以降低空调的功率损耗，提高汽车动力性。

3）发动机舱安装空调的空间越来越小，要求压缩机体积小、重量轻。

4）要能经受恶劣运行条件的考验，可靠性好。由于汽车发动机舱温度较高，怠速时压缩机温度可达120℃，汽车行驶时颠簸震动也很大，因此要求压缩机必须有很好的抗震性，机组密封性能要好。

5）对汽车发动机的影响要小。要求压缩机重量轻、运行平稳、噪声低、振动小，开、

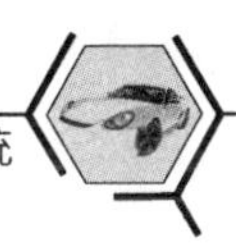

停压缩机时对发动机转速的影响不应太大。

汽车空调压缩机一般都是容积式结构，除部分由辅助发动机直接带动外，大多靠电磁离合器由传动带与发动机相连。大、中型客车空调压缩机一般都是传统的曲轴连杆机构，又称独立式压缩机。轿车及中型汽车的空调压缩机以斜板式（又称卧式）、立式、旋转式为主，旋转式中以刮片式居多。

车用空调压缩机的分类如下：

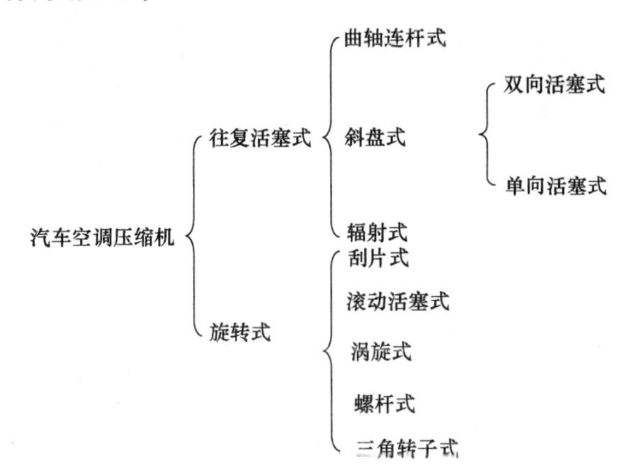

二、双向斜盘式压缩机

双向斜盘式压缩机由于排量大、工作可靠，目前在奥迪、大众、福特等轿车上得到了广泛应用。

1. 双向斜盘式压缩机的结构

双向斜盘式压缩机是双向往复活塞结构。图 3-4 所示为双向斜盘式压缩机，图 3-5 所示为双向斜盘式压缩机的结构。

图 3-4　双向斜盘式压缩机

双向斜盘式压缩机由以下几个部分构成：

（1）缸体　缸体分为左右两部分，一般呈对称状（也有不对称的），缸体外侧分为有壳体和无壳体两种。有外壳的压缩机，缸体外表呈圆形，便于加工。气缸有镶缸套和不镶缸套两类。大部分铝缸体压缩机气缸都镶缸套。缸套一般由粉末冶金材料制成，耐磨性好。

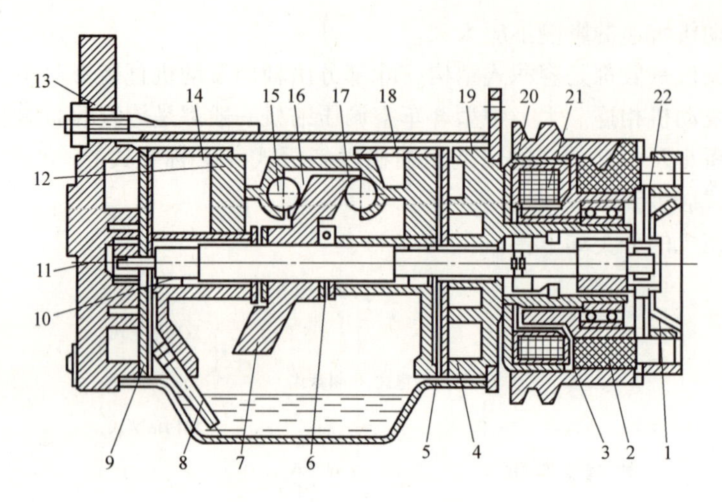

图 3-5　双向斜盘式压缩机结构

1—压板　2—带轮轴承　3—轴封　4—密封圈　5、9—进、排气阀片
6—油道　7—斜盘　8—吸油管　10—轴承　11—润滑油泵　12—活塞
13—后缸盖　14—后气缸　15—滑履　16—油室　17—活塞套
18—前气缸　19—前缸盖　20—带轮　21—电磁线圈　22—主轴

（2）活塞　活塞是圆柱形双向活塞，一种用铝合金制作，采用活塞环密封；另一种是在表面涂一层聚四氟乙烯膜，这是一种新技术，耐磨性好，可自身润滑，比油环结构的间隙小，寿命长，并减少了零件数。

（3）活塞环　活塞环用塑料制作，套在铝活塞上，缸体是铝的。

（4）滑履　滑履也同样有两种：一种采用硅含量很高的铸铝合金制成；另一种是与钢球做成一体的全钢结构。日本电装公司将滑履钢球分成半粒使用，这样不仅缩短了压缩机的长度，而且降低了压缩机的重量。

（5）主轴斜盘总成　主轴斜盘总成的主轴和斜盘制成一体，斜盘一般都用特殊铸铁制成，近年来出现了由高强度铝合金制成的斜盘。

（6）进、排气阀片　进、排气阀门一般都安装在压缩机的两侧，其结构与立式压缩机的阀门相似，阀片、阀板及高压限位板往往组成一体，称为阀片组件。由于阀片工作条件恶劣，因此阀片材质应能承受冲击和强大的压力，并且要有良好的韧性、加工性及耐久性。

除上述零件外，还有轴承、缸盖垫、气缸垫等。

2. 双向斜盘式压缩机的工作原理

双向斜盘式压缩机的运动原理如图 3-6 所示。当主轴转动时，通过斜盘和滑履的带动，把主轴的回转运动变为双向活塞沿轴向的往复运动。活塞以斜盘主轴为中心在同一圆周上均匀分布 3 个或 5 个，每个活塞双向工作，所以一个活塞起两缸的作用。斜盘式压缩机的进、排气过程如图 3-7 所示。在活塞运动过程中，通过吸、排气阀片，把低温低压的制冷剂蒸气吸入，同时把高温高压的制冷剂排出，使其进入冷凝器进行热交换。

三、摇摆斜盘式压缩机

摇摆斜盘式压缩机在现代汽车上的运用也非常广泛，比如桑塔纳、标致等轿车。

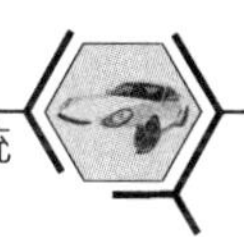

1. **摇摆斜盘式压缩机的结构**

摇摆斜盘式压缩机主要有 SD-5、V-5、SD-7 和 SD-7V 等类型，以 SD 5 型为基础。图 3-8所示为摇摆斜盘式压缩机的结构，图 3-9 所示为摇摆斜盘式压缩机剖视图。摇摆斜盘式压缩机将 5 个或 7 个气缸均匀分布在一个圆周上，活塞与安装在摇板球窝座里的连杆相连，主轴穿过摇板。

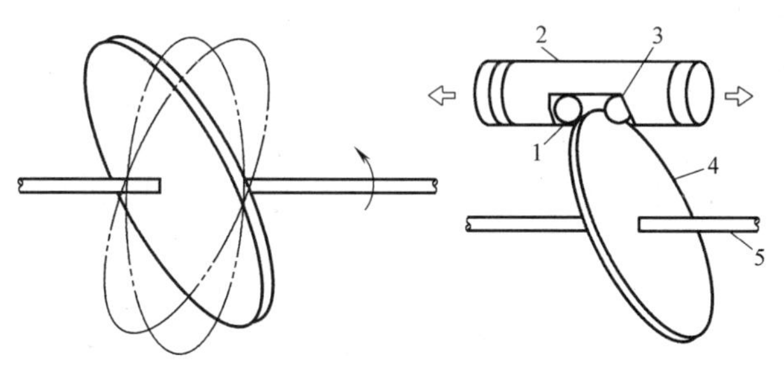

图 3-6　双向斜盘式压缩机的运动原理
1、3—钢珠　2—双向活塞　4—斜盘　5—主轴

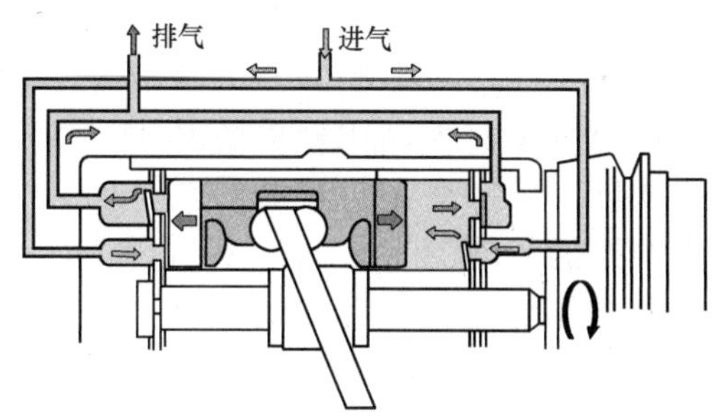

图 3-7　双向斜盘式压缩机的进、排气过程

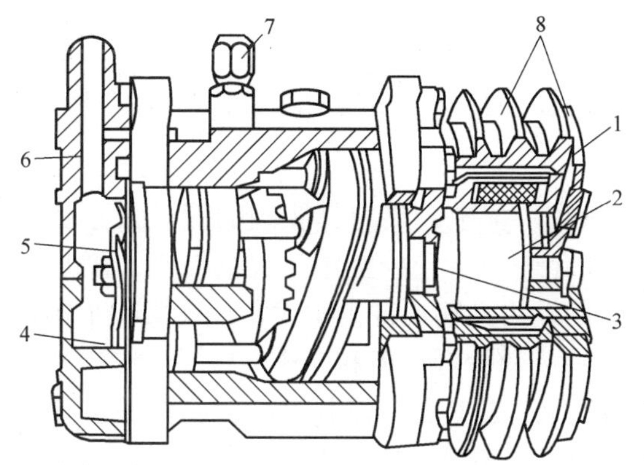

图 3-8　摇摆斜盘式压缩机的结构
1—电磁线圈　2—轴承　3—轴封　4—阀片　5—阀片限位板　6—检修阀　7—油塞　8—带轮及压盘

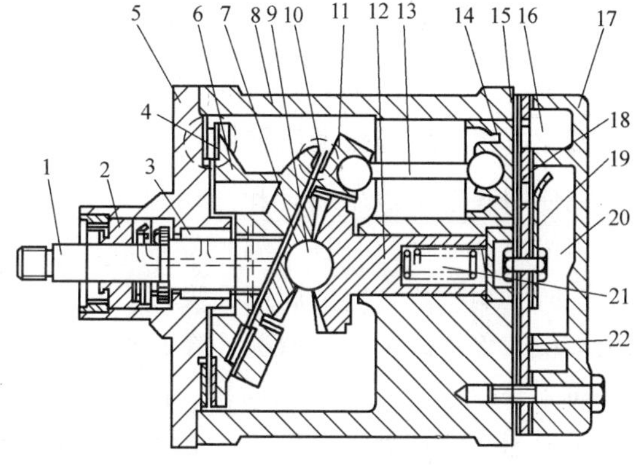

图 3-9　摇摆斜盘式压缩机剖视图
1—主轴　2—油封总成　3—滑动轴承　4—端面滚动轴承　5—前缸盖　6—斜盘　7、12—锥齿轮　8—缸体　9—钢球　10—摇板滚动轴承　11—摇板　13—连杆　14—活塞　15—阀板杆　16—吸气腔　17—压盖　18—阀板　19—排气阀片　20—排气腔　21—压紧弹簧　22—压盖缸垫

主轴上用销子固定斜盘，在压紧弹簧的作用下，摇板紧靠着斜盘的斜面，中间用平面推力轴承隔开，当主轴转动时，防旋齿轮和导向销限制摇板不能做圆周方向的转动，在斜盘的推动下做轴向往复摆动，从而带动活塞做轴向往复运动，吸入低压的制冷剂气体做功后排出高压气态制冷剂。由于是单向受力，主轴斜盘的斜面上有轴向作用力压向缸盖，因此斜盘和摇板之间设有平面推力轴承。对于 SD-5 型压缩机，摇板的防自转结构是一对齿数相等的锥齿轮，一个固定在摇板中心，随摇板摆动，称为动齿轮，另一个的上部插入气缸中心孔，用平键与气缸相连接，称为定齿轮。在压紧弹簧的作用下，动、定齿轮紧密啮合，使摇板紧靠

斜盘。将阀板通过定位销安装在压缩机缸体上，气缸盖的中心腔室为排气腔，周围的空腔为吸气腔。

2. 摇摆斜盘式压缩机的工作原理

摇摆斜盘式压缩机是往复式单向活塞结构，又称单向斜盘式或单向摇板式，与回转斜盘式属于同一类型，是目前汽车空调压缩机中常见的一种压缩机。例如，桑塔纳、捷达、切诺基轿车以及一些中、小型货车上均采用这种型号的压缩机。

摇摆斜盘式压缩机的工作原理与回转斜盘式压缩机的基本相同，是将靠在斜盘上的摇板的摇摆运动变为单向活塞沿轴向的往复运动。它与回转斜盘式的主要差别是：回转斜盘式是由斜盘直接驱动活塞做往复运动，而摇摆斜盘式则由斜盘带动摇板，在防旋齿轮和定位销的作用下，摇板不会随斜盘旋转，只能以主轴为轴线摆动。摇板通过两端带有球铰的连杆与活塞相连，随着摇板的摆动，活塞在气缸内沿轴向做往复运动。回转斜盘式与摇摆斜盘式结构的比较如图 3-10 所示。

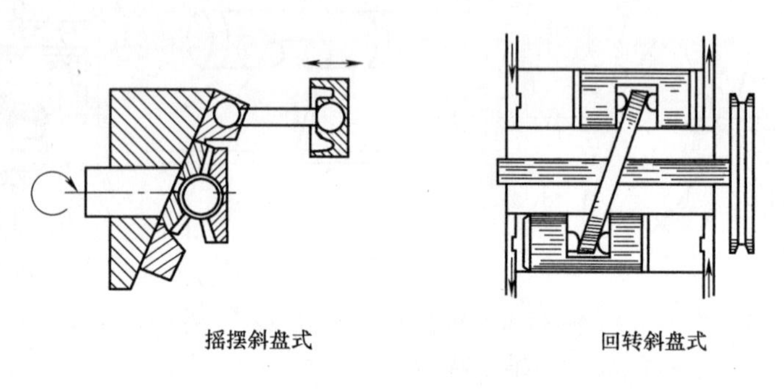

图 3-10　回转斜盘式与摇摆斜盘式结构的比较

四、摇板式可变排量压缩机

在使用固定排量压缩机和采用热力膨胀阀的制冷系统中，热力膨胀阀的阀口大小变化会使出风温度波动，并且用温控器控制离合器的吸合进一步造成空调工况的波动，增加噪声，同时压缩机离合器的周期性吸合、断开对汽车的动力性输出冲击很大，最终影响车辆行驶的平稳性。为改善上述情况，降低吸气压力的波动，减少低负荷和高速运行时压缩机的功耗，研制开发了可变排量压缩机。改变压缩机排量的方法主要有控制气缸数、控制工作行程、旁通卸载法和吸气节流法。摇板式可变排量压缩机是通过控制工作行程的方法来改变排量的。

1. 摇板式可变排量压缩机的结构

汽车空调的功率可以通过热力膨胀阀或节流管调节，也可以通过控制电磁离合器的吸合、断开使压缩机工作或停转来调节。这两种方法工作平稳性较差、波动较大。人们一直在探索根据制冷负荷的变化，连续平滑地改变活塞排量实现空调功率的调节，使压缩机排量变化很平稳，从而减小排气压力的波动及噪声，并且在高速时能节省能耗。美国通用公司于 1984 年开发了 V-5 型可变排量压缩机，1985 年正式批量生产并装在别克等豪华型轿车上。现在，一些中高档轿车上已经广泛使用。它的基本结构与 SD-5 型压缩机相似，也是五缸压缩机，利用斜盘将摇板铰接在主轴上，通过改变活塞的行程（即改变摇板倾斜的角度）达到改变排量的目的，最小排量为 10mL，最大排量为 156mL。图 3-11 所示是 V-5 型可变排量压缩机的结构。其主轴、活塞及连杆的安装与 SD-5 型压缩机相同，摇板上带有球窝座，通过一个带有导向定位销的传动杆连接，把斜盘安装在主轴上。导向定位销安装在传动柄的偏心槽内，传动杆成为可变排量压缩机主轴与斜盘之间的机械控制装置。主轴旋转时带动斜盘转动。斜盘与摇板中间由平面推力轴承隔开。若摇板和斜盘与主轴倾斜成同一个角度，则传

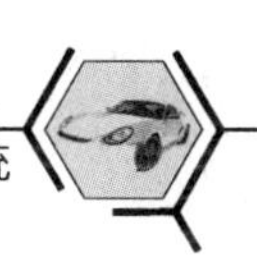

动轴通过凸轮支座与斜盘相连，这样主轴的旋转力就能迫使摇板摆动，从而带动活塞轴向位移。摇板的防旋转机构不是一对防旋齿轮，而是安装在两个缸体之间的摇板导向定位销，摇板上有一个特殊的球形孔，此球形孔沿着导向定位销摆动，限制摇板旋转。

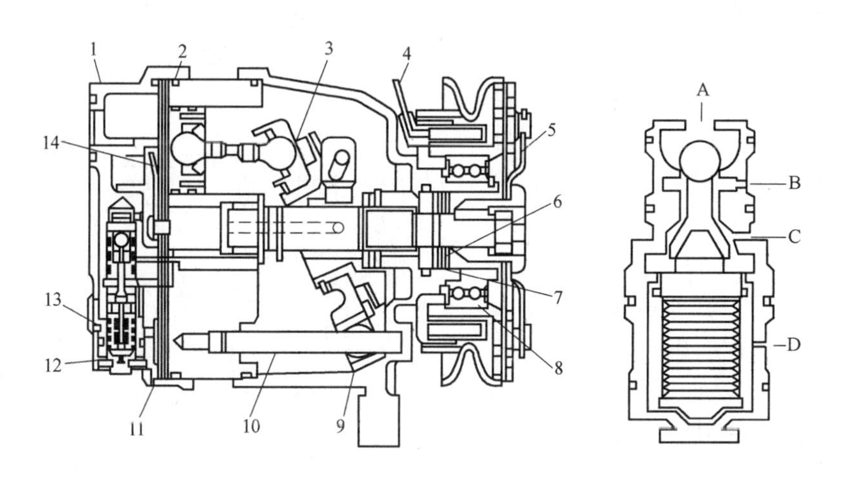

图 3-11　V-5 型可变排量压缩机的结构

1—后端盖总成　2—O 形密封圈　3—摆动盘总成　4—电磁线圈接线端子　5—离合器驱动器总成　6—法兰密封　7、12—固定环　8—带轮轴承　9—定位球　10—定位销　11—密封圈　13—控制阀总成　14—阀板总成

A—压缩机排出压力　B—曲轴箱压力供给　C—曲轴箱压力返回　D—压缩机吸气压力

2. 摇板式可变排量压缩机的工作原理

V-5 型可变排量压缩机的摇板和斜盘与主轴倾斜成某一范围内的任意角度，该角度的不同可以改变活塞的工作行程，从而实现压缩机排量的变化。这是因为传动柄上的偏心槽允许斜盘绕着主轴做轴向相对转动，同时带着摇板改变与主轴的夹角，并稳定为某一夹角。假如斜盘转到与主轴成 90°角，那么主轴和斜盘的旋转力对摇板不起作用，活塞也就不能移动了。为此，压缩机被设计成摇板及活塞至少有微小的移动量，即使制冷负荷为零，压缩机的最小排量也有 10mL。排量的改变是依靠摇板室内压力的改变来实现的。摇板室压力降低，就减小了作用在活塞背面的作用力，使摇板倾斜的角度增大，加大了活塞的行程，即增加了压缩机的排量；反之，摇板室的压力增大，就增加了作用在活塞背面的作用力，使摇板往回移动，减小了倾角，即减小了活塞的行程，也相应地减小了压缩机的排量。调节摇板室的压力是靠位于压缩机后端的控制阀来实现的。控制阀有一个压力感应波纹管暴露在吸气侧压力下，波纹管作用到针阀及钢球上，钢球暴露在高压侧压力下。图 3-12 所示为波纹管的工作原理。控制阀装在机体内，为充分利用机体内的空间，采用二级波纹管结构，由两套波纹管和推杆组成。第一级波纹管由低压压力作用而伸缩，第二级波纹管由高压压力作用而伸缩。当高压压力低于某一数值时，第二级波纹管会伸长，通过推杆来压缩第一级波纹管。当低压压力高时，第一级波纹管收缩而使控制阀阀门打开，摇摆室内部分气体流出，摇摆室压力下降，摇板倾角变为最大，排量也最大。波纹管还控制着一个细小的通气孔，此通气孔与吸气侧压力相通。当吸气侧压力超过了设定值时，说明需要增加制冷量，这样高的吸气压力使波纹管收缩，针阀下落，在弹簧弹力及高压侧制冷剂的作用下钢球被推向球座，将球座下通往

高压侧气体与摇板室气体的通道封死。这样就阻止了高压侧的气体通向摇板室。与此同时，从低压侧到摇板室的通道打开，部分摇板室气体通向吸气侧，从而降低了摇板室的压力，作用在活塞一侧的气缸上的反作用力使摇板移向增加排量的位置。反之，当吸气压力降低到低于控制点时，波纹管膨胀，克服高压侧压力及钢球弹簧力，把钢球向上推，使之离开球座。这样，高压气体就通过控制阀组进入摇板室。结果是摇板室压力增加，作用在活塞背面的压力增加，使摇板的倾斜角减小，从而减小排量。

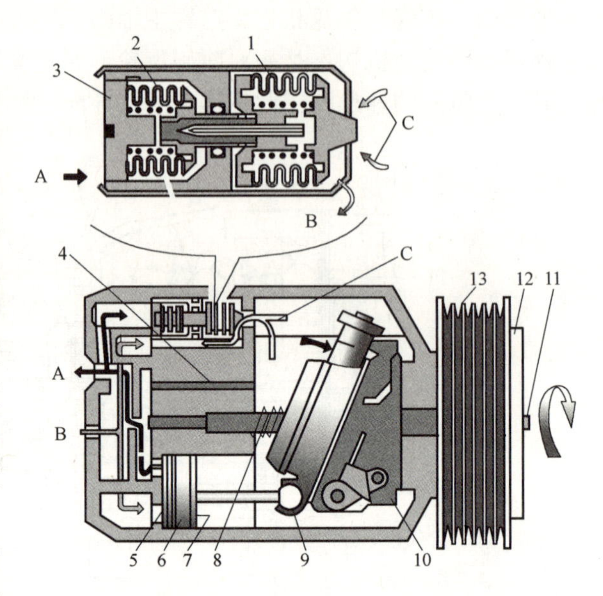

图 3-12　波纹管的工作原理

1—第一级波纹管　2—第二级波纹管　3—调节阀　4—节流孔　5—活塞上止点　6—活塞　7—活塞下止点　8—弹簧　9—连杆球　10—驱动轴套　11—输入轴　12—电磁离合器　13—带轮

A—高压　B—低压　C—摇板室内压力

日本杰克塞尔公司的 DCW-17 型可变排量压缩机是在 V-5 型可变排量压缩机诞生以后，开发的一种可变排量的摇板式五缸压缩机，也用改变斜盘角度来改变活塞行程。与 V-5 型可变排量压缩机一样，DCW-17 型可变排量压缩机也是在圆周均布 5 个活塞，主轴上装有止推法兰，通过连杆作用于斜盘。主轴回转带动斜盘，而斜盘的回转运动通过推力轴承传递给摇板。滑块通过定位销起防旋转作用，使摇板只能进行摇摆运动而不能旋转，从而使主轴的回转运动转变为 5 个活塞的往复运动，进行制冷剂气体的吸入和压缩。缸体上设有使排气侧的高压气体能流入摇板室的小孔，使部分制冷剂气体与各活塞和气缸之间的窜缸混合气一起成为控制摇板的工作压力的来源。可变机构以摇板为支点，套在主轴上的铰接球头一边在驱动轴上滑动，一边改变倾角，从而改变压缩机的排量。改变倾斜角的工作取决于作用在活塞上面的由排气和吸气压力产生的合力，与作用于活塞下面的压力相平衡。摇摆室内的压力控制是由控制阀进行的，控制阀的开度取决于吸气压力，即车内的热负荷。

五、刮片式压缩机

1. 刮片式压缩机的类型及结构

刮片式压缩机又称旋片式压缩机，有椭圆形和正圆形两种气缸形式，结构紧凑、外形尺寸小、质量轻，特别适合小型汽车使用。图 3-13 为圆形气缸刮片式压缩机的结构，图 3-14 所示为椭圆形气缸刮片式压缩机的结构。刮片数有 2、3、4、5 几种。刮片式压缩机主要由缸体、转子、阀片、叶片、单向阀等组成。

2. 刮片式压缩机的工作原理

对圆形气缸偏心或对椭圆形气缸同心地安装一个带有几个叶片的转子，转子回转时，离心力和油压的作用，使刮片从刮片槽中向外伸出，碰到气缸壁，把气缸分成几个隔腔，随着轴的旋转，隔腔的容积发生变化，以吸入和压缩制冷剂。在气缸吸入口处有一个缺口，靠这部分的节流起到节省动力和达到制冷效果。这部分流量正比于缺口断面积与流入时间的乘积

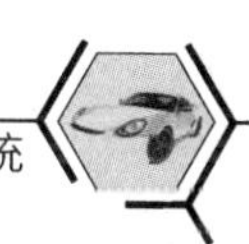

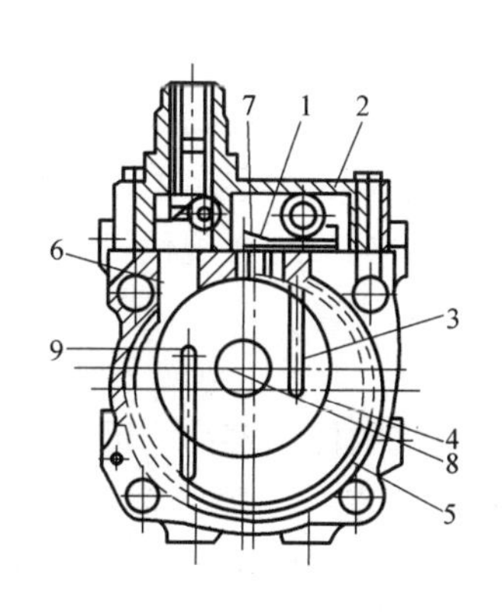

a) 日本松下SO形2叶片压缩机

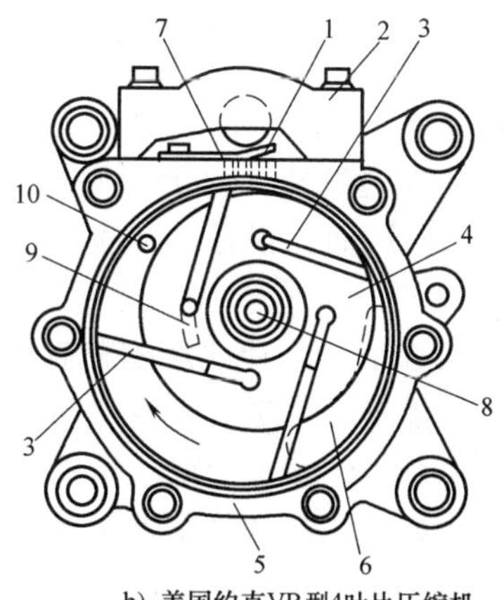

b) 美国约克VR型4叶片压缩机

图 3-13　圆形气缸刮片式压缩机的结构

1—排气孔　2—缸盖　3—叶片　4—转子　5—缸体　6—吸气孔

7—排气阀片　8—主轴　9—进油孔　10—单向阀

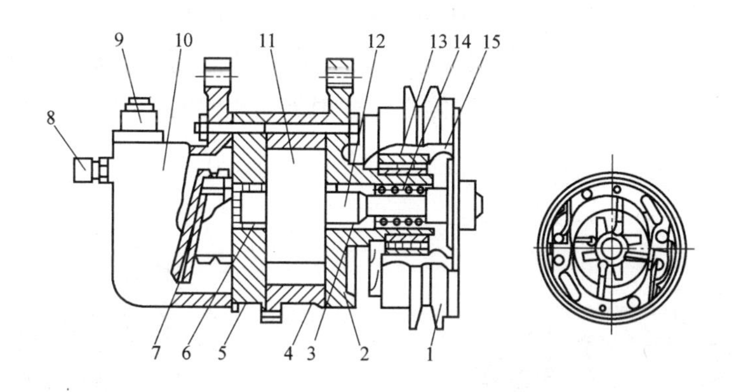

图 3-14　椭圆形气缸刮片式压缩机的结构

1—带轮　2—前端盖　3、6—轴承　4—缸体　5—后端板　7—吸油管

8—排气口　9—进气口　10—后端盖　11—转子　12—主轴

13—带轮轴承　14—电磁线圈　15—前端板

(流量=缺口断面积×时间)。高转速时刮片通过缺口的时间短，制冷剂流入量相对减少。吸入行程终了时，气缸内的气体量少，压力降低，制冷量的消耗功就少。为此还带来另一好处，高速时车内温度不会过低，压缩机的停转次数少，车内温度就比较稳定。这种变排量方法属于旁通控制。这种结构比一般刮片式体积缩小了 30%，质量减少了 20%；与往复式相比，在 1500r/min 时制冷量增大 20%。

3. 刮片式压缩机的特点

刮片式压缩机具有如下特点：

(1) 容积效率高　刮片式压缩机不设吸气阀，只设有排气阀，因而吸气损失小，并具有良好的密封性能，因此容积效率高。

(2) 运转平稳，允许高速转动　刮片式压缩机的转子做回转运动，转动惯量小，无往复惯性力，旋转力易于平衡，且转矩变化小，吸、排气气流脉动小，因而运转平稳，噪声低，可以做高速转动。

(3) 体积小、重量轻　相对于往复式压缩机而言，刮片式压缩机零件少、结构紧凑、外形尺寸小、易损件少、运动机构简单、重量轻、机械的可靠性较高。

(4) 结构简单，制造容易　对于圆形气缸刮片式压缩机，只要改变转子的偏心距就可以改变压缩机的排量，因而，很容易制造出可变排量压缩机，这在现代汽车空调理念中是十分重要的。

(5) 功率小、寿命低　刮片式压缩机存在的主要问题是叶片与转子和气缸间的摩擦较大，摩擦不仅造成摩擦损失、降低效率，还影响到压缩机的使用寿命。因而，叶片材料、叶片的运动规律和受力分析、叶片的形状结构以及压缩机的密封间隙等都是让人难以满意的。正是刮片式压缩机体积小、重量轻、结构紧凑的特点，使其在奥拓轿车、夏利轿车等一些小型车辆上得到了应用。

六、涡旋式压缩机

涡旋式压缩机是一种旋转容积式压缩机。

1. 涡旋式压缩机的结构

涡旋式压缩机如图 3-15 所示，其结构如图 3-16 和图 3-17 所示。涡旋式压缩机主要由固定涡旋体（又称定片或静涡旋盘），动涡旋体（又称动片或动涡旋盘），由钢球、推力环和止推垫圈组成的止推机构，由传动轴、偏心套、销子组成的偏心回转机构，密封装置及排气阀组件等组成。

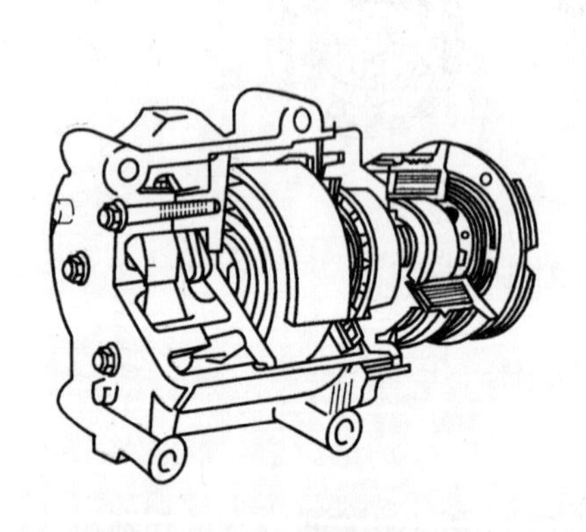

图 3-15　涡旋式压缩机

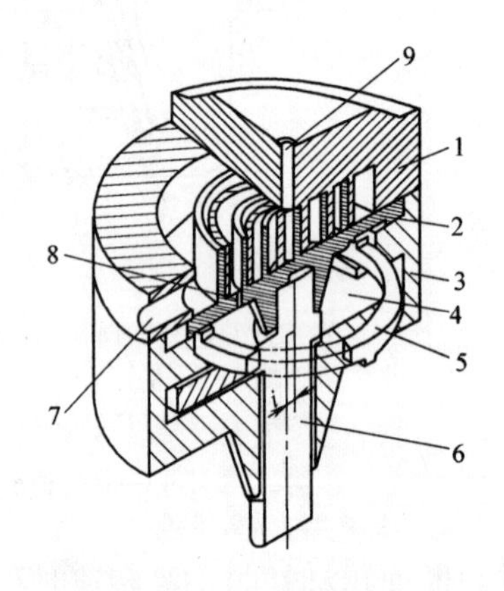

图 3-16　涡旋式压缩机的结构

1—固定涡旋体　2—动涡旋体　3—机架　4—背压舱
5—十字环　6—曲轴　7—吸入口　8—背压槽　9—排放口

2. 涡旋式压缩机的工作原理

固定涡旋体和动涡旋体安装时存在着 180° 的相位角，从而使两涡旋体相互啮合形成一系列的月牙形容积（见图 3-18），动涡旋体套在偏心套上，偏心套和销子与传动轴固定成一体。当传动轴旋转时，偏心套做回转运动，并通过滚针轴承带动动涡旋体以很小的回转半径做回转运动，同时与固定涡旋体形成两个变容积的密封腔，随着传动轴的转动，逐步将气体从外侧向中心进行吸气、压缩、排气过程。

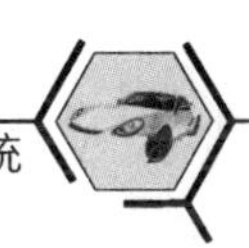

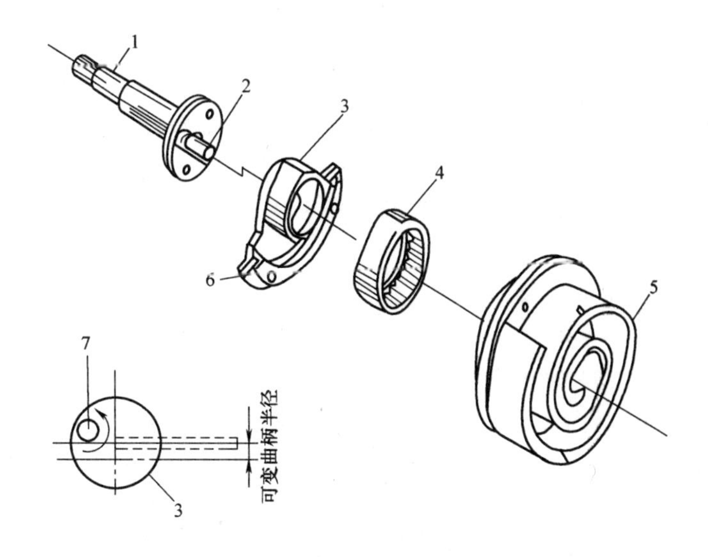

图 3-17　涡旋式压缩机的分解

1—曲轴　2—曲柄销　3—偏心套　4—传动轴承　5—动涡旋体

6—平衡块　7—曲柄销中心

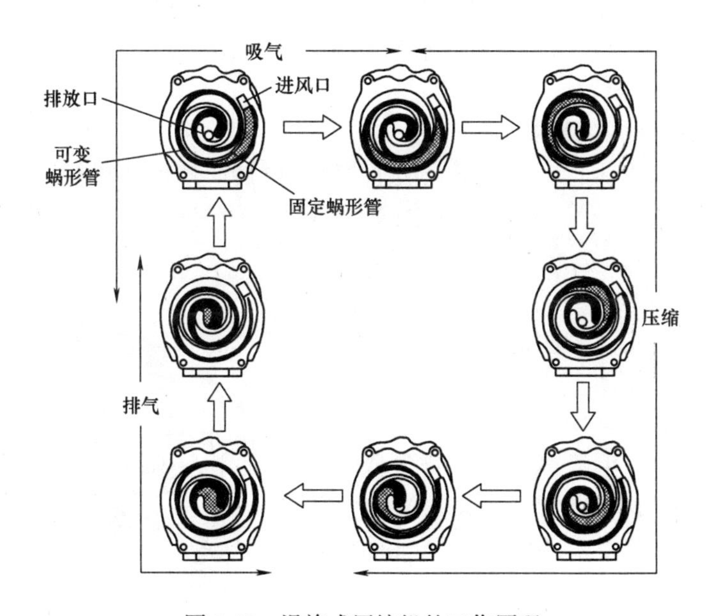

图 3-18　涡旋式压缩机的工作原理

3. 涡旋式压缩机的主要优点

1）密封性好，容积效率高。涡旋式压缩机的容积效率一般可达 90%以上，低速时也可达 80%，而一般往复式压缩机的容积效率只有 55%～77%。涡旋式压缩机的轴向密封是靠线接触，密封性好，低压进气腔与高压排气腔不直接相邻，中间还有压力腔室，因此相邻腔室的压力差小，气体内部泄漏量少。其压缩过程接近于绝热压缩，绝热效率比往复式压缩机高 10%左右。两个涡旋体之间的接触也是线接触，不需要吸气阀片。这些使得涡旋式压缩机的容积效率高，因此单位制冷量所消耗的功率可减少10%。

2）体积小、重量轻，有高速旋转的可能。因为动涡旋体的运动半径只有4~5mm，所以涡旋体之间的相对摩擦速度非常低，一般是刮片式压缩机的1/10，通常只有3m/s。动涡旋体的惯性力小，容易平衡，可以实现高速运转，轴承载荷均匀，机械磨损小，从而使起动转矩和工作转矩非常小，而且工作寿命长，运行可靠。

3）动作平稳，噪声低。完成一个压缩过程要2.5圈，吸气、压缩、排气三个过程连续进行，转矩变动小，振动小。

4）排气温度低，可使用普通冷冻机油。

5）结构简单，零件数少，主要的零部件数量仅为往复式压缩机的1/10。

4. 影响涡旋式压缩机发展的主要技术关键

（1）密封及泄漏问题　涡旋式压缩机制冷剂的泄漏发生在固定涡旋体和动涡旋体的端面接触处及切向接触处。在固定涡旋体和动涡旋体的端面装密封条进行端面密封，泄漏便减少；切向密封需要用润滑油来实现，对零件的精度要求非常高。

（2）加工问题　由于涡旋体形状的原因，且其要求的尺寸公差的精度又高，给其加工工艺造成了很大的困难。

七、曲轴连杆式压缩机

曲轴连杆式压缩机采用传统结构，早期的汽车空调大都采用这种类型的压缩机。近年来中、小型汽车已采用斜盘式压缩机和回转式压缩机，而大客车上仍主要采用这种类型的压缩机。

1. 曲轴连杆式压缩机的结构

如图3-19所示，曲轴上装有连杆，通过曲轴的回转，使活塞进行往复运动，吸入和压缩气体。缸体上装有吸、排气阀总成，在曲轴和壳体之间装有防止制冷剂泄漏的轴封。具体组成如下：

（1）曲轴连杆机构　由活塞、活塞销、曲轴、连杆、轴承组成。曲轴把旋转运动转换成活塞的上下往复运动，从而完成压缩机压缩气体的工作。

（2）进、排气阀　由吸气阀片、排气阀片、阀门板、挡板组成。当活塞下降时，气缸内压力降低，从蒸发器来的低温低压气体推开吸气阀片进入气缸，如图3-20a所示。当活塞上升时，制冷剂气体被压缩，压力升高，吸气阀片被气体压向关闭位置，如图3-20b所示。当制冷剂气体的压力达到一定值后，高压阀片被打开，高温高压气体被排出送往冷凝器。

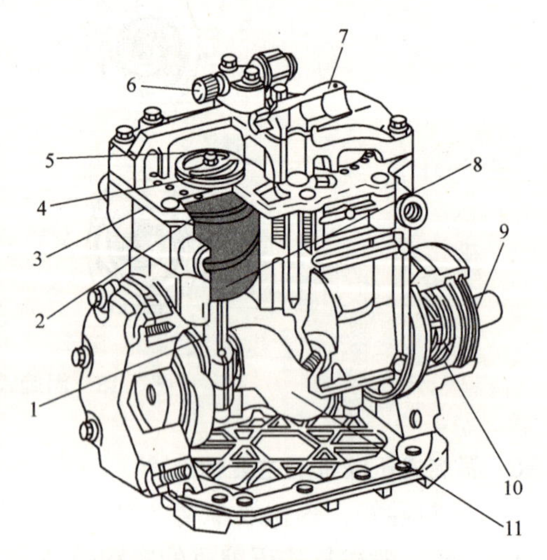

图3-19　曲轴连杆式压缩机的结构

1—连杆　2—进气阀　3—阀体　4—排气阀　5—限位片　6—进气检修阀　7—排气检修阀　8—活塞　9—密封盘　10—油阀　11—曲轴

（3）润滑机构　由于曲轴连杆机构做高速运动，因此必须要有润滑油在运动副部位进行润滑。润滑有飞溅润滑和强制润滑两种

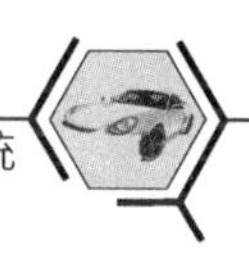

形式。

(4) 轴密封机构　主要采用机械密封式，由弹性挡圈、密封座、O 形环、轴封组成。由于要求轴封的固定部分和回转部分的接触面有高度气密性，技术要求高，因此轴密封机构是压缩机中技术难度较大的关键部件。

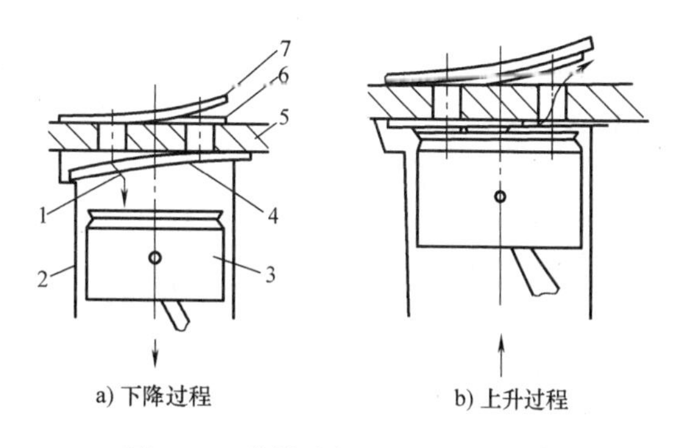

图 3-20　曲轴连杆压缩机工作原理

1—进气方向　2—气缸　3—活塞　4—吸气阀片

5—阀板　6—限位器　7—排气阀片

2. 曲轴连杆式压缩机的工作原理

曲轴连杆式压缩机一个工作循环由进气、压缩、排气、膨胀 4 个过程组成。进气过程：进气阀打开，低压制冷剂气体不断由蒸发器经进气管和进气阀进入气缸，直到活塞运动到下止点为止。压缩过程：制冷剂气体在气缸内从进气时的低压升高到排气时的高压。排气过程：制冷剂气体从气缸向排气管输出。膨胀过程：活塞从上止点向下移动到进气阀打开位置。由于压缩机结构及工艺等原因，当活塞运行到上止点时，活塞顶部与气阀座之间存在一定的间隙，该间隙所形成的容积称为余隙容积。排气行程结束时，由于该间隙中有一定量的高压气体，当活塞再下行时，排气阀已关闭，但是进气阀并不能马上打开，使进气管内的气体不能进入气缸。当活塞下行至气缸内压力稍低于进气管压力时，进气阀才能打开。

八、无电磁离合器的变排量压缩机

无电磁离合器的变排量压缩机如图 3-21 所示，其主要由压缩机和电磁阀组成。空调控制单元根据制冷剂压力传感器信号来检测制冷剂是否流失过多。若信号异常，则通过控制电磁阀不让压缩机工作。带轮内部设置成形橡胶件，过载时可被切断。目前该项技术在国内车型上应用得越来越多。

1. 无电磁离合器的变排量压缩机的结构

如图 3-22 所示，无电磁离合器的变排量压缩机主要由带轮、活塞、外部控制阀、斜盘等组成。无电磁离合器的变排量压缩机采用了新结构传动带盘。传动带盘由带轮和随动轮组成，通过一个橡胶元件将带轮和随动轮有力地连接起来。当压缩机因损坏而卡死时，随动轮和带轮之间的橡胶元件的传递力急剧增大，带轮在旋转方向将橡胶元件挤压到卡死的随动轮上，橡胶元件产生变形对随动轮产生的压力增大，随动轮随之产生变形直至随动轮和带轮之间脱离连接，从而避免传动带的损坏。随动轮的变形量取决于橡胶元件的弹性，橡胶元件的弹性取决于结构件的温度。橡胶元件和随动轮的形变，避免了发动机传动带的损坏，同时防止了诸如水泵和发电动机的损坏，起到了过载保护的作用。

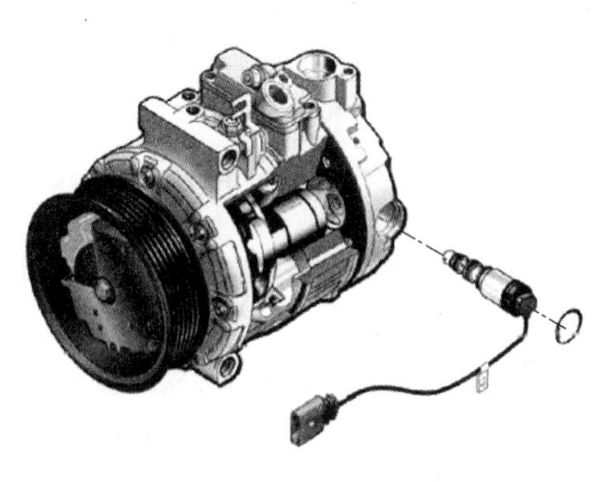

图 3-21　无电磁离合器的变排量压缩机

2. 无电磁离合器的变排量压缩机的工作原理

无电磁离合器的变排量压缩机的工作原理与内部调节的变排量压缩机的相似，不同之处在于外部控制阀。外部控制阀受空调控制单元控制，空调控制单元依据驾驶人输入的温度信息、制冷系统压力、车内温度传感器信号、车外温度传感器信号等，并依据控制单元内部设定的程序，通过输出占空比（占空比是指在一个脉冲周期内，通电时间占总时间的比例）对外部控制阀进行控制，从而对压缩机的功率进行无级调节。在外部控制阀未收到无占空比信号的状态下，阀门开启，高压腔和压缩机斜盘室相通，高压腔的压力和斜盘室的压力达到平衡，压缩机不工作。在外部控制阀收到最大占空比信号的状态下，全负荷时，阀门关闭，斜盘室和高压腔之间的通道被隔断，斜盘室的压力下降，斜盘的倾斜角度加大直至达到100%的排量。关掉空调或所需的制冷量较低时，阀门开启，斜盘室和高压腔之间的通道被打开，斜盘的倾斜角度减小直至低于2%的排量。

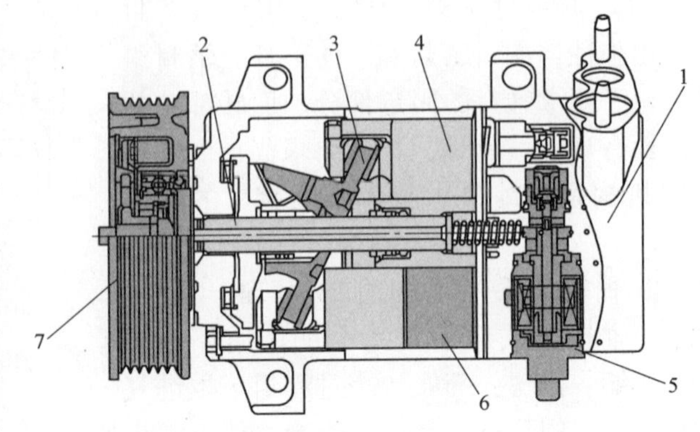

图 3-22　无电磁离合器的变排量压缩机的结构
1—压缩机　2—压缩机轴　3—斜盘　4—活塞
5—外部控制阀　6—气缸　7—带轮

3. 无电磁离合器的变排量压缩机的特点

压缩机一直运转，无接合冲击，提高了舒适性；通过调节蒸发器的温度使制冷量和热负荷及能量消耗完美匹配，减少了再加热过程，使出风口的温度、湿度恒定调节；由于排量可以降低到近0%，因此省去了离合器，可使质量减轻20%；压缩机的功率消耗下降，燃油消耗下降；无电磁离合器，减少了转矩波动并起到过载保护的作用。

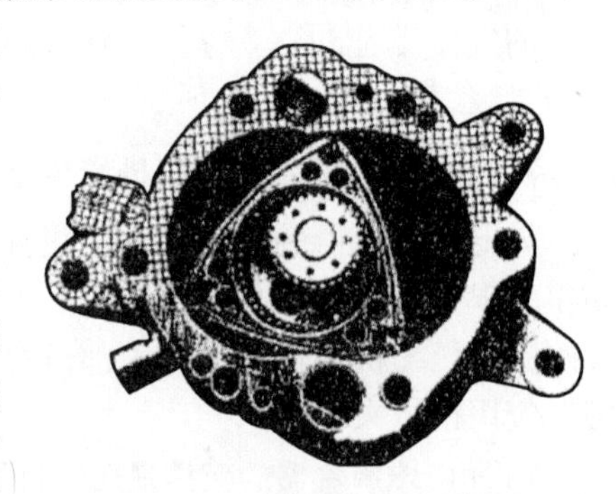
图 3-23　三角转子式压缩机

除上述这些类型的压缩机外，还有许多类型的汽车空调用压缩机，如三角转子式压缩机（见图 3-23）和滚动活塞式压缩机（见图 3-24）等。这些压缩机没有广泛使用，这里不做详细介绍。

九、汽车空调压缩机的选用

客车空调一般选用转速为2000~3000r/min的四缸或六缸往复活塞式压缩机，制冷量在20kW左右。选用轿车空调用压缩机时，需要应考虑以下因素：

（1）气缸排量　一般排量为0.08~0.16L，但为了在汽车怠速时提高制冷装置的性能，压缩机排量应选得略高一些。

（2）外形尺寸　现代轿车的发动机舱高度有降低的趋势，附件却在增多，布置上空间狭小。因此，要求压缩机的外形尺寸尽量小，结构紧凑，特别是要控制压缩机的长度和高度。

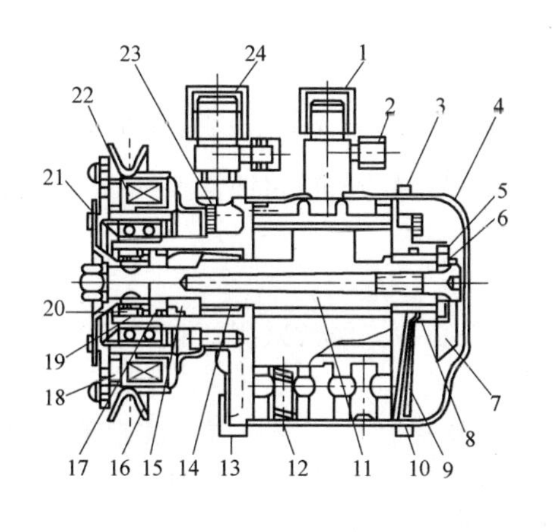

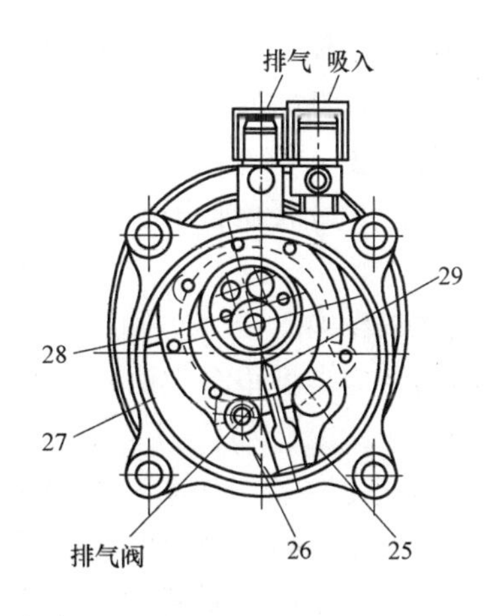

图 3-24　滚动活塞式压缩机

1—罩壳（排气）　2—检修阀　3—固定脚　4—机体　5—滚针推力轴承　6—轴向止动螺钉　7—平衡重　8、14—滚针径向轴承　9—盖板　10—吸油孔　11—压缩机轴　12—叶片弹簧　13—端盖　15—轴封　16　离合器带轮　17—O 形环　18—离合器压板　19、21—卡簧　20、23—油封　22—电磁线圈　24—罩壳（吸气）　25—气缸　26—限位器　27—防护装置　28—旋转活塞　29—吸油道

（3）转矩特性　带轮的质量会直接影响压缩机的最大转矩和运转的平稳性。当汽车在怠速运转时，会出现不正常的高压压力上升现象，此时即使压缩机装有飞轮也不起作用。因此，如果所需的压缩机排量较大，应计算压缩机的转矩。

（4）质量　压缩机的质量一般控制在 6~14kg。

总之，压缩机是汽车空调制冷系统中的核心部件，压缩机的技术含量也代表着汽车空调制冷技术的发展水平。从汽车空调的应用现状看，可变排量压缩机因无波动的卓越性能、较高的工作效率以及良好的经济性而得到了广泛应用。

第三节　冷凝器与蒸发器

冷凝器与蒸发器是汽车制冷系统中的主要部件之一，统称为热交换器或换热器。

一、冷凝器

1. 冷凝器的作用与性能要求

冷凝器的作用是通过管壁和翅片把来自压缩机的高温高压气态制冷剂中的热量传递给冷凝器周围的空气，从而使高温高压的气态制冷剂冷凝成高温高压的液体。

汽车空调的冷凝器属于风冷式，且受到空间、尺寸、重量、结构等多方面的限制，因而对汽车冷凝器有如下要求：

（1）高的换热效率　车用冷凝器因受位置和车辆结构的限制，迎风面积往往不能做得足够大，因而需采用传热效率高的材料和结构。

（2）重量轻、抗震性能好　由于汽车是运动的物体，对重量有严格的要求，所以中小型汽车目前基本上都采用全铝结构的冷凝器。由于汽车高速运行时颠簸，因此要求冷凝器结构牢固、抗震性能好。

(3) 冷凝空气阻力小　冷凝器热交换的好坏不仅与自身的结构有关，而且与其通风效果有关。冷凝器本身的迎风阻力直接影响着空气的流通量。

(4) 耐蚀性好　汽车冷凝器大多布置在车头部、侧面或车底，由于经常有地面泥浆溅上，受酸性腐蚀，冷凝器管子易烂穿，因而要求冷凝器的材料耐蚀性要好，且表面要采取耐蚀措施。

2. 冷凝器的结构

冷凝器的结构类型很多，而在汽车空调制冷系统中，经常采用的有管带式、管翅式和平流式等类型。

(1) 管带式冷凝器　如图 3-25 所示，它由一整根扁状蛇形管带和波浪形散热片焊接而成。多孔管带不仅提高了管带的承压能力，也提高了传热效果。管带和散热片都是铝材，焊接技术难度较大，需用双面复合铝材及多孔管带型材。管带的孔数为 3 孔或 4 孔。为提高制冷剂的传热效率，目前的管带已采用带内翅的形式，且将管带的厚度从 5mm 减为 2mm，使内部通路变薄，增大了其热交换面积。

管带式冷凝器的特点：

1）管带式冷凝器的管带水力半径小，在相同的截面积下，其湿周比圆管的大。水力半径是水力学中的一个专有名称，指某输水断面的过流面积与水体接触的输水管道边长（即湿周）之比，与断面形状有关，常用于计算渠道隧道的输水能力。

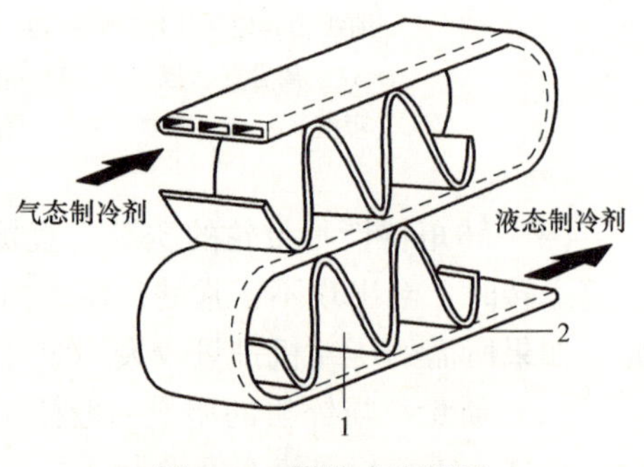

图 3-25　管带式冷凝器

1—散热片　2—管带

2）管带式冷凝器的传热面积大，热阻力小，迎风面积大，流动阻力小，因而传热效率高。

3）管带式冷凝器的管子接口少，制冷剂泄漏的可能性小，抗震性能好。

4）管带式冷凝器的管子与散热片需焊接，以提高接触面积的传热效果。铝焊接工艺比较复杂，难度较大，且管带式结构只有一条通路，制冷剂要通过整个管道，阻力损失较大。

(2) 管翅式冷凝器　如图 3-26 所示，它是由铜管和铝翅片组合起来的换热设备，一般用在大中型客车的制冷装置上。这是最原始的一种冷凝器，虽然体积较大，换热效率较差，但结构简单，加工成本低，因此，目前仍在应用。

(3) 平流式冷凝器　如图 3-27 所示，平流式冷凝器是由管带式冷凝器演变而成的，也由管带和波浪形散热片组成，散热片上同样开着百叶窗式缝隙，但管带不是弯成盘带式，而是每根截断的，两端各有一根集流管。平流式冷凝器又分为两种：一种是集流管不分段，制冷剂流动方向一致，称为单元平流式冷凝器；另一种为多元平流式冷凝器，它的集流管是分段的，中间由分隔片隔开，起到分流和汇流的作用。每段的管子数不相等，进入冷凝器时的制冷剂呈气态，比热容最大，占用的管子数最多，随着制冷剂逐渐冷凝成液体，其体积逐渐减小，所占容积逐渐减小，

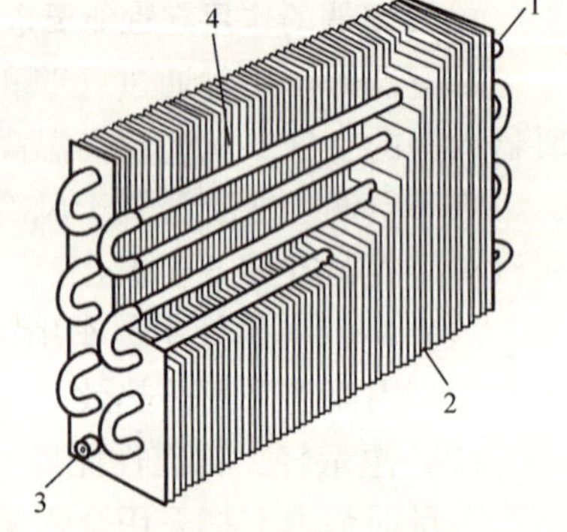

图 3-26　管翅式冷凝器

1—进口　2—翅片　3—出口　4—圆管

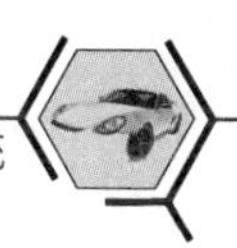

管子数也相应减少。这种变通程的结构设计使冷凝器的有效容积得到最合理的利用，使制冷剂的流动和换热情况更趋于合理。在同样面积的情况下，多元平流式冷凝器的换热效率最高，尤其是现在把制冷剂由 R12 改为 R134a，要求冷凝器的换热效率进一步提高时，多元平流式冷凝器是最适宜的。

平流式冷凝器已成为目前最有发展前途的冷凝器形式，其优点如下：

1）与管带式冷凝器相比，它具有较大的迎风面积和较高的单位体积换热能力，在相同的迎风面积下，换热能力提高了 30%。

2）外面的散热空气和内部的制冷剂流动阻力较小，在相同的制冷剂流量条件下，制冷剂的流动阻力仅是管带式冷凝器的 1/5~1/3。

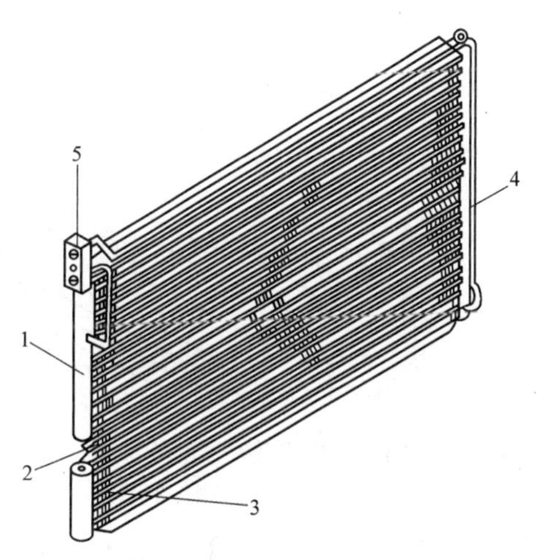

图 3-27　平流式冷凝器

1—圆柱形头　2—制冷剂管带　3—内插管　4—波纹百叶翅片　5—制冷剂进出口接口

3）由于换热能力提高，在相同的迎风面积和冷却条件下，制冷剂的冷凝温度和压力相对较低，解决了 R134a 冷凝压力高的问题。

二、蒸发器

1. 蒸发器的作用及性能要求

（1）蒸发器的作用　汽车空调蒸发器属于直接风冷式结构，它利用低温低压的液态制冷剂蒸发时需吸收大量热量的原理，把通过它周围的空气中的热量带走，变成冷空气送入车内，从而达到车内降温的目的。

（2）蒸发器的性能要求

1）重量轻、体积小、换热面空气阻力小、具有高的换热效率。现代汽车留给安装蒸发器的空间很有限，尤其是对蒸发器的尺寸提出了近乎苛刻的要求。

2）耐腐蚀、抗震性能好。

3）材料低温性能好、无毒性、冲击后不产生火花、价格便宜。

2. 蒸发器的结构及特点

汽车空调制冷系统采用的蒸发器有管翅式、管带式和板翅式。管翅式蒸发器和管带式蒸发器的结构与冷凝器的结构大致相同，这里不再介绍。

（1）板翅式蒸发器的结构　图 3-28 所示为板翅式蒸发器的单层结构。将多个单层叠置起来进行焊接，由铝制的平板中间夹一层波形散热片，两侧再用封条进行密封，蒸发器再与集流箱焊接，即构成完整的板翅式蒸发器，如图 3-29 所示。

板翅式蒸发器的传热面是由隔板和翅片组成的，热传递基本是依靠翅片来完成的，隔板只传递一小部分。翅片除承担传热任务以外，还起到两隔板间的加强作用。因而，如果翅片不能全部与隔板焊接在一起，不但影响传热效果，而且影响隔板的强度。

（2）板翅式蒸发器的特点

1）结构紧凑。在这种蒸发器中，翅片的传热面积占总传热面积的比例很大，在较小的体积内可有很大的传热面积，结构最紧凑，传热效率也高，比管带式蒸发器约高 10%。

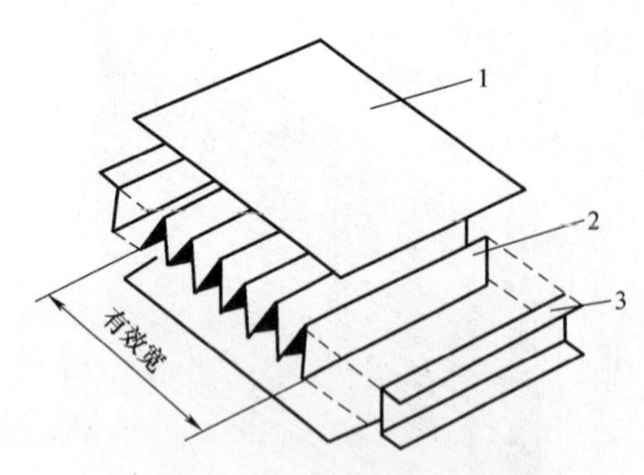

图 3-28　板翅式蒸发器的单层结构

1—平板　2—波形散热片　3—封条

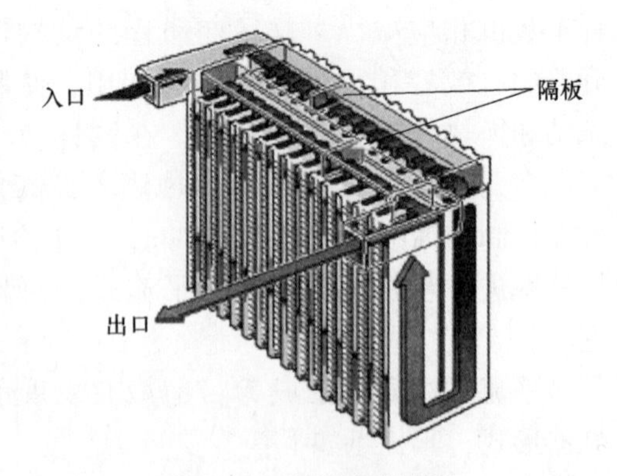

图 3-29　板翅式蒸发器

2）焊接工艺复杂，要求高，难度大。在两片铝板之间的封条处只要存在微小的未焊住的缝隙，就会发生制冷剂的泄漏。

3）通道较狭窄，容易堵塞，堵塞后清洗困难。

3. 蒸发器总成的结构

在汽车上总是把蒸发器、鼓风机、温度控制器甚至还有许多相关的零部件组装在一起，称为蒸发器总成，如图 3-30 所示。采用这种结构方式便于整体安装和拆卸，避免零件的散失，对维修也十分方便。蒸发器总成设有箱体，因为蒸发器装在发动机舱内，环境温度相当高，为避免冷量的损失，在箱体内贴有隔热材料，这样使蒸发器构造简单、紧凑。

鼓风机在这里用于制造强对流，以加强蒸发器外面空气侧的换热效果，同时把冷风输送到车内。大型蒸发器多采用轴流式鼓风机，可获得较大的风量。小型的蒸发器普遍采用前向多翼式离心鼓风机，这种鼓风机有体积小、噪声低的优点。

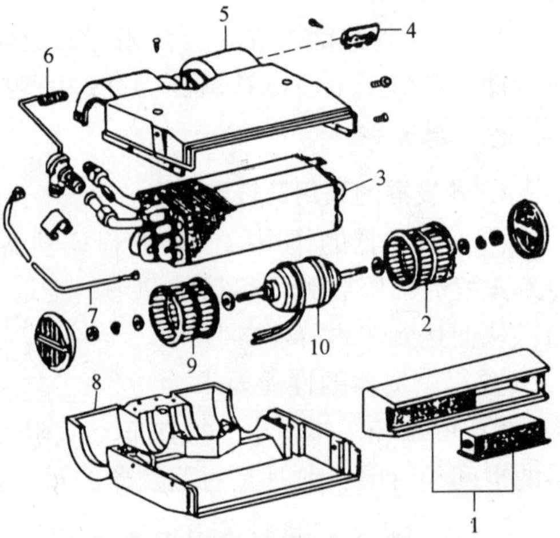

图 3-30　蒸发器总成

1—空调滤芯　2、9—叶轮　3—蒸发器　4—电阻　5—鼓风机壳体　6—热力膨胀阀　7—温控电阻　8—蒸发器总成壳体　10—电动机

4. 蒸发器表面的亲水和耐蚀处理

（1）蒸发器的“水桥”和“白粉”现象　蒸发器表面的温度较低，当低于环境空气的露点时，空气中的水蒸气在通过蒸发器表面时就会凝结成水，这就是结露，因此蒸发器表面的热交换是干湿交替的。当冷凝水珠的高度超过翅片间距的 1/2 时，很可能在两翅片间形成“水桥”，由此增加了空气的流通阻力，减少了通风量，影响了蒸发器的热交换能力，使本来就不够的汽车空调冷量变得更加不足。同时，这种干湿交换状态，使空气中的氧化物、氯化物、盐类及各种污染物质不断地溶解和沉积在翅片表面，使铝材受到腐蚀，生成白色粉状物（以铝、磷、钙、铅等的化合物为主要成分），即“白粉”。“白粉”在蒸发器翅片表面不仅增加传热热阻，影响热交换，而且还会随气流带入车内，污染车内环境。同时，蒸发器

本身的寿命也因遭受腐蚀而降低。这就是所谓的汽车蒸发器的“水桥”和“白粉”现象。“水桥”和“白粉”对蒸发器是不利的，改变凝露水珠在翅片上的接触角度和提高翅片表面的耐蚀能力是解决这一问题的有效方法。

（2）亲水和耐蚀处理　从理论上分析，增强蒸发器空气侧珠状物的冷凝方法（憎水处理或疏水处理）对提高传热效果是有利的。因为增强珠状凝结，即是让水珠与翅片的接触角度变大，接触面积变小，水珠容易下滴或被风吹走。但是，汽车空调蒸发器翅片的间距小，凝结的水珠不容易滴落或带走。试验也表明，在汽车空调蒸发器的使用中，膜状冷凝（亲水处理）更可取。因此，目前国际上广泛采用表面亲水处理，以提高蒸发器的换热能力和寿命。亲水处理是让翅片表面生成具有亲水性的耐蚀薄膜，使凝露水珠的高度减小，甚至水滴一到表面，即能迅速扩散，形成极薄的水膜，此即为膜状冷凝，从而能避免形成“水桥”，减小风阻，增强水的蒸发能力，同时也能使鼓风机能耗得到降低。国外曾先后研究过许多亲水和耐蚀处理方法，如铬硅铝法、酸性处理法、涂料法、防锈油法、水硅石法等，但实施的效果都有问题，如亲水性不持久、腐蚀加重或环境污染加重等。比较好的亲水性表面层的内层为磷酸铬/氢氧化铝，外层为硅酸钾胶体。这种结构的内层具有较好的耐蚀性，外层具有亲水性，促进膜状冷凝。

总之，目前还没有令人们十分满意的蒸发器表面亲水处理方法。我国汽车空调蒸发器制造厂近年来也开始研究表面亲水处理问题，部分厂家已正式使用。桑塔纳轿车、捷达轿车、奥迪轿车等车型的空调蒸发器都采用了亲水处理。

第四节　储液干燥过滤器

储液干燥过滤器不属于制冷系统的必备部件，而是在制冷剂的纯度、压缩机的材料和制造工艺不够理想的情况下，为了保证空调工作更可靠、功能更完善、效果更理想而配置的。

一、储液干燥过滤器的作用、结构与工作过程

1. 储液干燥过滤器的作用

在制冷系统中，储液干燥过滤器的作用是临时性地存储液态制冷剂，根据制冷负荷需要，随时将制冷剂供给蒸发器，并补充系统中的微量渗漏及对制冷系统中的水分和杂质进行干燥和过滤。

2. 储液干燥过滤器的结构

如图 3-31 所示，储液干燥过滤器由储液器、干燥器、过滤器、检视窗（或液体指示器）和安全装置等组成。储液器是个钢质或铝质的压力容器，就是制冷剂的储存罐，它能以一定的流量向膨胀阀输送液态制冷剂。储液器的容量一般为制冷剂体积的 1/3 左右。

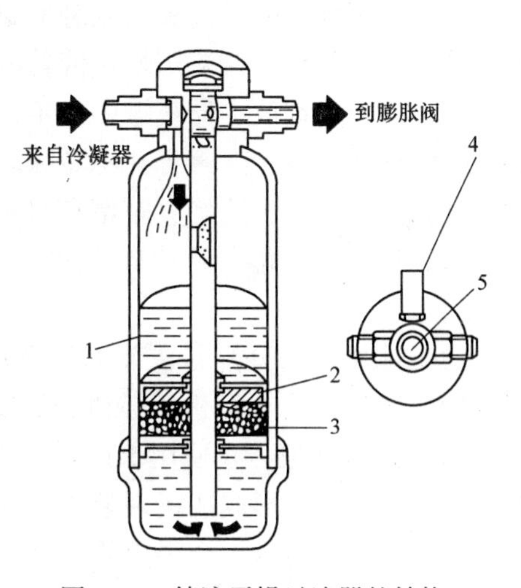

图 3-31　储液干燥过滤器的结构
1—储液器　2—过滤器　3—干燥器
4—易熔塞　5—检视窗

（1）检视窗　又称视液镜，有两个作用：一是指示制冷系统中是否有足够的制冷剂；二是指示制冷系统中制冷剂的状态。检视窗安装在高压液态制

冷剂管路上或储液干燥过滤器的上方。当系统正常运行时，从检视窗中可以看到没有气泡的液体流动。如果出现气泡或泡沫，则说明制冷系统工作不正常或制冷剂不足。

（2）易熔塞　这是一种安全装置，一般装在储液干燥过滤器的头部。螺塞中间是锡、铜、铝合金，当制冷剂温度升到110℃左右时，易熔塞中的合金熔化，制冷剂逸出，避免制冷系统压力过高损坏其他部件。

3. 储液干燥过滤器的工作过程

液态制冷剂或者气液混合的制冷剂进入储液干燥过滤器后，液态制冷剂先经滤网的过滤除去杂质，经干燥剂吸收水分后，再经滤网下沉到储液干燥过滤器的底部，在制冷剂流动压力下，液态制冷剂流出储液干燥过滤器，经高压管路送至膨胀阀。在储液干燥过滤器中，气态制冷剂温度进一步降低，液化后再经滤网过滤和干燥剂吸收水分后从储液干燥过滤器中流出。

二、水分对制冷系统的影响

在汽车空调制冷系统的安装或保养工作过程中，由于不小心进了空气、潮气，就很容易造成“冰堵”现象。所谓“冰堵”现象就是含有较多水分的液态制冷剂从节流装置流出时，压力的急剧降低使制冷剂中的水分急速凝结成冰，堵塞节流装置，从而阻止制冷剂流动。制冷系统中的水分是不容易查出的，因为形成水滴结冰需要一定的时间。如果在使用中发现汽车空调开始工作15min左右情况良好，然后就不制冷了，甚至出现热气，把它关掉几分钟后打开，又重复上面的情况，就可以断定制冷系统中有超标的水分，需要重新更换储液干燥过滤器，并进行维护作业。

温度对储液干燥过滤器中的干燥剂有影响。当汽车空调制冷系统在温度较低的晚上或清晨工作时，由于外界温度较低，干燥剂将吸收水分并阻止水分在系统中循环。当制冷系统或者发动机舱温度升高时，会导致储液干燥过滤器中的干燥剂温度上升，干燥剂的干燥能力就会下降，在干燥剂水分饱和后，多余的水分会随制冷剂在制冷系统中循环，过多的水分就会导致“冰堵”现象的发生。

干燥剂实际上就是能吸收水分的物质。常用的干燥剂有硅胶、活性氧化铝、硫酸钙、分子筛等。干燥剂置于储液干燥过滤器的两层滤网之间，或者安装在节流装置的滤网网袋中。有的直接将干燥剂放在储液罐中，不做固定处理。对于这种结构，如果摇动干燥器，能听到干燥袋的移动声音，这声音并不意味着干燥器坏了。在制冷系统中不可避免地存在着水分，而水分会引发腐蚀、冰堵、脏堵和镀铜现象。

（1）腐蚀　水能促进冷冻机油与制冷剂发生化学反应，使制冷剂分解产生酸，腐蚀制冷系统。

（2）冰堵　水分容易在节流装置处结冰，从而影响制冷剂流动。

（3）脏堵　水会促进压缩机金属磨屑的形成，并堵塞节流装置。

（4）镀铜现象　在使用R134a的制冷系统中，若存在水分，会造成铜管上的铜分子沉积到钢零件表面，形成镀铜现象。镀铜现象会使压缩机运动部件卡死，所以保证制冷系统中的水分含量不超标是一个很重要的问题。汽车空调上原来常采用的干燥剂是硅胶，少数采用活性氧化铝，近年来由于分子筛具有优异的脱水能力和物理完整性而被广泛采用。硅胶干燥时呈深蓝色，吸水后转变为粉红色的硅酸，分子的结构是无定形的，水分吸附在分子之间，吸水失效后，可经再生处理。分子筛是一种白色球状或条状的吸附剂，对含水分低、流速大

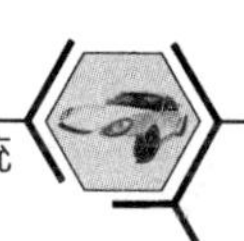

的液体或气体都有极高的干燥能力。分子筛在其晶体结构中含有阳离子，这些阳离子吸引水的方式就像磁铁一样，能够克服分子间作用力。另外，分子筛的吸水量不受冷冻机油的影响，因为分子筛孔道小，只吸水不能吸油，而硅胶不仅吸水，而且吸油。同时，分子筛不仅有较高的吸水性能，而且有较好的相溶性，并能除去生成的无机酸，从而能避免制冷系统金属磨屑堵塞和酸性腐蚀。分子筛与硅胶一样，使用寿命长，可经再生处理循环使用。由于R12与R134a的特性不同，分子结构不同，故不同的制冷剂需采用不同的干燥剂。实践证明，XH-5型分子筛适用于采用R12的制冷系统，而XH-7型分子筛适用于采用R134a的制冷系统，XH-9型分子筛同样适用于采用R134a的制冷系统，但价格要贵一些。储液干燥过滤器里的滤网用于过滤制冷剂中出现的尘埃、油泥、金属微粒等物，一般有两个滤网。干燥剂确保制冷剂离开储液干燥过滤器后呈液态，因为进入储液罐的制冷剂可能是气液混合物，液态制冷剂进入储液罐后就降到罐底，而气态制冷剂则留在顶部，引出管插到底部，保证了不断地把液态制冷剂供给节流装置。

第五节　节流装置

使车内空气降温的直接部件是蒸发器。液态制冷剂在蒸发器中吸收蒸发器管壁传来的热量而蒸发成气体，通过蒸发器外表面的热空气因为热量被蒸发器吸收而降温成冷空气。这一过程的发生前提是液态制冷剂处于低压状态。从储液干燥过滤器中出来的液态制冷剂处于高温高压状态，它必须通过节流装置减压后才能变成低压的容易蒸发的雾状体。汽车空调制冷系统中的主要节流装置有热力膨胀阀、毛细管、节流孔管。现在大部分汽车主要采用热力膨胀阀，部分高档轿车采用膨胀管。膨胀管结构简单、维修方便，与可变排量压缩机配合使用效果较好。另外，汽车空调制冷系统采用电子节流阀的汽车越来越多。

一、热力膨胀阀

1. 热力膨胀阀的主要作用

（1）降压　从冷凝器或者储液干燥过滤器出来的高温高压液态制冷剂经节流降压成为容易蒸发的低温低压雾状小液滴进入蒸发器。节流装置将制冷系统分成高压侧和低压侧。

（2）节流　制冷负荷的改变以及压缩机转速的改变，要求对制冷剂流量做相应调整，以保持车内温度稳定。热力膨胀阀就起了把进入蒸发器的制冷剂流量自动调节到制冷循环所要求的合适程度的作用。

热力膨胀阀控制制冷剂流量，防止“液击”和异常过热发生。所谓液击就是从蒸发器出来的未被完全汽化的制冷剂被吸入压缩机，由于压缩机气缸中温度很高，液态制冷剂体积急剧增大冲击压缩机的气缸壁和进、排气阀门，就像爆炸一样，严重时会损坏压缩机，这种现象称为“液击”。热力膨胀阀以感温包作为感温部件控制制冷剂流量，保证蒸发器尾部有一定的过热度，从而保证蒸发器总容积有效利用，避免液态制冷剂进入压缩机而造成“液击”，同时又能将过热度控制在一定范围内，从而防止异常过热现象发生。汽车空调在运行过程中，其制冷负荷是变化的。例如，汽车空调刚打开时，车内温度较高，需要较大的制冷负荷，进入蒸发器的制冷剂流量要大，以提高制冷量；反之，当车内温度较低时，即制冷负荷较小，此时，进入蒸发器的制冷剂流量应相应减小，以降低制冷负荷。热力膨胀阀就是根据所需要的制冷量变化而自动调节制冷剂流量，使制冷系统正常工作。

2. 热力膨胀阀的类型

在汽车空调制冷系统中，热力膨胀阀是主要部件。常见的热力膨胀阀有内平衡式膨胀阀、外平衡式膨胀阀、H 形热力膨胀阀。

（1）内平衡式膨胀阀

1）内平衡式膨胀阀的结构。内平衡式膨胀阀主要由球阀、膜片、过热度调节弹簧、感温包和滤网组成，如图 3-32 所示。

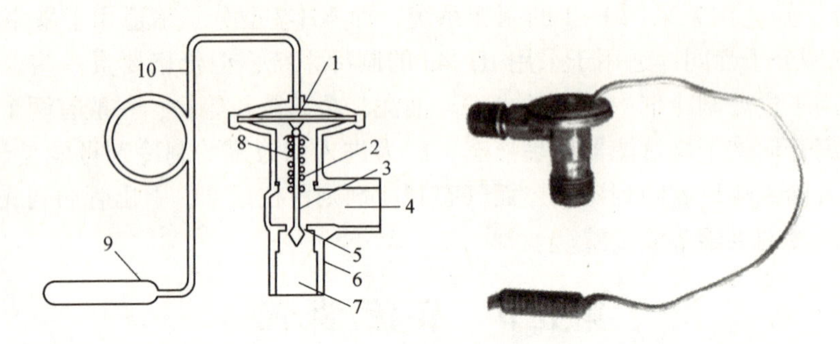

图 3-32　内平衡式膨胀阀

1—膜片　2—内平衡口　3—针阀　4—制冷剂出口　5—阀座　6—膨胀阀阀体
7—制冷剂入口　8—热力弹簧　9—感温包　10—毛细管

① 针阀。针阀受膜片驱动做上下运动，改变与阀孔之间的距离，从而改变制冷剂流量。根据汽车运行时要求降温速度快及制冷量受车速变化影响小这两个特点，要求热力膨胀阀的特性趋于快开阀，因而近年来轿车用热力膨胀阀采用球阀的比较多。

② 膜片。膜片承受三种力的作用，膜片上的力不平衡时，就会使针阀动作，直到平衡后静止。膜片一般由不锈钢片或青铜片冲压而成。

③ 热力弹簧。热力弹簧又称过热度调节弹簧。从蒸发器出来的制冷剂应该有一定的过热度。过热度指热力膨胀阀低压侧和感温包内蒸气之间的温度差。过热度过大就不能充分利用蒸发器的换热面积，即不能提供足够多的制冷剂供给蒸发器进行热交换。如果过热度过小，制冷剂在离开蒸发器时没有完全变为气体，被压缩机吸入时就很可能造成“液击”现象，损坏压缩机。因此，过热度是热力膨胀阀的一个重要指标，根据不同用途、不同匹配，调节的过热度也不同。热力膨胀阀出厂时过热度都调整到了一定的值，一般出厂静止过热度为 3℃，工作过热度为 5~13℃。过热度的调节是靠调整热力弹簧的预紧力来实现的。热力弹簧全部放松时的过热度称为最小过热度，一般不小于 2℃；热力弹簧全部压紧时的过热度称为最大过热度，一般不小于 8℃。热力弹簧最好不要随便调节，即使需要调节也应请专业技术人员进行调节。

④ 感温包。感温包固定在蒸发器出口附近，用绝热材料包裹。感温包和毛细管里装有制冷剂（感温剂），依据蒸发器出入口的温度不同，通过热胀冷缩使毛细管在膜片上方产生一个能改变膨胀阀开度的压力。感温包使热力膨胀阀能够自动调节开度。感温包中的工质一般有充气式、吸附充注式、特殊充注式三种。汽车空调中，感温包一般采用同工质充气，即感温包内的工质与制冷系统内的制冷剂相同，在常温下以气态注入。

有的内平衡式膨胀阀内部还有滤网。滤网的主要作用是防止进入膨胀阀的制冷剂未完全

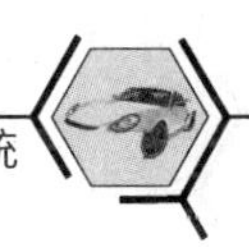

过滤掉杂质而堵塞膨胀阀，避免脏堵现象。若发现过滤网中有杂质，说明储液干燥过滤器中的滤网不起作用，应予以更换。根据过热度调整（调整热力弹簧预紧力）方式滤网可分为内调式与外调式两种，根据接口的形状滤网又可分O形圈式与喇叭口式两种。

2）内平衡式膨胀阀的工作原理

① 节流原理。感温包感受到蒸发器出口端过热度的变化时，感温包内的制冷剂温度和压力会发生变化，并作用于传动膜片上，促使膜片形成上、下位移，再通过膜片将力传递给传动杆从而推动针阀上下移动，使阀口关小或开大，起到节流、降压作用。同时，自动调节蒸发器的制冷剂供给量并保持蒸发器出口端具有一定的过热度，以保证蒸发器传热面积的充分利用，以及减少“液击”发生。流体在管道中流动的过程中，若遇到缩口（如小孔、阀孔等），局部就产生阻力。流体通过缩口后的压力会显著下降，这种现象称为节流。热力膨胀阀就是一种节流装置。由于流体流过缩口时流速高、时间短，来不及与外界进行热交换，因此节流过程一般近似作为绝热过程处理，称为绝热节流或绝热膨胀，简称为节流。图3-33为流体流过节流孔的示意图。当流体流过缩口时，不仅产生节流现象，而且流体发生扰动，产生摩擦阻力而发生能量损耗。

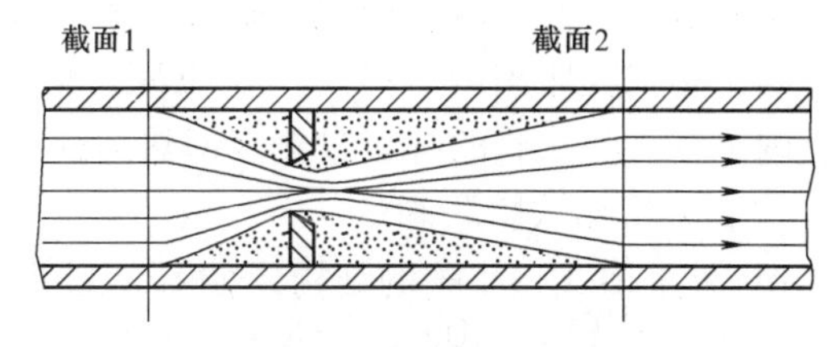

图3-33　流体流过节流孔的示意图

② 内平衡式膨胀阀受力分析。内平衡式膨胀阀膜片下方制冷剂压力从蒸发器进口导入，但从蒸发器进口到出口有压力损失，所以调节的精度有误差。内平衡式膨胀阀受力分析如图3-34所示。

设膜片上方由感温包内气体产生的压力为 p_f，热力弹簧压力为 p_s，膜片下方制冷剂压力即蒸发器入口的压力为 p_e。在平衡状态 $p_f = p_e + p_s$，针阀处于某一开度状态，制冷剂流量保持稳定。由于膨胀阀设计时保证蒸发器有一定的过热度，因此，蒸发器的出口部分一般都是过热蒸气。若蒸发器制冷剂不足，则制冷剂提前全部蒸发，过热部分加长，过热度 Δt 增加，感温包内压力 p_f 升高，膜片通过推杆把针阀朝下移动，针阀开度 d 增大，进入蒸发器的制冷剂流量 G 增加。反之，过热度 Δt 减小，p_f 减小，针阀开度 d 减小，制冷剂流量 G 减小。例如，假定制冷剂为R134a，蒸发器蒸发温度 $t_e = -15℃$，蒸发压力即表压力 $p_e = 0.064\text{MPa}$，蒸发器内的压力损失 $\Delta p = 0.03\text{MPa}$，热力弹簧压力 $p_s = 0.02\text{MPa}$，则理论上要求过热度为5℃。制冷剂经节流后在A点的参数是：蒸发温度 $t_e = -15℃$，蒸发压力 $p_e = 0.064\text{MPa}$，到达B点处全部蒸发成饱和蒸气，已知压力降 $\Delta p = 0.03\text{MPa}$，B点的管内压力为 $0.064\text{MPa} - 0.03\text{MPa} = 0.034\text{MPa}$，其对应的饱和温度为

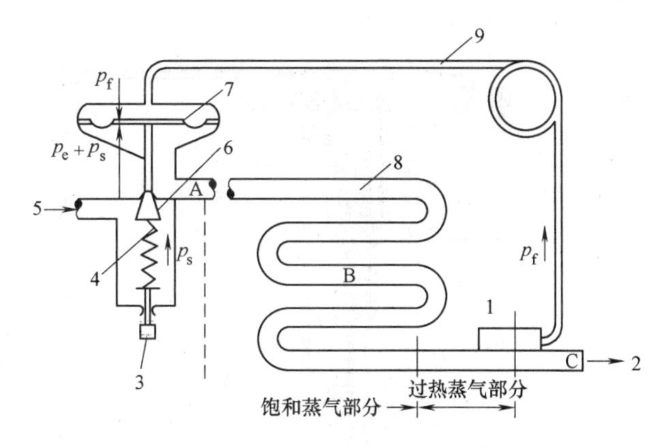

图3-34　内平衡式膨胀阀受力分析

1—感温包　2—蒸发器出口　3—调整螺针　4—热力弹簧
5—膨胀阀制冷剂入口　6—针阀　7—膜片
8—蒸发器　9—毛细管

-19.8℃。这时作用于热力膨胀阀传动膜下的压力为 $p_e+p_s=0.064\text{MPa}+0.02\text{MPa}=0.084\text{MPa}$。如果要热力膨胀阀开启，那么传动膜上所感受的饱和压力（即感温包中的压力）必须大于0.084MPa。对应于0.084MPa的饱和温度为-12.1℃，即要求流到C点处的过热蒸气温度至少要高于-12.1℃，此时的过热度为-12.1℃-(-19.8℃)=7.7℃，只有在过热度大于7.7℃时内平衡式膨胀阀才能开启工作。但在过热度大于7.7℃的情况下工作时，必将导致蒸发器的传热面积不能充分利用和制冷效果降低。如果欲继续维持过热度在5℃情况下工作，实际上是不可能的。因为当过热度为5℃时，将使 $p_f<(p_e+p_s)$，即 $0.054\text{MPa}<0.084\text{MPa}$，阀门处于关闭状态，使热力膨胀阀无法工作。也就是说，因为蒸发器内部有压力损失，到蒸发器出口压力下降，同样的过热度，出口处的温度也相应降低，感温包感应到的温度低一些，为了打开阀门，就需要比较大的过热度。这样蒸发器内过热部分增加，蒸发器效率降低。因此，内平衡式膨胀阀只适宜于蒸发器内部压力损失小的制冷系统采用。

内平衡式膨胀阀调节精度不是很高，但因其结构简单，适宜于压力损失小的蒸发器采用。内平衡式膨胀阀的静止过热度即热力弹簧的预紧力是在安装空调之前调整好的。

（2）外平衡式膨胀阀

1）外平衡式膨胀阀的结构。如图3-35所示，外平衡式膨胀阀由两大部分组成，感温受压部分和阀体部分。感温受压部分是自动调节信号机构，由感温包、毛细管和动力室组成密封系统，动力室下面有一块厚度为0.1~0.2mm的薄膜片（也称传动膜片），它随着平衡力的变化而上、下位移。阀体部分是自动调节的执行机构，由针阀、热力弹簧、阀体、推杆、顶杆、阀座、调节螺钉、过滤网及其他一些零件组成。膜片位移时，调节信号传递给顶杆，顶杆推动针阀，调整阀通径的大小，从而调节制冷剂的流量。

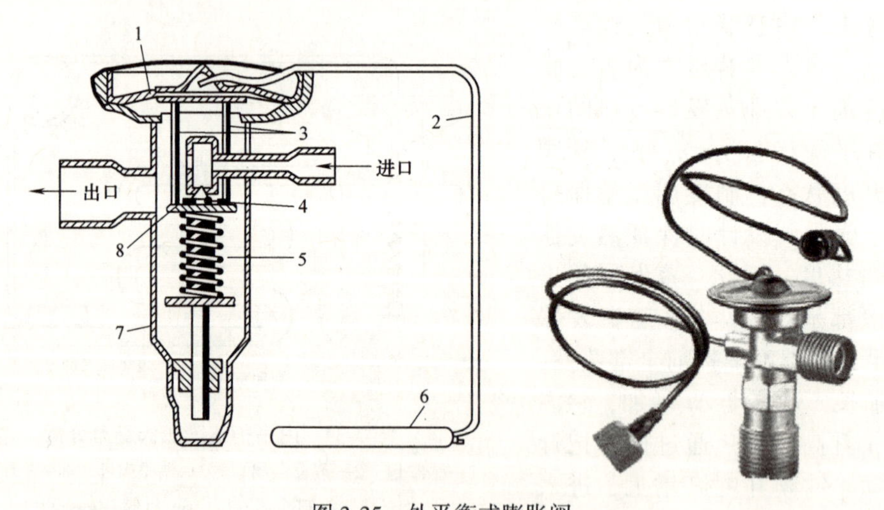

图3-35　外平衡式膨胀阀

1—膜片　2—毛细管　3—推杆　4—阀座　5—热力弹簧　6—感温包　7—阀体　8—针阀

2）外平衡式膨胀阀的受力分析。外平衡式膨胀阀的内部压力从外部即蒸发器制冷剂出口处导入，反映出蒸发器制冷剂出口处的实际压力，弥补了蒸发器内部压力损失的影响。其受力如图3-36所示，设膜片上方压力由感温包内气体压力产生，相当于蒸发器制冷剂出口的饱和压力 p_f，弹簧压力为 p_s，膜片下方制冷剂压力为 p_e（即蒸发器制冷剂出口压力），Δp 为蒸发器压力损失，$p_e'=p_e-\Delta p$。平衡状态：$p_f'=p_e'+p_s$，因为 $p_e'=p_e-\Delta p$，所以 $p_f'=p_e+p_s-\Delta p$。

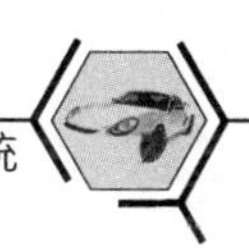

得到 $p_f' < p_f$，$t_f' < t_f$（t_f为感温包感受到的温度）。例如，当条件与内平衡式膨胀阀相同时，即 $t_e = -15℃$，$\Delta p = 0.03\text{MPa}$，$p_s = 0.02\text{MPa}$。由于外平衡式膨胀阀通过蒸发器制冷剂出口端处外接的平衡管，将管内压力引到膜片下部，所以此压力不是 $p_e = 0.064\text{MPa}$，而是蒸发器出口端的压力 $0.064\text{MPa} - 0.03\text{MPa} = 0.034\text{MPa}$。这样膜片下面所感受的压力为 $0.034\text{MPa} + 0.02\text{MPa} = 0.054\text{MPa}$。因此，如果需要热力膨胀阀开启，那么膜片上部所感受的饱和压力只要大于0.054MPa即可实现。对应于0.054MPa的饱和温度为−16.6℃，即要求流到C点处制冷剂的过热蒸气温度只要高于−16.6℃就足够，此时的过热度为 $-16.6℃ - (-19.8℃) = 3.2℃$，也就是当过热度大于3.2℃时，阀门就能开启工作。

上述分析说明，同样的阀门开度，外平衡式膨胀阀的过热度要小得多，所以采用外平衡式膨胀阀时，能充分发挥蒸发器换热面积的作用，提高制冷装置的效果。汽车空调蒸发器内部阻力大，一般宜采用外平衡式膨胀阀。一个理想的热力膨胀阀在调节制冷剂流量时，应使进入蒸发器的制冷剂流量恰好与蒸发器中制冷剂的蒸发量相等，以缩小蒸发器出口的过热度，充分发挥蒸发器的制冷效率。要达到这样的要求，热力膨胀阀就应随着系统热负荷的变化，及时地调节系统中制冷剂的流量，以保持供需平衡。热力膨胀阀的感温包的热惯性，使得导热产生了迟延过程，进而使感温包里的制冷剂的力传递发生滞后现象。例如，制冷系统的制冷剂量要增加时，进入蒸发器的制冷剂量相对说是少了，所以，蒸发器制冷剂出口过热度就升高，若感温包导热无迟滞过程，膨胀阀的阀门就能及时得到调整。但由于信号传递有滞后，阀门就不能及时增大，蒸发器出口过热度将继续上升，使供液量小于需要量，经若干时间后膨胀阀阀门才增大，制冷系统的蒸发温度升高，出口过热度下降，供需量逐步趋向平衡。但由于感温包信号传递的迟延，阀门还继续开大，供液量就大于需要量，经若干时间后，膨胀阀开度变小，系统的蒸发温度又下降，出口过热度也上升，供需量又趋于平衡。

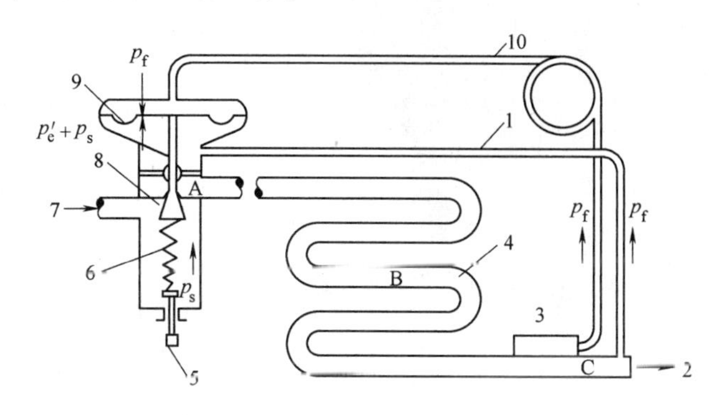

图3-36　外平衡式膨胀阀受力分析

1—外平衡管　2—蒸发器制冷剂出口　3—感温包　4—蒸发器
5—调整螺钉　6—热力弹簧　7—制冷剂入口
8—针阀　9—膜片　10—毛细管

（3）H形热力膨胀阀　H形热力膨胀阀因其形状像英文字母H而得名。其工作原理与内平衡式膨胀阀和外平衡式膨胀阀基本相同，但其结构却有很大的差异。

1）H形热力膨胀阀的结构。H形热力膨胀阀是一种整体式膨胀阀，取消了其他热力膨胀阀的毛细管和感温包，直接与蒸发器制冷剂进、出口相连。图3-37所示为目前常见的一种H形热力膨胀阀。图3-38所示H形热力膨胀阀实际上并没有取消感温包，而是把感温包设计到阀体内的回气通路上。从冷凝器来的制冷剂从入口进入膨胀阀，经节流降压后，进入蒸发器，在蒸发器中吸热变成气态制冷剂，然后从蒸发器出来，再进入H形热力膨胀阀的另一腔内，使受力件直接感受蒸发器制冷剂出口的温度。制冷剂第二次进入H形热力膨胀阀的过程相当于外平衡式膨胀阀的平衡管，通过膜片、顶杆及弹簧等来控制热力膨胀阀的开度。

图 3-37　常见的 H 形热力膨胀阀

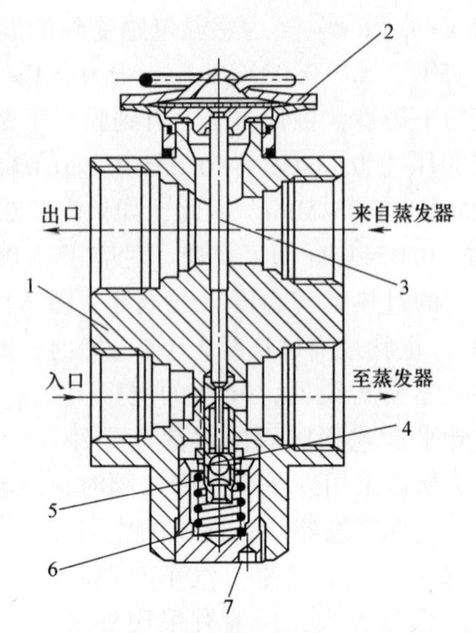

图 3-38　H 形热力膨胀阀的结构

1—阀体　2—膜片　3—顶杆　4—球阀

5—阀座　6—热力弹簧　7—调节螺钉

2）H 形热力膨胀阀的特点

① 无感温包、毛细管和外平衡接管，减少了因汽车颠簸、震动使毛细管断裂的故障。

② 直接让制冷系统中的制冷剂通过阀体内腔进行平衡受力，控制精度更高，灵敏度也显著提升。

③ 结构紧凑、维修简单、寿命长、强度高、故障少。

④ 感温剂充注少，减小了热惯性，工作特性更接近理想特性曲线。

⑤ 过热度调整采用外调式，便于系统维修、匹配和调试。

⑥ 有助于清理脏堵故障。

⑦ 加工难度较大，膜片中心开孔会影响膜片的供液特性。

3. 热力膨胀阀供液特性曲线

图 3-39 所示为热力膨胀阀供液特性曲线。由图 3-39 可以看出，热力膨胀阀工作时，因传递力滞后，它的供液量总是在需液量曲线上下波动，两者不能完全吻合，热力膨胀阀总处于频繁调节状态，这就是热力膨胀阀工作的特点。随着过热度下降，供需量逐步趋向平衡。但由于感温包信号传递的迟延，阀门还继续开大，供液量就大于需要量，经若干时间后，膨胀阀才关小，制冷系统的蒸发温度又下降，出口过热度也上升，供需量又趋于平衡。

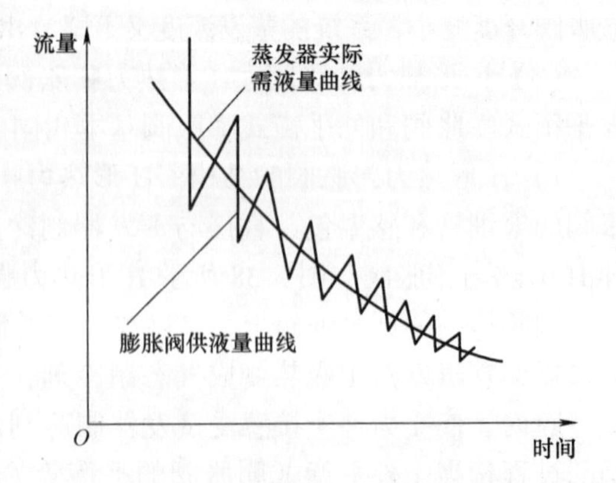

图 3-39　热力膨胀阀供液特性曲线

二、节流孔管

热力膨胀阀因有热惯性而使调节产生迟滞的现象，不能达到令人十分满意的效果。现在一些

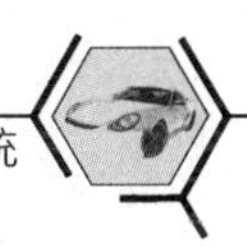

高档轿车采用固定的节流装置来节流、降压，比如奥迪轿车采用了图3-40所示的节流孔管。

节流孔管主要由滤网、铜管、密封圈等组成。节流孔管的结构十分简单，一根细小的铜管安放在一根塑料套管内，在塑料套管上有一个或两个O形密封圈，铜管的外面是滤网。由于O形密封圈的阻隔作用，来自冷凝器的液态制冷剂只能从细小的铜管中通过，进入蒸发器。节流孔管上的滤网能阻挡杂质进入铜管。这种节流孔管原先只是在CCOT制冷系统中采用。由于CCOT制冷系统的气液分离器的体积很大，所以一般小型车上无法采用，故影响了其发展。可变排量压缩机在汽车空调中得到广泛应用，VDOT制冷系统中所使用的节流装置就是节流孔管。可见，节流孔管的应用及发展前景越来越广阔。

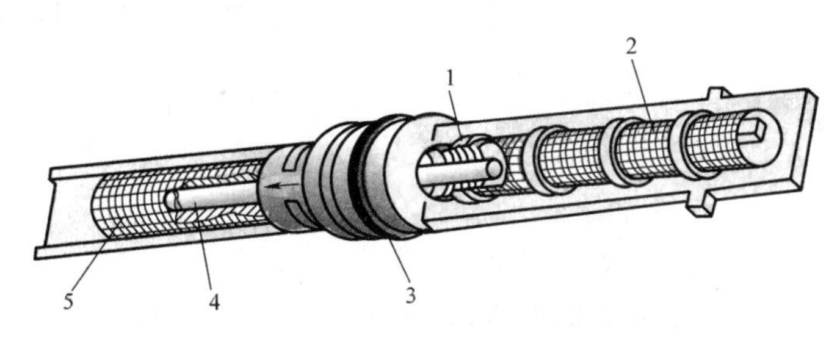

图3-40　节流孔管

1—高压入口　2—滤网　3—密封圈　4—出口　5—出口滤网

三、电子膨胀阀

1. 电子膨胀阀的结构

图3-41所示为上海大众途观采用的电子膨胀阀，主要由阀体、电磁线圈和插头组成。电磁阀的工作电压为9~16V，最大可承受压力为4.5MPa，工作温度为-40~105℃，电磁线圈绝缘电阻大于10MΩ。

2. 电子膨胀阀的工作原理

根据控制器的脉冲电压信号，电磁线圈驱动步进转子旋转，通过精密丝杆传动，转子将旋转运动转化为针阀的轴向直线移动，针阀在控制器的控制下调节阀体通道大小。

四、膨胀阀的选配与安装

膨胀阀的容量与膨胀阀入口处液体制冷剂的压力（或冷凝温度）、过热度、出口处制冷剂的压力（或蒸发温度）及阀开度有关。为此，空调选配膨胀阀时，所选的容量一定要与蒸发器相匹配。容量选择得过大，会使膨胀阀经常处于小开度下工作，膨胀阀开、闭频繁，影响车内温度稳定，并降低阀门的寿命；容量选择得过小，则制冷剂流量太小，不能满足车内制冷要求。一般情况下，膨胀阀容量应比蒸发器容量大20%~30%。同一个膨胀阀，在不同的工况下容量差别很大，这与工作时的冷凝压力及蒸发的压差有关。安装膨胀阀时有下列要求：

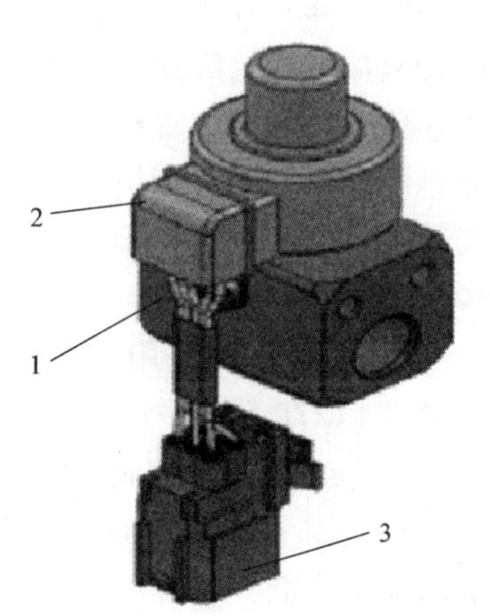

图3-41　电子膨胀阀

1—阀体　2—电磁线圈　3—插头

1）直立安装，不允许倒置。

2）感温包安装在蒸发器水平出口管的上表面，用隔热材料包扎牢靠。

3）外平衡管要装在感温包后边管段的上表面处，位置要经过严密的计算。

4）对于外平衡式膨胀阀，必须在发动机正常运转时进行调节，并由专业技术人员操作。R12和R134a的物理性质不同，需选配不同的膨胀阀。

第六节　保护装置及其他相关装置

除以上介绍的一些装置外，汽车空调中还有一些装置，例如为了便于维修而安装的检修阀、液体指示器等，为了系统更安全而安装的易熔塞、泄压阀、汽液分离器等装置。

一、气液分离器

1. 气液分离器的作用

1）保证压缩机只能吸入气态制冷剂，不会吸入液态制冷剂，因而压缩机不会发生液击现象。

2）能减少压缩机排气脉冲，使制冷系统工作更平稳。

3）在制冷剂不足的情况下，能保证一定量的润滑油回流，从而避免制冷系统对制冷剂过度依赖，保护压缩机。

2. 气液分离器的结构

对于采用 CCOT 系统的空调装置，使用一种名为 Accumulator（储液器）的气液分离器，如图 3-42 所示。其主要由储存器圆顶、干燥剂等组成。这种气液分离器的作用是防止液态制冷剂进入压缩机，同时也可用于储存过量的制冷剂，替代储液干燥过滤器。气液分离器被安放在制冷系统的低压吸气管路上，所以又叫吸气储液器。

3. 气液分离器的工作原理

制冷剂从顶部进入气液分离器，其中液态制冷剂沉入气液分离器底部，在顶部的气态制冷剂被吸出管引向压缩机。在气液分离器底部的吸出管上有一个小孔，允许少量冷冻机油流回压缩机，以保证压缩机工作时的润滑需要。该小孔也允许少量液态制冷剂流入，随同冷冻机油和气态制冷剂流向通往压缩机的管路。由于在进入压缩机之前，微量的液态制冷剂会在管路中汽化，因此不会引起“液击”现象。

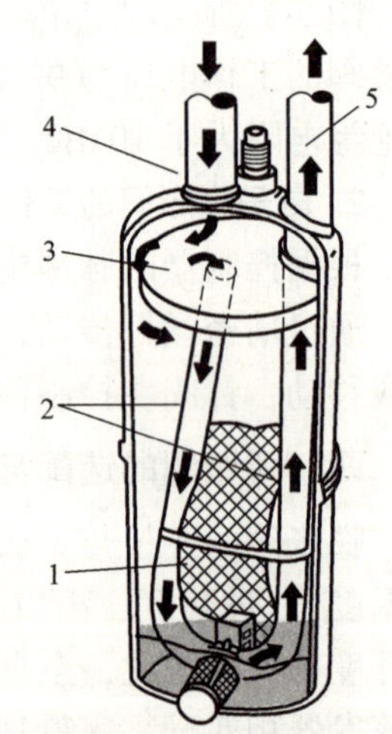

图 3-42　气液分离器
1—干燥剂　2—制冷剂回流管
3—储存器圆顶　4—制冷剂入口
5—制冷剂出口

奥迪 A6 轿车采用了这种装置。气液分离器一般与节流孔管配套在 CCOT 系统中使用。

图 3-43 所示为奥迪 A6 轿车上采用的气液分离器，雪佛兰轿车上也采用了此种气液分离器。从蒸发器出来的（过饱和）气液两相制冷剂，从接口 2 进入气液分离器后，冲到挡板 3 上，迫使制冷剂朝下，液态制冷剂流入气液分离器的罐底，而要出来的制冷剂必须两次 180°大转弯。这是因为，内部引出管 4 和制冷剂入口 1 朝上，制冷剂首先要绕过挡板，即经过 180°转弯才能进入引出管；引出管是一根 U 形管，底部开有润滑油回油孔 6，进入引出管的制冷剂必须再经过 180°转弯，才能从 U 形管的制冷剂出口 8 离开气液分离器。这样的两次大转弯只有密度小的气体才能通过，所以保证了气液分离。气液分离器的下部设有干燥袋 5，以吸出液态制冷剂中的水分，并通过滤网 7 滤去杂质。

4. 气液分离器与一般储液干燥过滤器的区别

1）气液分离器安装在制冷系统的低压区，而储液干燥过滤器则安装在制冷系统的高

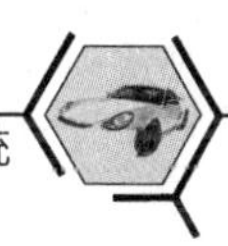

压区。

2）气液分离器和储液干燥过滤器存储的都是液态制冷剂，但气液分离器存储的这些液态制冷剂在低压区慢慢地自然汽化，离开气液分离器的是气态制冷剂，因而起到气液分离的作用，而储液干燥过滤器留下的是多余的液态制冷剂，依据制冷负荷的需要供给。

3）气液分离器中主要是气体，所以容积比较大，尺寸一般也比较大，而储液干燥过滤器的尺寸一般比较小。

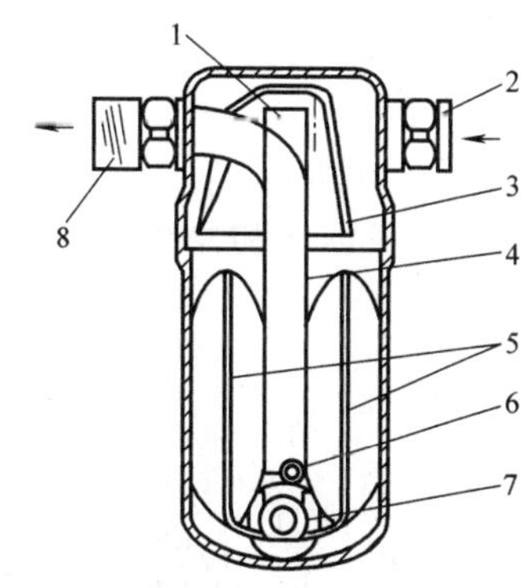

图 3-43　奥迪 A6 轿车用的气液分离器

1—制冷剂入口　2—接口　3—挡板　4—内部引出管　5—干燥袋　6—回油孔　7—滤网　8—制冷剂出口

二、集液器

图 3-44 所示为集液器，主要由干燥剂、滤网等组成。集液器用于节流孔管式制冷系统，安装在蒸发器制冷剂出口与压缩机之间，对从蒸发器出来的制冷剂进行气液分离，使液态制冷剂沉积在底部，保证只有上方的气态制冷剂输送到压缩机，其工作原理和气液分离器相似。

三、泄压阀

在汽车空调制冷系统中，当制冷剂管路高压侧温度和压力过高时，通过易熔塞熔化释放制冷剂来保护制冷系统的办法将制冷剂全部释放到大气中，不仅造成经济上的损失，而且对环境造成污染。因此，近年来倾向于用泄压阀代替易熔塞。

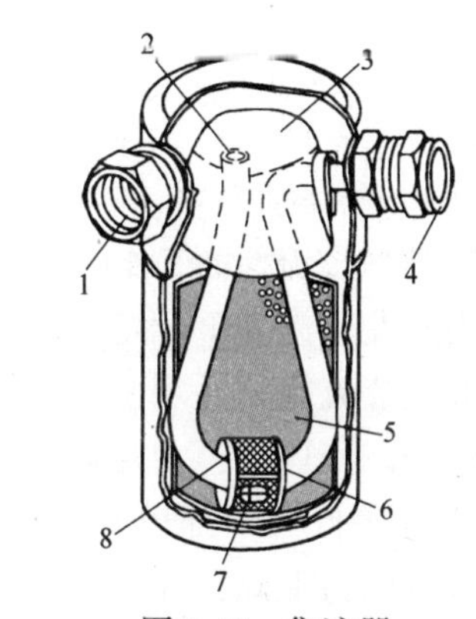

图 3-44　集液器

1—自蒸发器　2—气态制冷剂入口　3—气室　4—至压缩机　5—干燥剂　6—制冷剂输出管　7—油孔　8—滤网

图 3-45 所示，泄压阀主要由弹簧、弹簧座、密封塞、O 形密封圈等组成，安装在压缩机高压侧或储液干燥过滤器上。当制冷系统压力正常时，在弹簧压力的作用下，密封塞被压向阀体，与凸缘紧贴，制冷系统的制冷剂不能流出。当压缩机排出的制冷剂压力大于 3MPa 时，制冷剂推动密封塞，弹簧压缩，阀被打开，制冷剂释放出来（图 3-45 中箭头所示为制冷剂流出方向），制冷系统压力立即下降。当压力降到 3MPa 以下时，弹簧又立即将密封塞推向阀体，将阀关闭。泄压阀只释放一部分制冷剂，制冷系统仍然可以工作，回避了易熔塞的缺点，空气也不会进入制冷系统，而且便于判断故障原因。

四、吸气节流阀

1. 吸气节流阀的结构

吸气节流阀（Suction Throttling Valve，STV）的作用是将蒸发器的蒸发压力控制在 0. 298~0. 308kPa，防止蒸发器因温度过低而结冰。另外，当发动机转速过高时，压缩机使制冷系统的压力过高，可以让部分高压制冷剂通过吸气节流阀回到低压侧，从而避免高

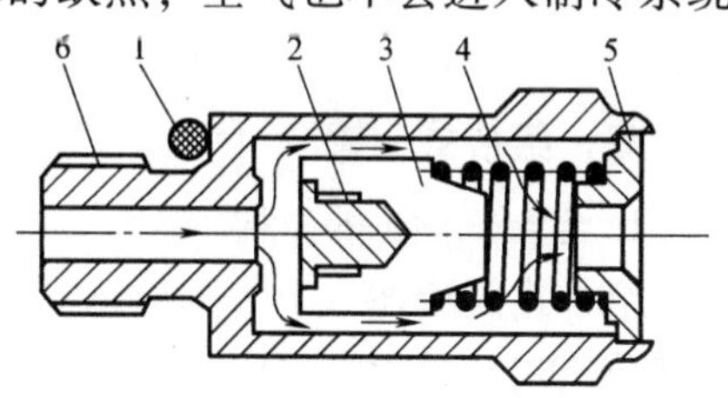

图 3-45　泄压阀

1—O 形密封圈　2—密封塞　3—下弹簧座　4—弹簧　5—上弹簧座　6—阀体

压侧压力过高，从压缩机出来的高温高压制冷剂与低压侧低温低压的制冷剂混合，可以避免“液击”现象。

如图 3-46 所示，吸气节流阀主要由膜片、主弹簧、辅助弹簧、活塞等组成。在吸气节流阀里，大气压力和弹簧压力在膜片一侧，另一侧是蒸发压力，不工作时活塞起密封作用。

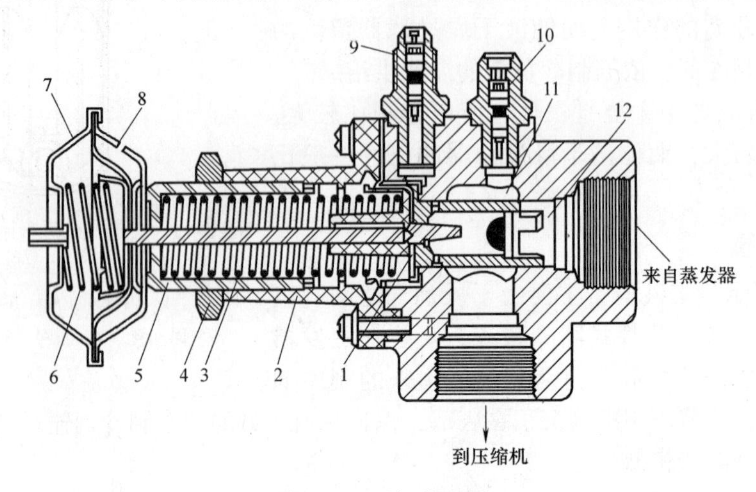

图 3-46 吸气节流阀

1—膜片 2—固定壳 3—主弹簧 4—紧固螺母 5—调节螺栓 6—辅助弹簧 7—真空室 8—通气孔 9—高压接口 10—低压接口 11—平衡孔 12—活塞

2. 吸气节流阀的工作原理

当蒸发压力高于设定值时，较高的制冷剂压力作用到吸气节流阀的活塞上，通过活塞上的小孔作用到膜片下方。当这个压力足以克服弹簧压力时，吸气节流阀的活塞打开，部分过量的制冷剂就释放到大气中，蒸发压力下降，弹簧压力又促使活塞向关闭的位置移动。活塞不停地开和关，直到蒸发压力和弹簧压力相平衡为止。当发动机高速转动时，压缩机排出的气态制冷剂温度和压力过高，与压缩机出口相接的制冷剂经过平衡孔与蒸发器制冷剂出口相接，使部分制冷剂经吸气节流阀再进入压缩机，实现降低高压侧压力的目的。真空室依据真空度和海拔进行微量的修正。

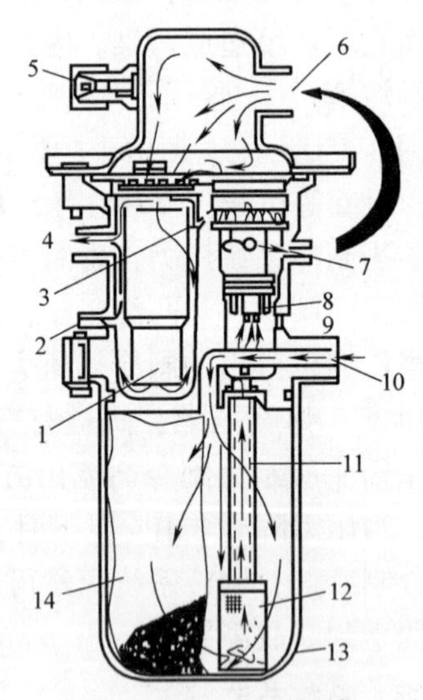

图 3-47 组合式阀罐

1—蒸发压力控制阀 2—冷冻机油溢流口 3—均压管 4—制冷剂蒸气出口（至压缩机） 5—检修阀 6—从蒸发器来的制冷剂蒸气入口 7—膨胀阀制冷剂入口 8—热力膨胀阀 9—观察孔 10—从冷凝器来的制冷剂入口 11—吸液管 12—滤网 13—外壳 14—干燥剂

五、组合式阀罐

1. 组合式阀罐的结构

组合式阀罐在一个大的储液罐中装有导阀控制的吸气节流阀、热力膨胀阀和储液干燥过滤器。

组合式阀罐的结构如图 3-47 所示。组合式阀罐总成装在靠近蒸发器的地方，蒸发器的制冷剂进、出口与组合式阀罐相连，取消了热力膨胀阀外平衡管及感

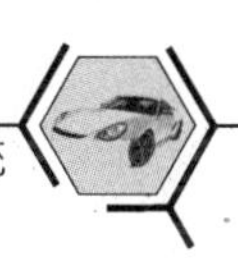

温包，热力膨胀阀的膜片端直接暴露在从蒸发器出来进入组合式阀罐的制冷剂蒸气中。在吸气节流阀与热力膨胀阀之间有一个小孔，起到外平衡管的作用。干燥器包含在储液罐壳体中，是可以更换的，一根带有滤网的液体吸出管伸到罐底，滤网用来防止杂质进入制冷系统。在热力膨胀阀的进口管处有一块可更换的视液玻璃。

2. 组合式阀罐的工作原理

液体制冷剂从冷凝器通过组合式阀罐流向蒸发器，从冷凝器进入组合式阀罐的液态制冷剂降落到储液罐的底部，而气态制冷剂则在顶部。制冷剂碰到储液罐中的干燥剂后，被吸收掉所有的水分。液态制冷剂通过滤网和吸出管直接进入热力膨胀阀下面的入口。组合式阀罐根据蒸发器热负荷条件调节制冷剂流量。进入蒸发器的液体制冷剂吸收空气热量后变成气态制冷剂。制冷剂蒸气离开蒸发器回到组合式阀罐并到达吸气节流阀的入口处，吸气节流阀调节进入压缩机的制冷剂蒸气流量。到达压缩机的制冷剂蒸气量根据蒸发压力确定，在吸气节流阀的出口将低压制冷剂送向压缩机，然后被压缩成高压蒸气，再进入冷凝器，在冷凝器中气体放出热量又变成高压液体，这样就完成了一个工作循环。

六、止回阀和止回继动器

汽车空调制冷系统中的机械动作大多用真空作为动力源，而真空源取自发动机的进气歧管。为了防止发动机进气歧管的真空度低于动作所要求的值而造成误动作，通常真空系统中要设置一个真空止回阀或止回继动器。真空止回阀一般安装在真空源和真空罐之间的管路上。

（1）止回阀　止回阀的结构和泄压阀相似。当发动机吸气歧管中的真空度高于真空罐中的真空度时，止回阀打开，即止回阀是靠发动机真空度打开的。此时，止回阀把真空源与真空罐连通。正常的发动机真空度能打开真空膜盒，让控制系统中的真空到达真空动作器。若发动机的吸气真空度降低到真空储气罐的压力之下，止回阀关闭，控制器到真空动作器的回路中断，这样真空储气罐中的真空度就不会下降。

（2）止回继动器　止回继动器除具备止回阀的防止因进气歧管的真空度下降而使真空系统的工作受到影响这一作用外，还有使真空系统在这种时候不进行常规状态下的正常运转这一功能。

七、液体指示器

液体指示器俗称观察窗，用于观察制冷剂量是否充足。有的液体指示器安装在储液干燥过滤器上，有的液体指示器安装在高压管路（干燥器和膨胀阀之间）上。普通液体指示器的外形如图 3-48 所示。液体指示器除可指示制冷剂是否充足外，还可指示系统中是否有水气，即指示湿气。指示湿气的是一种浸有化学盐类的多孔过滤纸，可根据系统中所含水分的多少而变色。安装前指示空气中的湿度，呈黄色，表示空气中的湿度大于或等于 50%。装入系统后，系统中经过抽真空，应该是干燥的，指示器显示绿色。若指示器显示黄绿色，则说明系统中含有一定量的水分，要引起注意了。

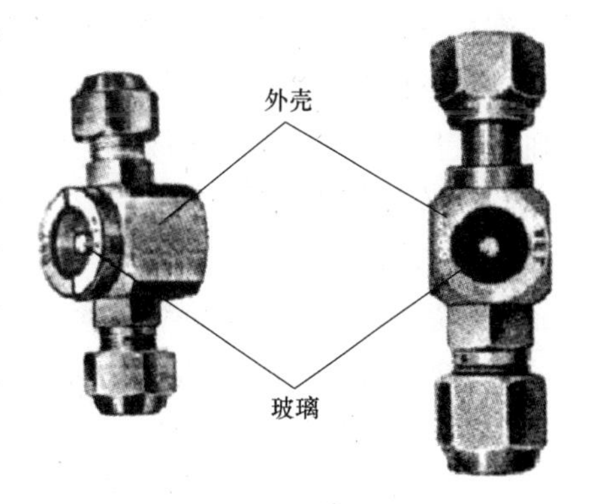

图 3-48　液体指示器

八、压缩机过载保护

压缩机中的机械故障或由于制冷剂缺失而造成的润滑不足都会导致压缩机驱动轴不转。这会造成传动带驱动机构损坏，进而损坏发动机。为了防止这种情况发生，采用了过载保护。

内置过载保护的带轮主要由压盘、带轮、橡胶件等组成。如图 3-49 所示，压缩机正常工作时，多楔带的带轮与压盘之间有一个与二者紧密相连的成形橡胶件。当压缩机运转时，压盘和橡胶件以相同速率旋转。

当压缩机出现故障（见图 3-50）异常工作时，传动带与压盘之间的传动力变得很大，成形橡胶件被带轮按照转动方向压到堵转的压盘上，成形橡胶件上的变形部分被剪切下来，带轮与压盘之间的连接部分被切断，成形橡胶件切断了动力传递，带轮可以自由转动。这样不会损坏多楔带，从而降低发动机损坏的可能性。

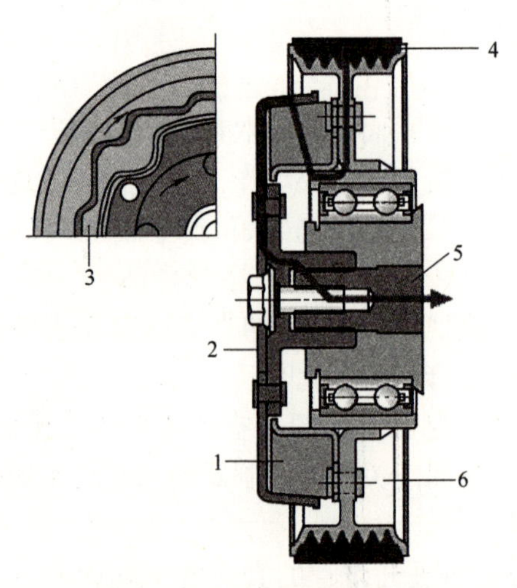

图 3-49　压缩机正常工作时

1—橡胶件　2—压盘　3—正常工作时的橡胶件
4—多楔带　5—压缩机轴　6—带轮

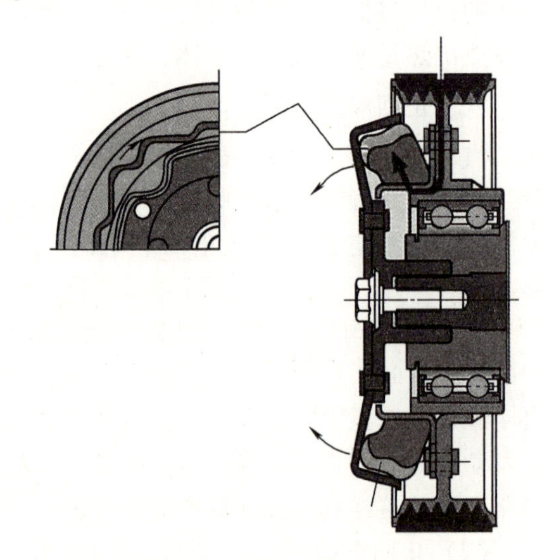

图 3-50　压缩机异常工作时

九、汽车空调管路

汽车空调的各部件分散安装在汽车的各个部位，汽车空调管路将这些部件连接起来，组成一套完整的汽车空调系统。如果说压缩机是汽车空调的心脏，汽车空调管路就是汽车空调的血管。汽车空调管路一般由铝管、空调胶管及其他管路附件组成。

1. 汽车空调管路的分类

（1）按照压力分类

1）高压管：压缩机到膨胀阀之间的汽车空调管路。

2）低压管：膨胀阀到压缩机之间的汽车空调管路。

（2）按照制冷剂状态分类

1）气态管：管路中制冷剂状态为气态。

2）液态管：管路中制冷剂状态为液态。

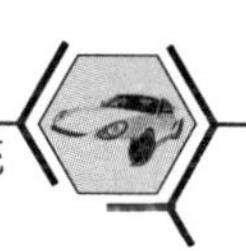

2. 汽车空调管路及附件

（1）铝管　铝管主要用于高、低压系统中。铝管有极佳的成形加工特性，耐蚀性好，焊接性和导电性良好。

（2）接头（压板、接头、螺母等）　汽车空调管路的接头形式有多种，常采用的接头形式为螺纹连接和压板连接。压板连接：将铝管与铝管或其他部件以压板的形式连接起来。在紧固螺纹时，胶管很可能被扭转，这种存在扭力的胶管会过早疲劳损坏，同时这种扭力会有使接头松开的趋势。所以，现在汽车空调部件更倾向于采用压板结构。汽车空调制冷系统的管路接头有以下几种形式：

1）胶圈接头方式。胶圈接头方式是现代汽车空调使用最多的一种。胶圈用耐油橡胶做成，密封性好，防震性强，不需过分旋紧螺母，检修方便。

2）喇叭口接头方式。当加工精度和表面粗糙度达到规定要求时，只要旋紧螺母就可使喇叭口与凸缘配合紧密。

3）管箍接头方式。管箍接头方式多用于我国生产的汽车空调。它将金属管插入胶管内，再把管箍套于金属插入处的胶管外围旋紧，以达到密封的目的。金属管插入部分加工成环槽，如果金属管与胶管配合适宜，旋紧程度合适，这种接头的密封性是非常理想的。

（3）胶管　软管有尼龙软管和耐氟氯丁橡胶软管。尼龙管的外径比耐氟氯丁橡胶软管的外径小，耐压和耐爆的强度较高。汽车空调胶管共有五层，分别为内胶层、尼龙层、中胶层、编织层、外胶层。根据汽车空调工作的特点，吸气回路中（即低压侧）的软管是所用软管中尺寸最大的一种——12 号耐氟氯丁橡胶软管，以保证有充足的制冷剂进入到压缩机；高压侧的软管是所用软管中直径最小的——6 号或 8 号耐氟氯丁橡胶软管。

（4）波纹管　波纹形状既能加强管道对周围环境负荷的抵抗力，又不增加它的曲挠性，以便于连续敷设在凹凸不平的物体上。波纹管与板式管材相比，单位长度质量轻，省材料，降能耗，价格便宜。其在具有足够的力学性能的同时，兼备优异的柔韧性。此外，其耐化学腐蚀性强，可承受周围环境中酸碱的影响。

（5）铝套　铝套是用来连接铝管和空调胶管的。将铝管和空调胶管插入铝套，在扣压机上扣压铝套，达到密封铝管与胶管的目的。

（6）充注口　汽车空调充注口分为低压充注口和高压充注口，分别由阀座、阀芯和充注阀堵帽组成，用于给汽车空调制冷系统充注制冷剂。一般低压充注口焊接在低压气态管上，即蒸发器与压缩机的连接管上；高压充注口焊接在高压液态管上，即冷凝器与蒸发器的连接管上。

（7）O 形圈　汽车空调管路中所用的 O 形圈要求有较好的耐 HFC-134a 和冷冻机油腐蚀的能力。O 形圈材料为 HNBR（氢化丁腈橡胶）。为了区别于其他系统，防止装配错误，一般把采用 HNBR 材料的 O 形圈用绿色标记。若 O 形圈选用得过小，其拉伸量比较大，可能造成空调管路密封不严，导致制冷剂泄漏。若 O 形圈选用得过大，易出现在运输和装配过程中 O 形圈脱落现象。所以，在维修时要参考现有 O 形圈规格及沟槽尺寸进行选用。

（8）堵帽　堵帽安装在空调管路接口处，用来防止各种杂质进入空调管路内部。

第四章

汽车空调的控制

【学习目标】

1. 熟悉电磁离合器的结构、工作原理与电路控制。
2. 掌握常见制冷系统压力检测元件的结构、工作原理和控制电路。
3. 掌握鼓风机、冷却风扇的控制电路。
4. 了解空调怠速提升、加速切断的控制原理。
5. 熟悉桑塔纳2000轿车手动空调的控制。

第一节　电磁离合器及控制电路

电磁离合器是用来接通或断开发动机与压缩机动力传动系统的装置。除了大型客车采用独立式空调机组外，大部分汽车空调制冷系统都是通过电磁离合器让发动机带动压缩机工作的。压缩机的工作是由电磁离合器的分离与吸合来控制的，因此电磁离合器是汽车空调制冷系统的控制部件，安装在压缩机的前端与压缩机制成一体。

一、电磁离合器

1. 电磁离合器的结构

电磁离合器主要由离合器压盘、带轮、电磁线圈、卡环、螺栓等组成，如图4-1所示。

（1）离合器压盘　离合器压盘主要由离合器从动盘、弹性元件、平衡板、轴套等组成。电磁离合器根据电磁线圈的通电与否产生吸合、分离两种状态。电磁线圈中有电流通过时产生很大的电磁力，使压盘与带轮成为一个整体，带轮与压缩机主轴一起转动，获得发动机的动力；电磁线圈中没有电流通过时，电磁力消失，在弹性元件的作用下，压

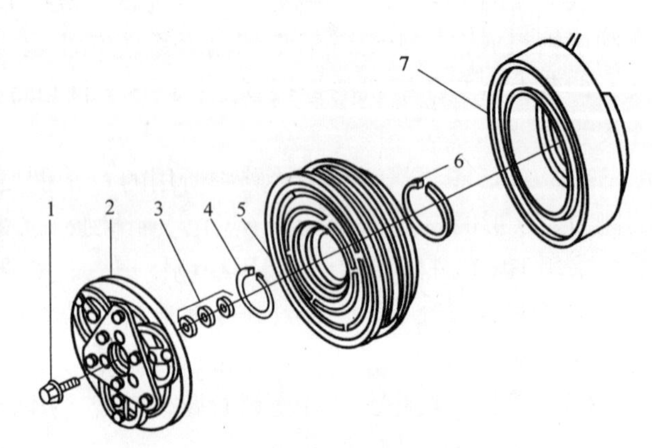

图4-1　电磁离合器的结构
1—螺栓　2—离合器压盘　3—调整圈　4—卡环
5—带轮组件　6—挡圈　7—电磁线圈

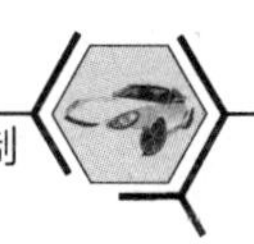

盘与带轮分离，压缩机主轴失去动力。

弹性元件俗称回位弹簧，它们的作用是当电磁线圈不通电、电磁吸力消失时，让压盘与传动带盘迅速分开，以免两个贴合平面因分离不及时产生相对位移而摩擦烧坏。压盘通过螺栓或者花键与压缩机主轴相连，轴套铆合在平衡板上，又与压盘通过铆钉制成一体。平衡板用以平衡压缩机内部产生的不平衡力，同时也作为回位弹簧的一个支承点。

（2）带轮组件　带轮大多是铸铁冲压件或者铸件。带轮组件由带轮和轴承组成。传动带盘上有一侧平面与压盘相吸合，此外有许多圆环形长槽，起散热和供磁力线通过的作用，带轮内圈装有轴承。

（3）电磁线圈　电磁线圈由漆包线、外壳组成。电磁线圈电阻值一般在 3Ω 左右，工作电压为 12V。

2. 电磁离合器的工作原理

图 4-2 所示为压缩机电磁离合器的工作原理。驱动盘和压缩机主轴通过花键联接，压盘上固定了几个弹簧爪，弹簧的另一端固定在摩擦板上，电磁线圈固定在压缩机壳体 1 上，带轮装在轴承上，带轮和驱动盘之间存在一定的间隙，发动机的动力无法让压缩机的轴转动，所以带轮自由转动。当电流接通时，在电磁力的作用下，驱动盘和带轮合为一体，压缩机运转，动力传递路线如图 4-2 中 C 所示，压缩机在带轮的带动下开始工作。当电流切断时，磁场消失，弹性元件使压盘和带轮分开，压缩机不工作。

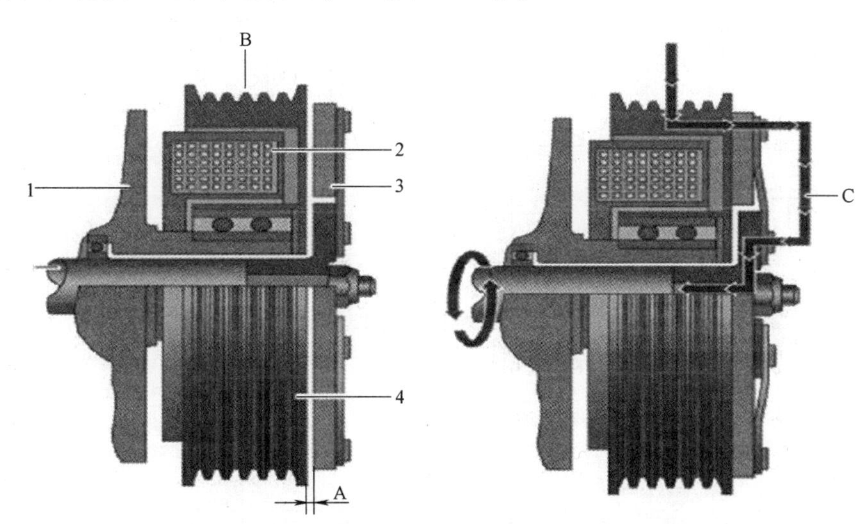

图 4-2　压缩机电磁离合器的工作原理

1—压缩机壳体　2—电磁线圈　3—驱动盘　4—带轮

A—电磁离合器间隙　B—带轮空转　C—动力传递路线

二、压缩机电磁离合器控制电路

在电工电子领域，继电器的作用就是用小电流控制大电流，保护电气元件，所以功率比较大或者电流比较大的用电设备，可以通过继电器来控制。电磁离合器工作需要很强的磁场，匝数比较多，电流为 4~6A，如果直接用开关控制电源的通断，由于大电流经过开关，容易烧蚀，造成电路故障，所以主流的电磁离合器的控制由控制器来实现，例如大众桑塔纳 2000 轿车手动空调电磁离合器的控制。图 4-3 为桑塔纳 2000 轿车手动空调电路图。

当点火开关接通时，接触继电器线圈通电，继电器触点闭合，X 线有电，为蓄电池电压。电流流向：X→熔丝 S14→中央接线盒的 H5 针脚→空调继电器 J32 的一个线圈→搭铁。空调继电器 J32 的一个线圈通电，继电器触点闭合。从电路中不难看出，即使不开 A/C 开关，鼓风机也可以通过鼓风机开关控制工作。起动发动机，怠速运行时，打开 A/C 开关。图 4-4 为桑塔纳 2000 轿车 A/C 开关接通时的电路原理简图。

1. 压缩机电磁离合器控制电路

X→熔丝 S14→中央接线盒的 A23 针脚→插头 T2e/1→空调 A/C 开关 E30→室温开关 F38→

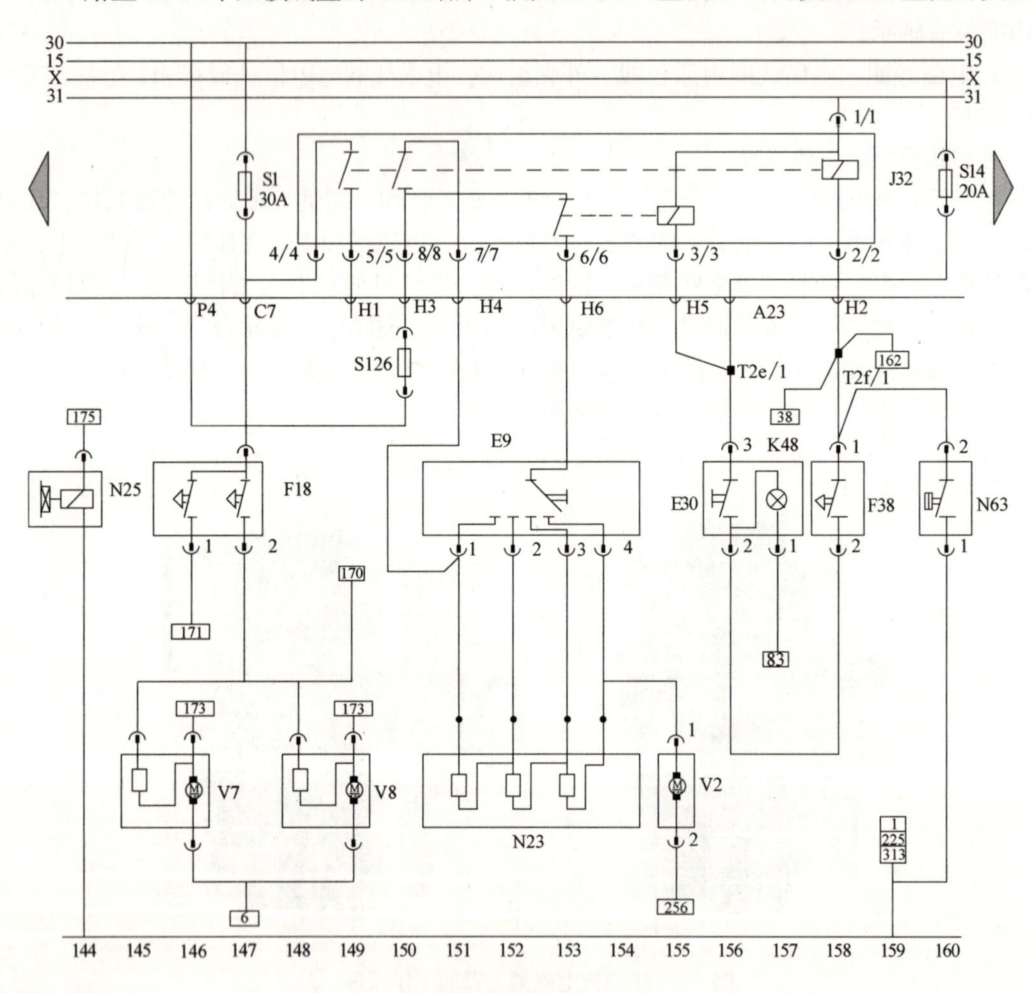

E9—风速开关
E30—空调 A/C 开关
F18—散热风扇热敏开关
F38—室温开关
J32—空调继电器
K48—空调 A/C 开关指示灯
N23—鼓风机电动机减速电阻
N63—进风门电磁阀
S1—散热风扇熔丝，30A
S14—空调继电器熔丝，20A
S126—空调鼓风机电动机熔丝，30A
V2—鼓风电动机
V7—左散热风扇
N25—压缩机电磁离合器
V8—右散热风扇
T2e—仪表板开关线束与空调操纵线束插头连接，2 针，在空调操纵面板后面
T2f—发动机线束与空调操纵线束插头连接，2 针，在中央电器后面

图 4-3　桑塔纳 2000 轿车手动空调电路图

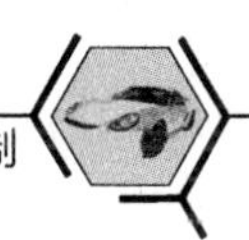

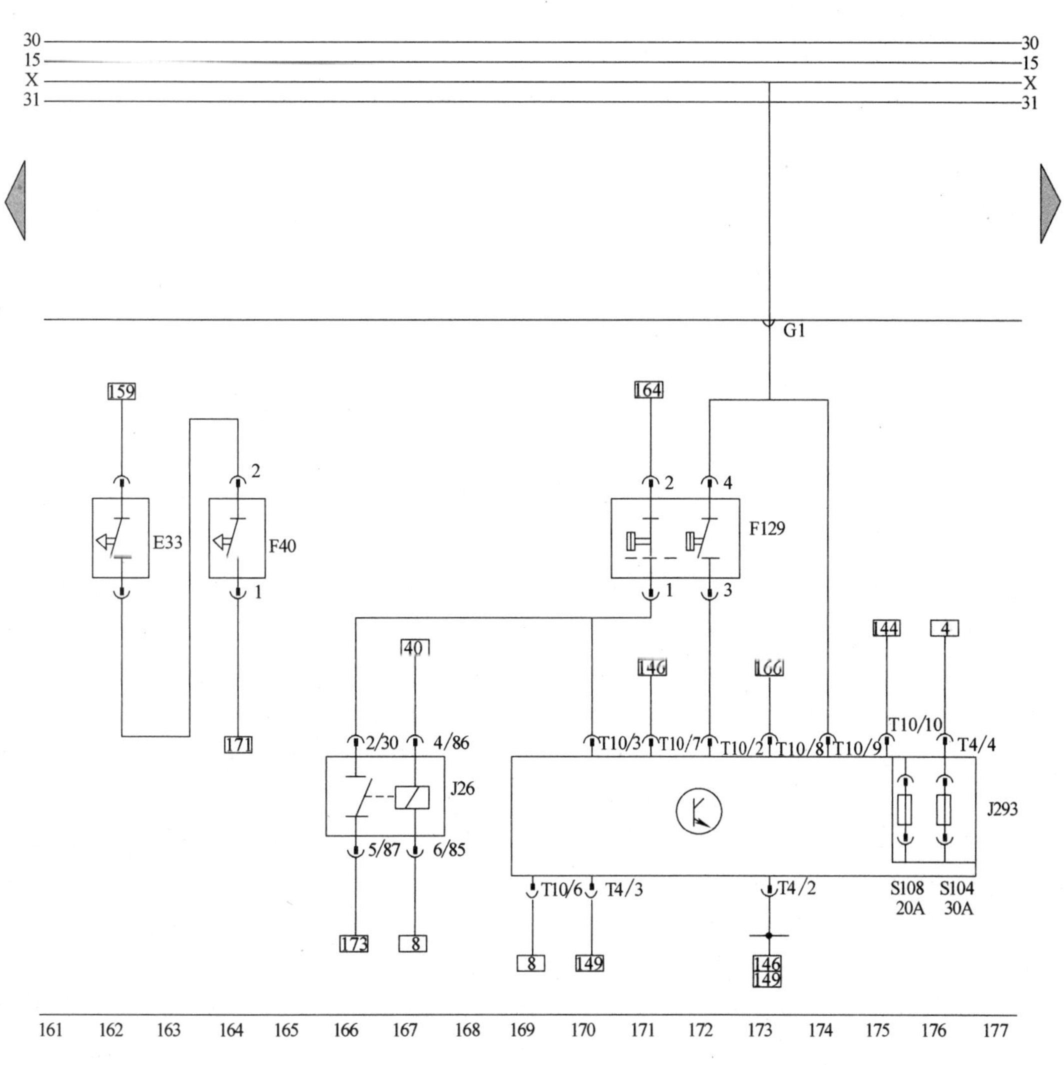

E33—冷量开关

F40—空调水温开关

F129—压力组合开关

J26—压缩机切断继电器

J293—散热风扇控制器

S104—散热风扇熔丝，高速档使用时，30A

S108—散热风扇熔丝，低速档使用时，20A

图 4-3　桑塔纳 2000 轿车手动空调电路图（续）

冷量开关 E33→空调水温开关 F40→压力组合开关 F129 的低压开关→散热风扇控制器 J293 的（T10/3）针脚一个 12V 信号电压，散热风扇控制器 J293 接到这个电压信号后，电磁离合器 N25 电路接通。

蓄电池“+”→散热风扇控制器 J293 的针脚 T4/4→散热风扇控制器 J293 的针脚 T10/10→压缩机电磁离合器 N25→搭铁，压缩机开始工作。

2. 电磁离合器接通后，桑塔纳 2000 空调其他控制电路

（1）空调指示灯电路　X→熔丝 S14→中央接线盒的 A23 针脚→插头 T2e/1→空调 A/C 开关 E30→空调 K48A/C 开关指示灯→搭铁。

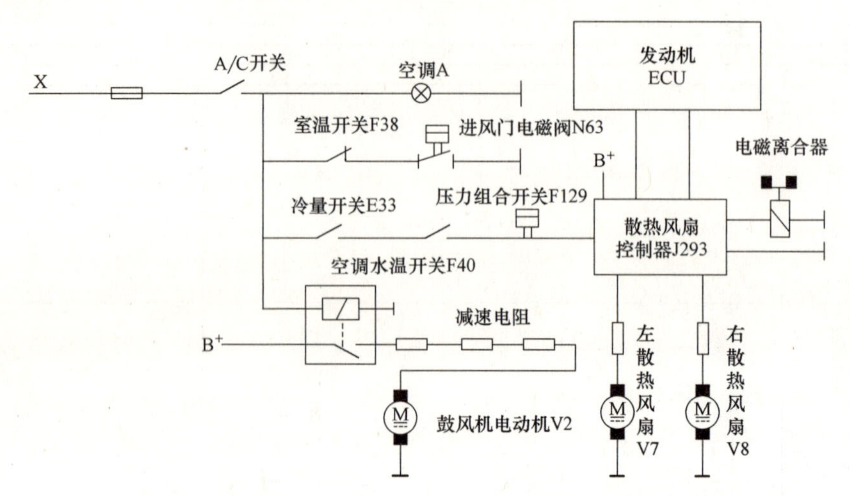

图 4-4　桑塔纳 2000 轿车 A/C 开关接通时的电路原理简图

（2）同时开启内循环模式　X→熔丝 S14→中央接线盒的 A23 针脚→插头 T2e/1→空调 A/C 开关 E30→室温开关 F38→进风门电磁阀 N63→搭铁，关闭车外空气进口，即进入车内空气循环状态。空调系统的环境温度传感器装在散热器护圈内，此处温度越高，说明发动机负荷越大，当检测到环境温度高于 10℃时，室温开关 F38 闭合，进入车内空气循环状态。

冷量开关（E33）：此开关在蒸发器上，当温度低于 0℃时，开关断开，以防止蒸发器结霜。

空调水温开关（F40）：当冷却液温度高于 115℃时，此开关断开，空调压缩机停止工作，减少发动机负荷。

压力组合开关（F129）中的高低压开关：当空调压力高于 2. 0MPa 时，高压开关闭合，压力高于 0. 2MPa 时，低压开关闭合。

（3）电子风扇低速转动　蓄电池“+”→散热风扇控制器 T4/4→散热风扇控制器 J293 的 T4/3 针脚→左散热风扇 V7、右散热风扇 V8 的 2 插头进入→左散热风扇 V7、右散热风扇 V8 搭铁。左散热风扇 V7、右散热风扇 V8 是并联关系，两个散热风扇电动机转动。

（4）鼓风机低速运转模式　X→熔丝 S14→中央接线盒的 A23 针脚→插头 T2e/1→空调 A/C 开关 E30→室温开关 F38→插头 T2f/1→中央接线盒的 H2 针脚→空调继电器 J32 线圈→搭铁。空调继电器的常开触点闭合。

30→熔丝 S126→中央接线盒 H3 针脚→空调继电器 J32 触点→中央接线盒 H4 针脚→鼓风机风速开关 E9 的插头 1→鼓风机减速电阻 N23→鼓风电动机 V2→搭铁。鼓风机低速转动。

（5）发动机怠速提升电路　X→熔丝 S14→中央接线盒的 A23 针脚→插头 T2e/1→空调 A/C 开关 E30→室温开关 F38→插头 T2f/1→发动机控制单元的 T80/10 针脚（图 4-3 中未绘出）→J220 发动机控制单元（图 4-3 中未绘出）。此为怠速提升控制电路，详细见第四章第五节。

其中室温开关 F38 位于蒸发器出口处，当出口处温度低于 0℃时，F38 断开，防止蒸发器结霜。夏天正常开启汽车空调制冷系统时，室温开关 F38 是闭合的。低压开关是对制冷系统的保护，当制冷剂泄漏后，制冷系统压力会下降（正常情况下，温度为 30℃，即使不开空调，制冷系统的压力也大约为 0. 5MPa），F129 压力组合开关的低压保护开关在压力为 200kPa 时闭合，在压力低于 200kPa 时断开。发动机怠速运转时，在收到 A/C 空调接通的信

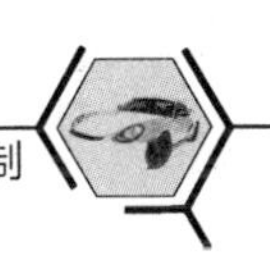

号后，ECU 将不立即接通压缩机电磁离合器，而是给一个极短的时间延时，同时 ECU 将提高发动机转速，防止熄火。另外在超车时，节气门全开，则发动机在全负荷下运行，即使空调开关接通，ECU 也将切断空调继电器，使空调压缩机停止工作。当节气门再回到部分开启或全关时，ECU 接通空调继电器，使空调压缩机工作。

压缩机大多是通过电磁离合器通电而工作的，也有部分压缩机的工作是通过 ECU 控制电磁阀来实现的，比如自动空调系统。从节能的角度，电磁离合器的控制越来越智能化，越来越多的控制由控制器来实现，但基本的思想没有变，只是把控制方式程序化，更加智能和方便。

图 4-3 中，标有“30”的为常相线，电压为 12V，即与蓄电池直接相连，中间不经过任何开关，不论停车还是发动机处于熄火状态都有电，专供发动机熄火时用电的电器使用，如停车灯、制动灯、危险报警闪光灯、顶灯、冷却风扇电动机等；标有“15”的为小容量电器相线，它是在点火开关接通后才有电的相线；标有“X”的为车辆起步时方可接通的大容量电器用相线；标有“31”的为中央线路板内搭铁线。

第二节　压力检测及控制电路

汽车空调的压力控制系统是制冷系统的重要控制系统之一。其主要作用是对制冷系统的压力进行检测，根据压力不同对制冷系统进行控制和保护。常见的压力检测部件主要有压力开关、压力继电器、压力传感器三类。

一、压力开关

常见的制冷系统压力开关有：高压开关、低压开关、高低压组合开关、三位压力开关。它们安装在制冷系统上，对制冷系统压力进行检测。

1. 高压开关

（1）高压开关的构造　图 4-5 所示为高压开关的构造。高压开关有两种类型：常开型和常闭型。高压开关主要由接线柱、膜片、动触点、静触点、弹簧等组成。汽车空调在使用中，当出现散热片堵塞、冷却风扇不转或制冷剂过量等不正常状况时，系统压力会过高，若不加控制，过高的压力会损坏汽车空调。高压开关安装在高压管路中，一般装在储液干燥过

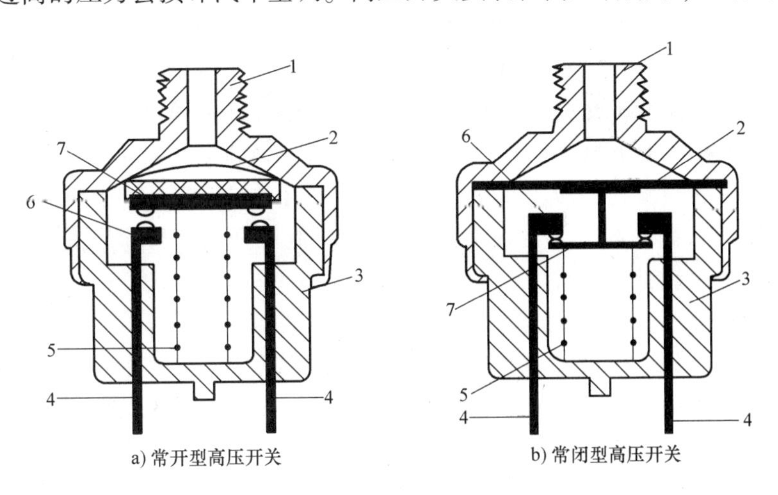

图 4-5　高压开关的构造

1—制冷剂管路接头　2—膜片　3—外壳　4—接线柱　5—弹簧　6—静触点　7—动触点

滤器上，串联在压缩机电磁离合器电路或冷凝器风扇电路中。当系统压力过高时，高压开关动作，切断离合器电路或接通冷却风扇高速档电路，防止压力继续升高，避免造成系统损坏。

（2）高压开关工作原理　常开型高压开关一般串联在冷凝器风扇电路中，膜片上方通高压侧制冷剂，下方有一根弹簧。如图 4-5a 所示，正常情况下，常开型高压开关的压力范围为 1. 37~1. 50MPa，制冷剂压力低于弹簧压力，动触点与静触点是断开的；当制冷剂压力升高超过 1. 50MPa 时，动触点与静触点接通。常闭型高压开关一般串联在压缩机电磁离合器电路中，如图 4-5b 所示。在制冷剂压力正常的情况下，其触点闭合；当制冷剂压力异常升高时，制冷剂压力大于弹簧压力，其触点断开。

2. 低压开关

（1）低压开关的构造　图 4-6 所示为低压开关的构造。低压开关主要由接线柱、膜片、动触点、静触点、弹簧等组成。低压开关和高压开关的构造和作用相似，低压开关的功能就是感知制冷系统的制冷剂压力是否正常。当制冷系统的制冷剂不足或泄漏时，冷冻油也有可能泄漏，系统的润滑便会不足，若压缩机继续运行，将导致严重损坏。

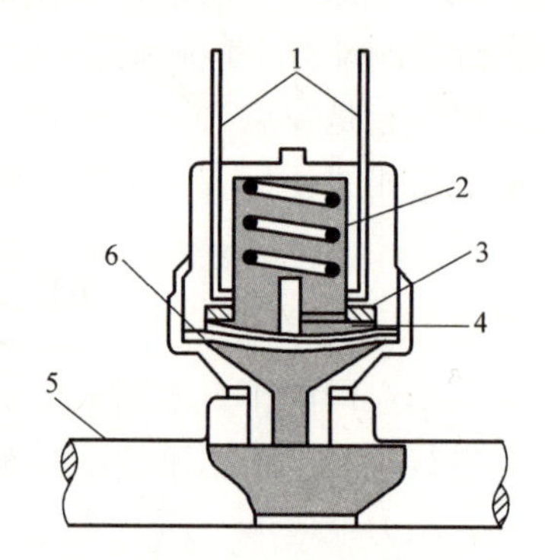

图 4-6　低压开关的构造
1—接线柱　2—弹簧　3—动触点
4—静触点　5—制冷系统管路
6—膜片

（2）低压开关工作原理　一般来说，对于带有节流装置的制冷系统，低压开关用螺纹安装在制冷系统管路高压侧，低压开关与压缩机电磁离合器串联。温度在 25℃时，制冷系统不工作时的正常压力为 0. 5MPa，低压开关在制冷剂压力为 0. 27MPa 时闭合，低于 0. 20MPa 时断开。所以，低压开关在高压管路上是闭合的。低压开关在制冷剂环路内压力低于 0. 2MPa 时，在弹簧弹力的作用下，膜片下移，动触点断开，电路被切断，空调压缩机停止工作。当制冷剂压力正常时，只要高于 0. 5MPa，制冷剂就会克服膜片和弹簧的弹力，使动触点和静触点接通，压缩机电磁离合器电路接通。制冷剂泄漏严重时，低压开关会自动切断电磁离合器电路，压缩机停止运行，以保护压缩机。

低压管路上的低压开关安装在蒸发器到压缩机进口之间，用于防止压缩机抽真空。其断开压力为 0. 08~0. 1MPa，闭合压力大于 0. 1MPa。

有些汽车制造厂还让低压开关具备另外一个功能，即在环境温度较低时，会自动切断离合器电路，使压缩机在低温下自动停止运行，这样可减少动力消耗，达到节能的目的。当环境温度过低时，制冷剂的温度和压力也随之降低。例如：使用 R12 制冷剂的汽车空调，当环境温度低于 10℃时，制冷剂压力为 0. 423MPa，此时低压开关断开，压缩机停止运转，从而减少动力消耗，达到节能的目的。

3. 高低压组合开关

（1）高低压组合开关的构造　汽车空调制冷系统把高、低压开关组合成一体，成为高低压组合开关，安装在储液干燥过滤器上面，这样就减少了压力开关的数量和接口，从而减少了制冷剂泄漏的可能性。图 4-7 所示为高低压组合开关的构造，主要由低压保护动、静触点，高压保护动、静触点，金属膜片，推杆等组成。高低压组合开关有 4 个接线柱。

（2）高低压组合开关工作原理　如图 4-7a 所示，当高压制冷剂的压力正常时，压力保

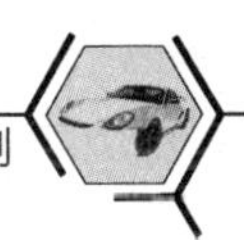

持在 0.423~2.75MPa 之间，金属膜片处在平衡位置，高压保护触点和低压保护触点都闭合，电流一路从低压保护动、静触点通过，另一路从高压保护动、静触点出来。当制冷压力下降到 0.423MPa 时，弹簧压力将大于制冷剂压力，低压保护动、静触点脱开，电流随即中断，压缩机停止运行；当压力大于 2.75MPa 时，制冷剂压力继续压迫金属膜片上移，将整个装置往上推到上止点，并推动推杆将高压动触点与高压静触点分开，将离合器电路断开，压缩机停止运行，如图 4-7b 所示；当高压端的压力小于 2.17MPa 时，金属膜片恢复正常位置，压缩机又开始运行。该情况下，高低压组合开关用来控制电磁离合器。也可以把高低压组合开关分别控制，例如桑塔纳 2000GSI 轿车，高低压组合开关中的低压开关用来控制电磁离合器，高压开关控制电子风扇高速转动。

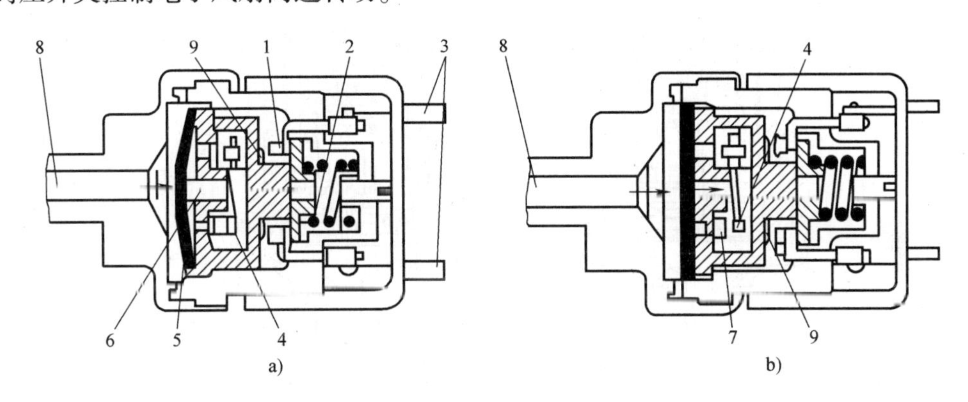

图 4-7　高低压组合开关的构造

1—低压保护动触点　2—弹簧　3—接线柱　4—高压保护动触点　5—金属膜片　6—推杆　7—高压保护静触点　8—制冷剂入口　9—低压保护静触点

4. 三位压力开关

近年来不少汽车空调倾向于采用设在高压回路中的三位压力开关，如上海大众汽车、一汽大众汽车就采用了三位压力开关。

（1）三位压力开关的作用

1）防止因制冷系统制冷剂泄漏而损坏压缩机（低压时）。

2）当制冷系统内压力异常高时保护制冷系统不受损坏。

3）在正常状况下，冷凝器风扇低速运转，实现低噪声，节省动力。在制冷系统压力升高后（即中压时）风扇高速运转，以改善冷凝器的散热条件，实现风扇二级变速。三位压力开关一般安装在储液干燥过滤器上，感受制冷剂高压回路的压力信号。

（2）三位压力开关的构造　如图 4-8 所示，三位压力开关由接受压力的隔膜、碟形弹簧、动触点和静触点等组成。触点对分为低压及高压异常时会动作的触点对及用于控制冷凝器风扇或发动机散热器风扇的触点对。

（3）三位压力开关的工作原理

1）当制冷剂压力小于或等于 0.196MPa 时，由于隔膜、碟形弹簧和弹簧的弹力大于制冷剂压力，因此高、低压动活动触点和静触点断开（OFF），压缩机停转，实现低压保护，如图 4-8a 所示。

2）当制冷剂压力为 0.2~3MPa，制冷剂压力达到 0.2MPa 以上时，此压力高于开关的弹簧弹力，弹簧被压缩，高、低压动触点和静触点接通（ON），压缩机正常运转。

3）当制冷剂压力大于或等于 3. 14MPa，制冷剂压力达到 3. 14MPa 以上时，此压力会大于隔膜、碟形弹簧的弹力，碟形弹簧反转，以断开高、低压动触点和静触点，压缩机停转，实现高压保护，如图 4-8c 所示。

4）中压压力开关如图 4-8d 所示。当制冷剂压力大于 1. 77MPa 时，此压力大于隔膜弹力，隔膜会反转，将轴向上推，以接通冷凝器风扇（或散热器风扇）的高转速转换动触点和静触点，风扇以高速运转，实现中压保护。当制冷剂压力降至 1. 37MPa 时，膜片恢复原状，推杆下落，动触点和静触点断开，冷凝器又以低速运转。

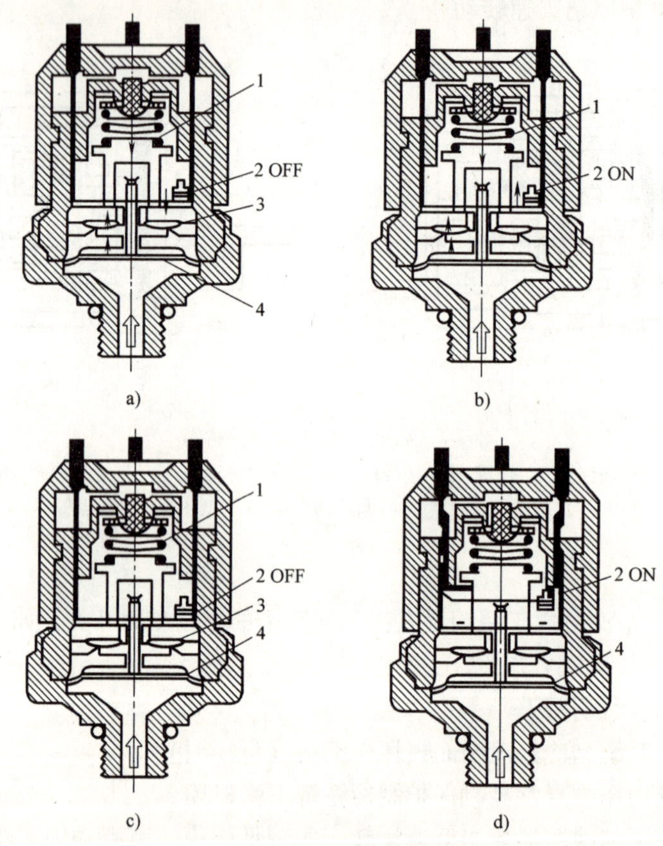

图 4-8　三位压力开关的构造

1—弹簧　2—动触点和静触点　3—碟形弹簧　4—隔膜

二、压力传感器

现在的中高档轿车，特别是使用自动空调的轿车通常采用压力传感器来感测制冷系统压力，以测量压力是否正常。它的结构相当于一个歧管压力传感器，一般为压敏电阻式，如图 4-9 所示。位于制冷剂管路高压侧的制冷剂压力传感器对制冷系统起到保护作用，防止压力过高或过低对制冷系统造成损坏。如果制冷系统内的压力超过或低于规定值，制冷剂压力传感器就会检测制冷剂管路内的压力，并向 ECU 发送电压信号。当制冷剂压力传感器检测到高压侧的压力高于 2. 8MPa 或低于 0. 5MPa 时，ECU 会使继电器关闭，并停止压缩机工作。压力传感器除用于压力控制外，还用于冷却风扇控制，当检测到制冷剂压力高于 1. 7MPa

时，冷凝器散热风扇将高速运转。

对于大部分汽车自动空调来说，其控制单元不断地检测制冷系统的压力信号。当制冷剂压力高时，信号电压就高；当制冷剂压力低时，信号电压就低。空调自动控制单元根据压力信号对执行器进行控制，比如通过控制变排量压缩机的电磁阀对压缩机输出功率进行控制，也可以对电子膨胀阀开度进行控制。

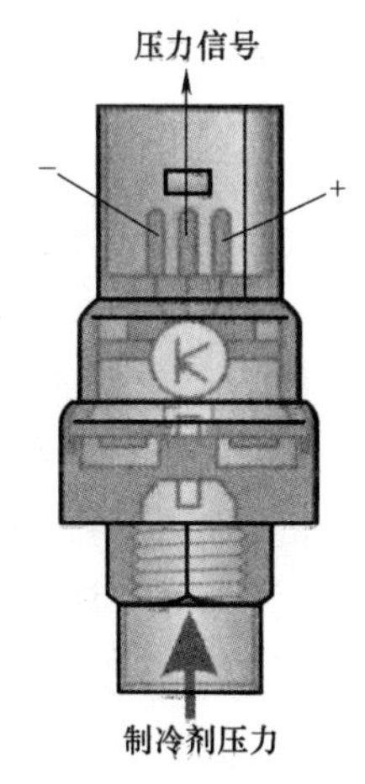

图 4-9　制冷剂压力传感器

三、桑塔纳 2000 轿车压力开关电路

桑塔纳 2000 轿车采用的是高低压组合开关，其电路参考图 4-3。当起动发动机，打开 A/C 开关时，制冷系统的压力低于 0.2MPa，低压开关断开，压缩机电磁离合器是不会工作的，说明制冷系统严重缺少制冷剂，不让电磁离合器通电，起到保护作用。

当制冷系统的压力大于 0.2MPa 时，低压开关闭合，即 A/C 开关接通时的电路。当制冷系统压力大于 2.0MPa 时，压力组合开关 F129 的高压开关闭合，其电路为：X→中央接线盒 G1→压力组合开关 F129 的 4 针脚→压力组合开关 F129 的 3 针脚→散热风扇控制器 J293 的 T10/2，为散热风扇控制器提供一个 12V 高电位，散热风扇控制器使左右散热风扇高速转动。电流流向为：蓄电池“+”→散热风扇控制器 J293 的 T4/4→散热风扇控制器J293→散热风扇控制器 J293 的 T4/2→散热风扇 V7、V8 的 1 插头进入→V7、V8 搭铁。V7、V8 为并联关系。

散热风扇高速转动，使冷凝器散热更快，更多的气态制冷剂变成液态，系统压力下降。当压力下降到一定程度后，高低压组合的高压开关断开，散热风扇低速转动。

第三节　冷却风扇的控制

冷却风扇的控制方式有很多，例如，冷却风扇控制电路主要由 A/C 开关、冷却液温度开关、制冷剂温度开关、制冷剂压力开关、继电器、散热风扇控制器等进行控制。车型不同，配置风扇的数量不同，控制电路设计方面差异也很大，但其控制方式则大同小异。

一、桑塔纳 2000 轿车手动空调冷却风扇控制电路

1）制冷系统工作，制冷系统低压开关闭合，高压开关没有闭合时。图 4-10 为冷却风扇低速工作原理简图，如单箭头所示，低压开关闭合后，散热风扇控制器 J293 接到 12V 电压信号后，电流流向为：蓄电池“+”→散热风扇控制器 J293 的 T4/4→散热风扇控制器 J293 的 T4/3→左散热风扇 V7、右散热风扇 V8 的 2 插头进入→左散热风扇 V7、右散热风扇 V8 搭铁。左散热风扇 V7、右散热风扇 V8 是并联关系，两个散热风扇电动机低速转动。

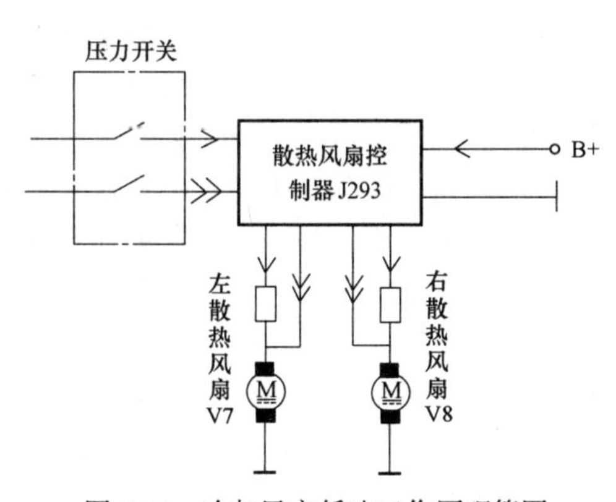

图 4-10　冷却风扇低速工作原理简图

2）制冷系统工作，制冷系统高压开关闭合时。如图 4-10 中双箭头所示，高压开关闭合后，电流流向为：蓄电池“+”→散热风扇控制器 J293 的 T4/4→散热风扇控制器 J293 的 T4/2→左散热风扇 V7、右散热风扇 V8 的 1 插头进入→散热风扇 V7、右散热风扇 V8 搭铁。左散热风扇 V7、右散热风扇 V8 是并联关系，两个散热风扇电动机高速转动。

3）没有开空调，冷却液温度达到 95℃，低于 105℃时。散热风扇热敏开关 F18 闭合，电流流向为：蓄电池“+”→熔丝 S1→左散热风扇 V7、右散热风扇 V8 的 2 插头进入→左散热风扇 V7、右散热风扇 V8 搭铁。左散热风扇 V7、右散热风扇 V8 是并联关系，两个散热风扇电动机低速转动。图 4-11 为散热风扇低温开关闭合时的原理简图。

4）没有开空调，冷却液温度达到 105℃时。散热风扇热敏开关 F18 闭合，给散热风扇控制器 J293 12V 信号，原理简图如图 4-12 所示。

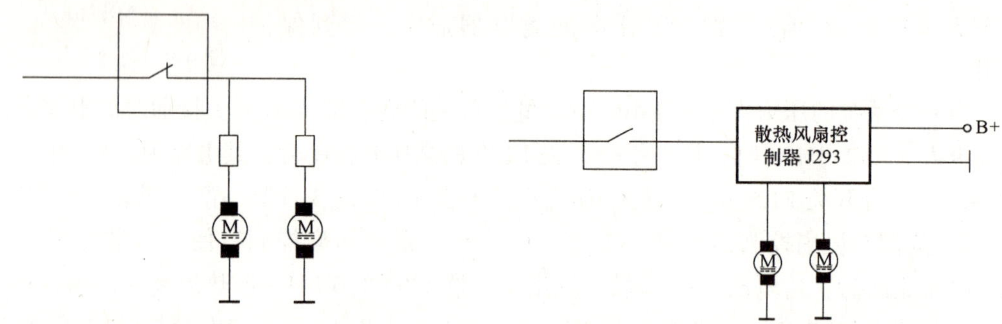

图 4-11　散热风扇低温开关闭合时原理简图　　图 4-12　冷却液温度高时的原理简图

电流流向为：蓄电池“+”→散热风扇控制器 J293 的 T4/4→散热风扇控制器 J293 的 T4/2→左散热风扇 V7、右散热风扇 V8 的 1 插头进入→左散热风扇 V7、右散热风扇 V8 搭铁。左散热风扇 V7、右散热风扇 V8 是并联关系，两个散热风扇电动机高速转动。此时由制冷剂压力开关与水温开关联合控制。

二、冷却风扇控制单元控制

1. 冷却风扇控制单元

很多高档轿车采用了发动机控制单元管理散热器风扇。发动机控制单元根据冷却液温度传感器信号和制冷剂压力传感器信号，向风扇控制单元发送脉宽信号，风扇控制单元根据脉宽调制信号的大小控制风扇的转速。

当点火开关打开时，风扇控制单元收到一个 10%脉宽调制信号。冷却风扇不转，该基础信号发送给风扇控制单元，用于确认是否有信号传输至发动机控制单元。风扇控制单元收到不同的占空比，会以不同的速度转动，一般是占空比越大，转速越高。占空比就是一个周期内通电时间与周期的比值。如果制冷系统没有开启，发动机控制单元仅依据发动机内部程序管理散热风扇控制单元。如图 4-13 所示，当制冷系统工作时，空调控制单元通过 CAN 总线给发动机控制单元发送数据信息，发动机控制单元根据内部程序通过 LIN 总线把信号送给散热风扇控制器，冷却风扇开始工作。当制冷系统制冷剂的压力增大到一定程度，散热器需要更大风量散热时，空调控制单元将信息送给发动机控制单元，发动机控制单元再把信号送给散热风扇控制器，散热风扇以更快的速度转动，直到最高转速。

2. LIN 总线

LIN 是 Local Interconnect Network 的简写，即局部连接网络，也被称为“局域网子系

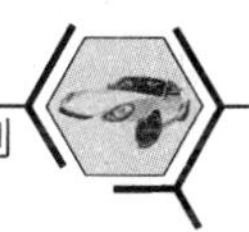

统”，即 LIN 总线是 CAN 总线网络下的子系统，车上各个 LIN 总线系统之间的数据交换是由控制单元通过 CAN 总线实现的。LIN 总线是一种辅助的串行通信总线网络，多用于不需要 CAN 总线的带宽和多功能的场合。LIN 总线用于为现有汽车网络（例如 CAN 总线）提供辅助功能。LIN 总线典型的应用是车上传感器和执行器的联网。LIN 总线属于汽车上的 A 级网络，运用于传输速度要求不高的场所，比如门锁、座椅、刮水器等。LIN 总线的特点：

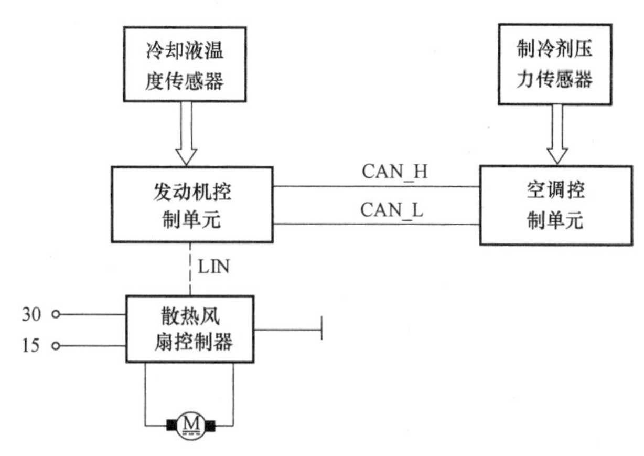

图 4-13　发动机 ECU 控制的散热风扇控制器

（1）数据传输线　LIN 总线为单线传输，而 CAN 总线为双线传输。

（2）工作电压　LIN 总线为 12V，而 CAN 总线为 5V。

（3）传输速率　LIN 总线的传输速率最高为 20kbit/s，属于低速总线（A 类），而 CAN 总线的传输速率最高为 1Mbit/s，应用于汽车上的属于中速（B 类）、高速（C 类）。

（4）传输距离　LIN 总线的最大传输距离为 40m，而 CAN 总线的最大传输距离为 10km。

图 4-14 所示为 LIN 总线的测量波形，隐形的电平为高电位 12V，显性电平接近 0V。隐形电平：无信息发送到 LIN 总线上（总线空闲）或者发送到 LIN 总线上的是一个隐形高电位。显性电平；当数据传输显性位时，发送控制单元内的收发器将 LIN 总线接地。需要注意的是，不同的收发器，显性电平有差异。

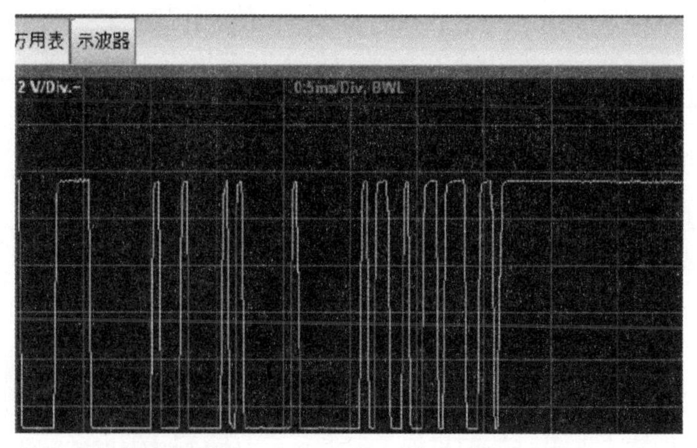

图 4-14　LIN 总线的测量波形

3. CAN 总线

CAN 是 Controller Area Network 的简写，即控制器局域网络，是计算机网络中的一种类型，是局域网中的高速网络协议之一。CAN 总线由双绞线传递信息，选用双绞线是因为双绞线抗干扰能力强，适用于环境比较恶劣的条件，一根线为 CAN_H，另外一根为 CAN_L。

它是一种差分总线，总线值是由双绞线的两根线的电势差来决定的。总线值有显性和隐性两种状态。总线就是一种信息传递的通道，不管收和发都是通过它来完成的。CAN 总线基本颜色为橙色；CAN_L（低位）均为棕色；CAN_H（高位）中的驱动系统传输线为黑色，舒适系统传输线为绿色，信息系统传输线为紫色。

CAN 总线的主要特点：

1）组网自由，功能扩展能力强，CAN 总线支持从几千比特每秒到 1Mbit/s 的传输速率。

2）总线利用率高，实时性好，降低了有效数据传输的速度。

3）错误检测校正能力强，系统可靠性高；能判断暂时错误和永久错误的节点，具有故障节点自动脱离功能。

4）电控单元实时监测，大部分 CAN 总线在丢失仲裁或出错时，具有信息自动重发功能。

5）电控单元和电控单元插接器端子最小化应用，节省电控单元的有限空间。

6）CAN 总线符合国际标准，便于不同生产厂家的电控单元间进行数据交换。

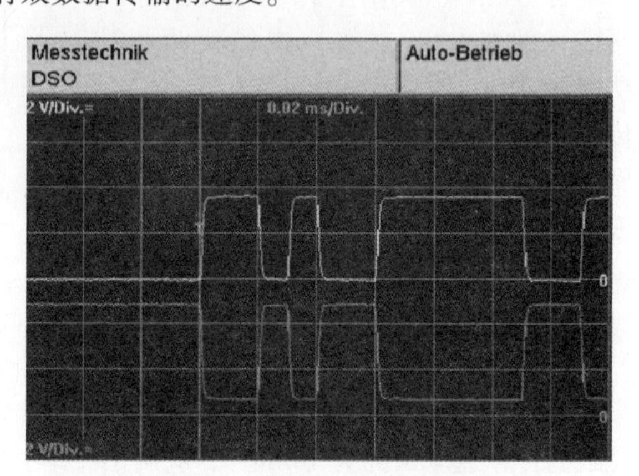

图 4-15　舒适 CAN 总线波形

图 4-15 所示为舒适 CAN 总线波形，不难看出，上面的为 CAN_H 波形，下面的为 CAN_L 波形，任意时刻 CAN_H 和 CAN_L 的代数和恒等于 5V。对于汽车空调来说，只要 CAN_H 和 CAN_L 中的一根正常，空调就可以正常工作。

第四节　鼓风机的控制

要使车内有一个舒适的环境，除了要控制空调送风温度、湿度、风门模式外，还要使鼓风机转速可以控制，以调节风量大小，适应环境变化，满足驾驶人或乘客的不同需要。所以，鼓风机的转速就需要恰当地进行控制。

一、鼓风机的构造与工作原理

鼓风机是根据流体力学理论设计的用于提高流体压力的流体机械。汽车空调上一般使用鼠笼式鼓风机，如图 4-16 所示。鼠笼式鼓风机主要由直流电动机和叶片组成。它把电动机的机械能转变为气体的动能，从而使空气产生速度和压力。从能量的观点来说，风机和泵都属于能量转换的机械。

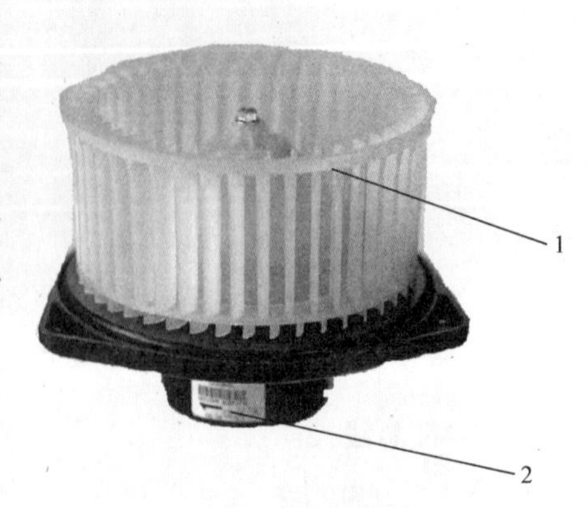

图 4-16　鼠笼式鼓风机
1—叶片　2—直流电动机

鼓风机工作原理：鼓风机通电后带动直流电动机转动，电动机的转子带动叶片高速旋转，空气由叶片的中心流入，在离心力的作用下沿着渐开线形状的机壳流出，高速的气流产生风压，给空调供给风量。

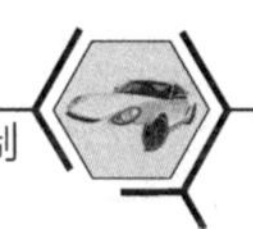

二、鼓风机控制电路

鼓风机调速电阻一般装在空调蒸发器组件上，利用气流进行冷却，外部有铝制散热片。鼓风机调速开关安装在空调操作面板上，由调节旋钮操纵。下面参照图 4-3 分析桑塔纳 2000 轿车鼓风机控制电路。

1. 打开空调 A/C 开关时

打开点火开关，空调继电器 J32 的一个线圈通电，一对常开触点闭合。打开 A/C 开关，此时空调继电器 J32 的另外一对常开触点闭合，电流流向为：X→熔丝 S14→中央接线盒的 A23 针脚→插头 T2e/1→空调 A/C 开关 E30→室温开关 F38→插头 T2f/1→中央接线盒的 H2 针脚→空调继电器 J32 线圈→搭铁。空调继电器的常开触点闭合，此时鼓风机低速转动，其电流流向为：30→熔丝 S126→中央接线盒 H3 针脚→空调继电器 J32 触点→中央接线盒 H4 针脚→鼓风机风速开关 E9 的插头 1→鼓风机电动机减速电阻 N23 全部电阻→鼓风电动机 V2→搭铁。鼓风机低速转动。

从上面电路中不难分析出，当空调制冷开关 A/C 打开时，就算不打开鼓风机开关，默认鼓风机低速转动。下面分析空调 A/C 开关接通时，二档、三档、四档电路。

二档（2 位）：30→熔丝 S126→中央接线盒 H3 针脚→空调继电器 J32 触点→中央接线盒 H6 针脚→鼓风机风速开关 E9 的插头 2→鼓风机电动机减速电阻 N23 全部电阻的 2/3→鼓风电动机 V2→搭铁。此时，接入的电阻变少，转速比一档升高。

三档（3 位）：30→熔丝 S126→中央接线盒 H3 针脚→空调继电器 J32 触点→中央接线盒 H6 针脚→鼓风机风速开关 E9 的插头 3→鼓风机电动机减速电阻 N23 全部电阻的 1/3→鼓风电动机 V2→搭铁。此时，接入的电阻变少，转速比二档升高。

四档（4 位）：30→熔丝 S126→中央接线盒 H3 针脚→空调继电器 J32 触点→中央接线盒 H6 针脚→鼓风机风速开关 E9 的插头 4→鼓风电动机 V2→搭铁。电路未接入鼓风电动机减速电阻 N23，转速最高。

2. 断开 A/C 开关时

显然，当需要制热时，鼓风机也必须能够调节速度。下面分析关闭空调 A/C 开关时，鼓风机的控制电路：30→熔丝 S126→中央接线盒 H3 针脚→空调继电器 J32 触点→中央接线盒 H3 针脚→鼓风机风速开关 E9。此后因鼓风机变速开关档位不同分为以下 5 种情况：

打开点火开关，空调继电器 J32 的一个线圈通电，一对常开触点闭合。

1）空档（0 位），鼓风机电路：30→熔丝 S126→中央接线盒 H3 针脚→空调继电器 J32 触点→中央接线盒 H6 针脚→鼓风机风速开关 E9，电路断路，鼓风机不转动。

2）一档（1 位），鼓风机电路：30→熔丝 S126→中央接线盒 H3 针脚→空调继电器 J32 触点→中央接线盒 H6 针脚→鼓风机风速开关 E9 的插头 1→鼓风机电动机减速电阻 N23 全部电阻→鼓风电动机 V2→搭铁。此时，接入的电阻最多，转速最低。

3）二档、三档、四档的控制电路和空调 A/C 开关打开时相同，不再赘述。桑塔纳 2000 轿车鼓风机控制电路简图如图 4-17 所示。

由此不难看出，通过改变选择介入电路中电阻的数量，来改变鼓风机的转速。

三、鼓风机转速的其他控制方法

现代中高档轿车为实现风速的自动控制，鼓风机的转速一般由空调控制单元 ECU 和鼓

风机开关来控制。

图 4-18 所示为鼓风电动机的控制单元。打开空调 A/C 开关时，空调控制单元接收到车内温度、车外温度、蒸发器温度等温度传感器的信号，制冷系统压力信号，空气湿度等传感器信号，空调控制单元根据自身内部的程序进行逻辑运算、比较后，决定鼓风机的转速。当车内温度高时，鼓风机转速较高；在车内温度降低后，鼓风机转速降低。也可以人工“干预”选择鼓风机的档位，人为选择优先于控制单元本身设定控制单元程序，即：鼓风机控制开关有自动（AUTO）档和不同转速的人工选择模式，当空调控制单元接收到“AUTO”信息时，鼓风机的转速由空调单元根据车内、外温度及其他传感器的参数控制。若人工选择鼓风机开关档位，则空调控制单元取消设定的鼓风机转速功能，执行人工设定。

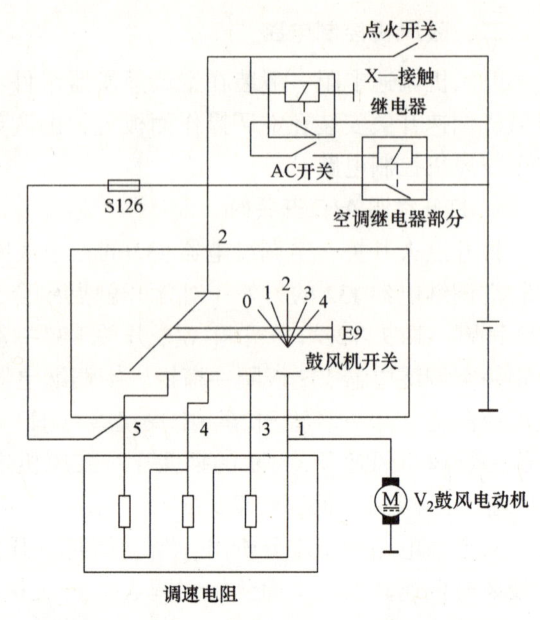

图 4-17　桑塔纳 2000 轿车鼓风机控制电路简图

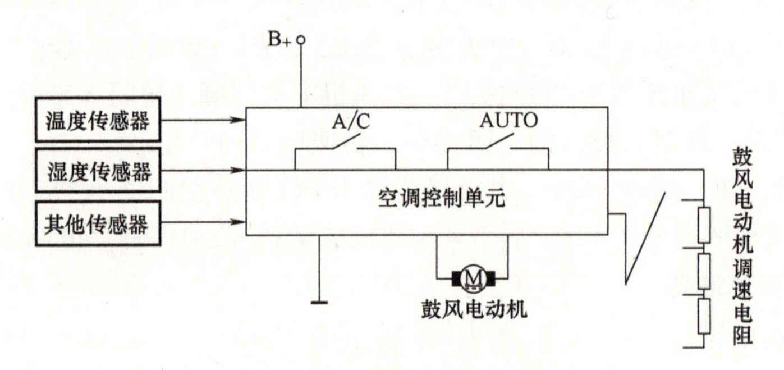

图 4-18　鼓风电动机的控制单元

第五节　怠速提升稳定控制系统

发动机在怠速运转时，一旦有其他影响因素使发动机转速下降，将造成发动机失速而熄火。例如，发动机在怠速运行时，如果打开 A/C 开关，发动机没有提高自身转速或者增大输出功率，那么发动机将会熄火。为了防止这种情况发生，就需要设计怠速提升来稳定发动机，这就是怠速提升稳定控制。发动机通过转速传感器不间断地检测发动机的转速，当压缩机开始工作时，发动机控制单元通过增大喷油脉冲的宽度、延长喷油时间、增大节气门开度来提高转速，保证发动机正常工作。

一、怠速时开启空调对汽车的影响

对于非独立式的汽车空调，当发动机怠速运行或车辆慢速行驶时，若开启空调，将会引起以下不良情况：

1）发动机空负荷工况或小负荷工况怠速不稳定，甚至熄火，影响汽车的低速和怠速

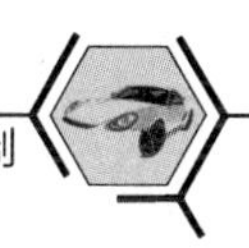

性能。

2）发动机过热。发动机空负荷或小负荷运行时，散热器和冷凝器的散热主要由冷却风扇完成，迎风通风量少，对于冷却风扇由发动机直接驱动的汽车来说，空载或小负荷时，风压和风量均不充足，散热效果很差。冷凝器一般装在散热器前，这进一步影响散热器散热，造成发动机过热，影响汽车正常运行。

3）车上供电量不足。因为怠速时发电动机发出的电量相当有限，空调工作时需消耗大量电能，致使车上用电负荷过大，影响其他电气系统正常工作。

4）冷凝器散热不良，影响制冷剂的冷凝效果，致使空调制冷效果变差，甚至由于管道压力过高而发生破坏事故等。

为消除这些不利影响，充分发挥非独立式汽车空调的优点，实现汽车运行与空调运行的统一性，汽车上一般都设有怠速提升稳定装置。在开启空调的同时，利用怠速提升稳定装置自动提高发动机怠速，增加发动机输出功率，达到带负荷低速稳定运转的目的。这样既可以保证空调的舒适性要求，又可以尽可能小地消除汽车空调制冷系统对发动机的影响。所以，这一方式被绝大多数汽车采用。

二、桑塔纳 2000 轿车怠速提升稳定控制电路

桑塔纳 2000 轿车手动空调电路中怠速提升稳定电路参考图 4-3。其电流流向为：X→熔丝 S14→中央接线盒的 A23→插接器 T2e/1→空调 A/C 开关 E30→室温开关 F38→插接器 T2f/1→发动机控制单元 T80/10 针脚（图 4-3 中未绘出）→J220 发动机控制单元（图 4-3 中未绘出）。此时发动机控制单元收到 12V 的高电位，通过怠速电动机增大节气门开度来提高怠速。

如图 4-19 所示，发动机控制单元通过空调开关或空调压缩机工作的电位信号，便能检测到空调是否开启，以决定是否提高发动机转速。发动机控制单元决定提高怠速时，会控制节气门电动机将节气门打开一定角度，直至达到设定的空调运行转速。空调开启时的怠速一般是 800～1000r/min。

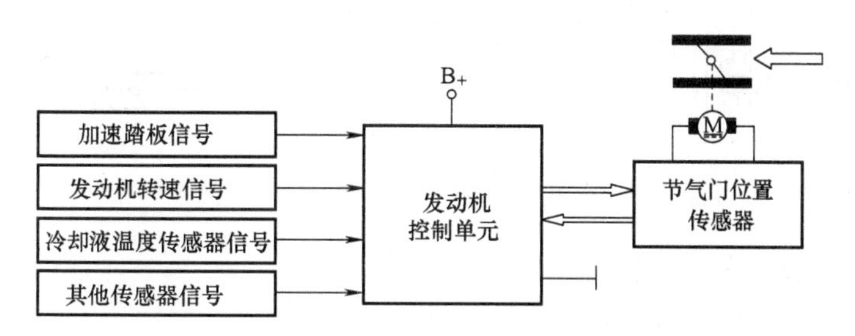

图 4-19　桑塔纳 2000 怠速提升装置工作过程原理简图

三、怠速提升稳定装置

怠速控制的实质就是对怠速工况下的进气量进行控制。怠速提升稳定装置主要分为两类，一类是旁通气道式，另一类是节气门直动式。节气门直动式通过执行器改变节气门的最小开度来控制怠速进气量。节气门直动式取消了旁通气道和怠速控制阀，在怠速时由电动机直接驱动节气门开启一个角度（2°～5°），实现怠速稳定，此时的节气门体统称为节流阀体或节气门控制组件。常见的怠速提升稳定装置有真空电磁阀怠速提升稳定装置、旋转电磁阀怠速提升稳定装置、步进电动机控制的怠速提升稳定装置。

1. 真空电磁阀怠速提升稳定装置

(1) 真空电磁阀怠速提升稳定装置的构造 真空电磁阀怠速提升稳定装置属于节气门直动式怠速控制，主要由真空转换电磁阀、膜片室的膜片和膜片弹簧、真空管、操纵臂等组成。真空转换电磁阀受空调开关控制，通过节气门后方的真空度与大气的压力差来调整节气门的开度。

(2) 真空电磁阀怠速提升稳定装置的工作原理 图4-20所示为真空电磁阀怠速提升稳定控制装置的工作原理。当A/C开关未接通时，真空转换电磁阀无电流通过，其与发动机进气歧管之间的通道是关闭的。当A/C开关接通后，真空转换电磁阀处于通电状态，其与发动机进气歧管之间构成真空通道，在发动机与进气歧管内真空度的作用下，使膜片室的膜片克服膜片复位弹簧的弹力和节气门弹簧的阻力而向上运动，膜片向上运动带动拉杆向上运动，从而带动节气门转动一个角度，加大节气门的开度，即加大可燃混合气的供给量，发动机转速得到提高，转矩得到加大，提高的转矩用于带动压缩机转动。压缩机工作后，发动机的转速由于压缩机的工作会有一定的降低，但两者平衡后，可使发动机带动压缩机在某一平衡转速稳定运转，这个稳定转速就是发动机的空调怠速。

发动机的空调怠速可以通过发动机怠速调整螺钉和空调怠速调整螺钉分别调整。需要注意，空调怠速调整必须在空调处于开启状态下进行。

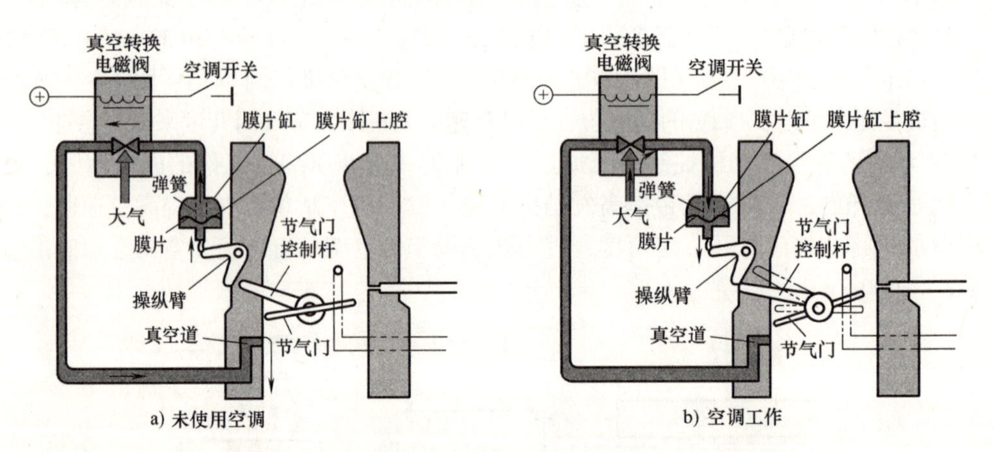

图4-20 真空电磁阀怠速提升稳定控制装置的工作原理

2. 旋转电磁阀怠速提升稳定装置

(1) 旋转电磁阀怠速提升稳定装置的构造 图4-21所示为旋转电磁阀怠速提升稳定装置的结构简图，其主要由怠速控制阀、发动机控制单元、车速传感器、冷却液温度传感器、空调开关信号等组成。怠速控制阀受发动机控制单元控制。旋转电磁阀怠速提升稳定装置属于旁通气道怠速控制。

(2) 旋转电磁阀怠速提升稳定装置的工作原理 如图4-22所示，旋转电磁阀主要由两个线圈（A、B线圈）、永久磁铁、双金属片、发动机控制单元组成。发动机控制单元控制怠速控制阀工作时，怠速控制阀的开度是通过控制两个线圈的平均通电时间占空比来实现的，两个线圈收到RSO、RSC不同的占空比（周期为4ms）电压信号，产生相同的磁场，与永久磁铁相互排斥，使永久磁铁带动转子轴顺时针旋转。两线圈不同的占空比会使转子转动的速度和角度不同，也可以改变旋转方向。在转动过程中双金属片变形，带动挡块转动，从

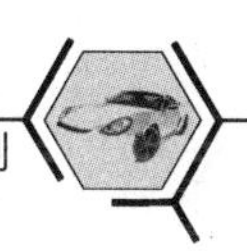

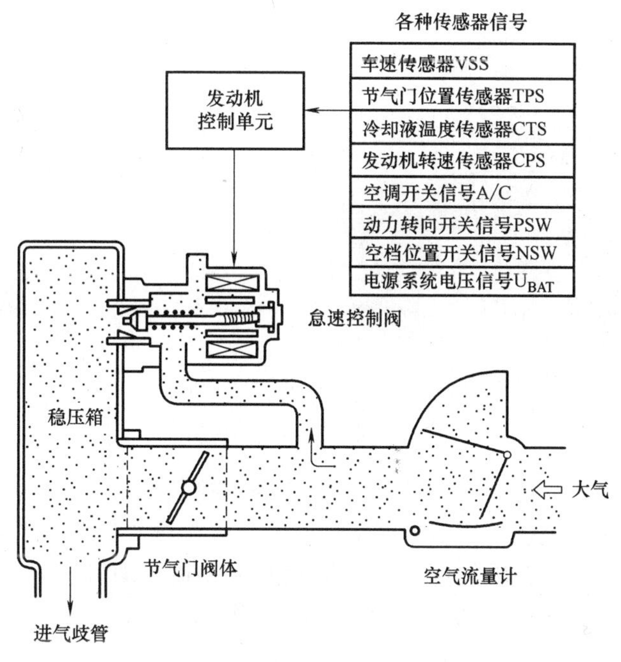

图 4-21 旋转电磁阀怠速提升稳定装置的结构简图

而改变阀轴转动的两个极限位置，以控制怠速控制阀的最大开度和最小开度。发动机控制单元控制两个线圈的通电、断电，改变两个线圈产生的磁场强度，两个线圈产生的磁场与永久磁铁形成的磁场相互作用，即改变怠速控制阀的位置，从而调节怠速控制阀空气口的开度，以实现怠速进气量的控制。双金属片制成的卷簧主要起保护作用，让混合气通过旁通气道使怠速时的空气绕过节气门，控制节气门旁通空气流量。

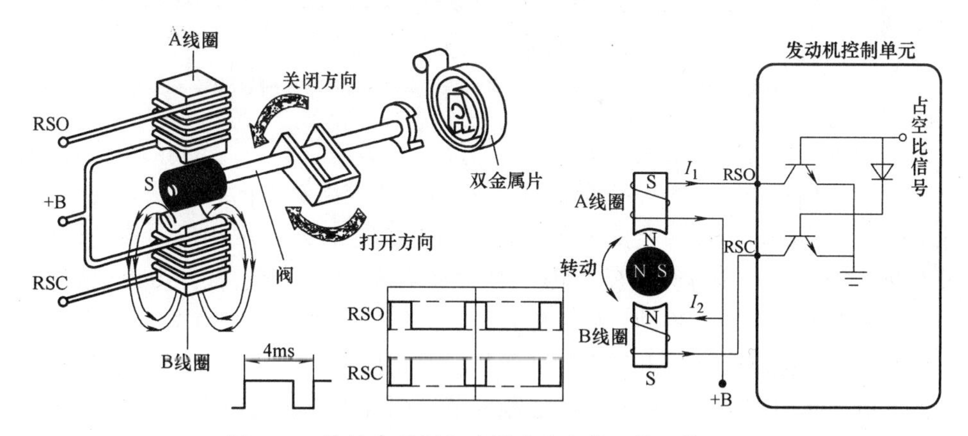

图 4-22 旋转电磁阀怠速提升稳定装置的工作原理

3. 步进电动机控制的怠速提升稳定装置

如图 4-23 所示，步进电动机是微型电动机。步进电动机主要由一个转子和围成一圈的多个钢质定子组成。转子是一个永久磁铁，永久磁铁有 16 个（8 对）磁极，其中心是转子轴，右端的丝杠机构将步进电动机的旋转运动转变为直线运动，改变针阀与阀座之间的间隙。定子由四个线圈组成，分别为 C1、C2、C3、C4。

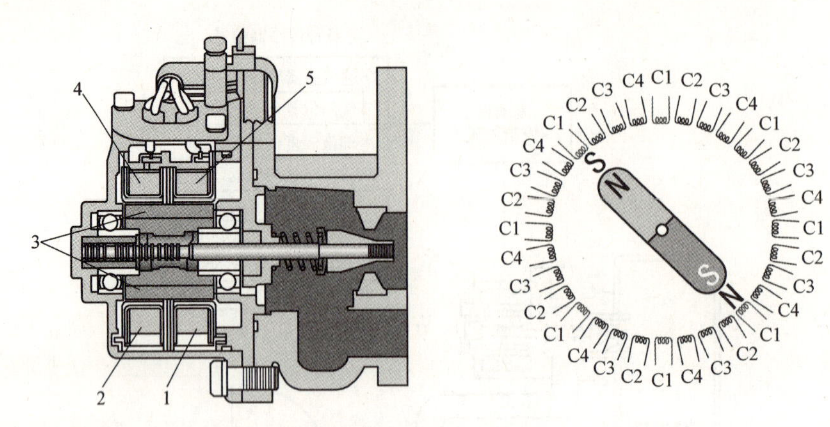

图 4-23　步进电动机的构造

步进电动机的工作原理如图 4-23 所示，当发动机控制单元按 C1→C2→C3→C4 顺序依次通电时，定子磁场在占空比电压信号下快速变化。永久磁铁与定子磁场根据同性相斥、异性相吸的原理，转子随磁场旋转。定子爪极有 32 个，步进电动机转动一步为 1/32 圈，就是 11.25°，工作范围为 0~125 个步进级。

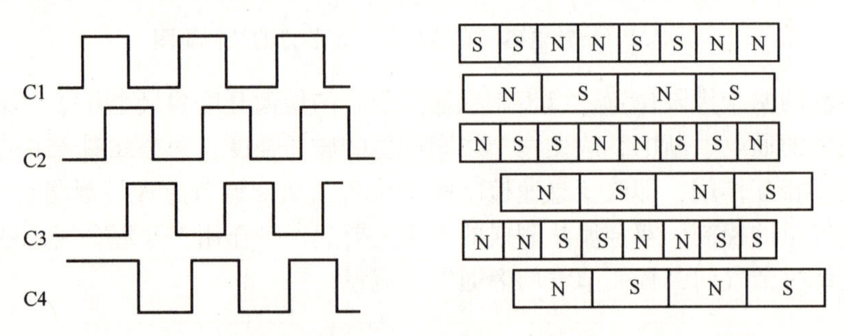

图 4-24　步进电动机的工作原理

1—线圈 C1　2—线圈 C2　3—永久磁铁　4—线圈 C3　5—线圈 C4

所有的定子线圈都受发动机控制单元控制，只要改变其中某一个线圈的电流方向，转子就转过一个角度。当各个定子线圈按图 4-24 所示顺序改变电流方向时，就形成一个旋转磁场，使永久磁铁制成的转子按一定的方向旋转。如果按图 4-24 所示相反的顺序提供占空比信号，那么转子的旋转方向也会相反。转子中心的螺母带动一根丝杠，因为螺旋杆不能转动，所以它只能在轴线方向上移动，故又称直线轴。丝杠的端头是控制阀，控制阀可以缩回或伸出，从而增大或减小旁通进气通道的截面积，直到调整到最佳位置，实现怠速提升稳定控制。在发动机实际工作中，步进电动机控制的节气门开度要频繁地进行调整。

第六节　加速切断控制

在高速公路上，应该以较大的加速度超车，此时发动机以最大的输出功率行驶，如果能暂停一些不影响发动机性能的附件，效果会更好。通常情况下，汽车空调制冷系统要消耗发动机 10%~15%的功率。短暂性断开压缩机电磁离合器电路，不让压缩机工作，这就是发动机的加速切断控制。设置加速切断控制非常必要：在汽车急加速或超车时暂时切断压缩机电

磁离合器电源，去掉发动机负载，使发动机全部功率用于车辆加速。同时，超速时发动机的转速很高，切断压缩机电磁离合器，可以降低压缩机因超速而损坏的风险，也可以避免制冷系统压力过高。

要实现汽车在急加速时切断压缩机电磁离合器，主要有三个办法：一是利用节气门杠杆的机械开关，主要用于化油器汽车，该方法已经被淘汰；二是利用能感应进气管真空度的真空开关（该开关和压缩机离合器的电路串联）；三是利用节气门位置传感器的信号和曲轴位置传感器信号感知发动机处于加速状态，由发动机控制单元完成压缩机电磁离合器电路的切断。常用的加速切断装置（也称超速控制器）由超速开关及延迟继电器组成。超速开关一般装在加速踏板下，当加速踏板被踩下时，电磁离合器电路断开，压缩机停止工作，使发动机的输出功率全部用于加速，而6s后电路又自动接通，空调恢复工作。目前，该方法广泛运用于轿车上。

一、汽车加速切断装置

图4-25所示为机械式加速切断器，主要由加速踏板、加速切断器、加速踏板总成构成。这种机械式加速切断器的开关是由加速踏板通过连杆或钢索来操纵的，当加速踏板被踩到其行程的90%时，加速踏板碰到加速切断器的控制簧片，加速切断器将电磁离合器电源切断，压缩机停止运行，这样使卸除了压缩机的动力负荷，使发动机的功率用来克服汽车加速时的阻力，保证汽车有足够的动力输出，实现顺利超车。当加速切断器断开时，压缩机的转速被限制在最高极限转速范围内，从而保护了压缩机零件免受损坏。

图4-26所示为桑塔纳轿车加速切断器，主要由加速开关、延迟继电器等组成。早期的桑塔纳轿车加速切断装置由加速开关和延迟继电器组成。加速开关装在加速踏板下，通过连杆或钢索来操纵。

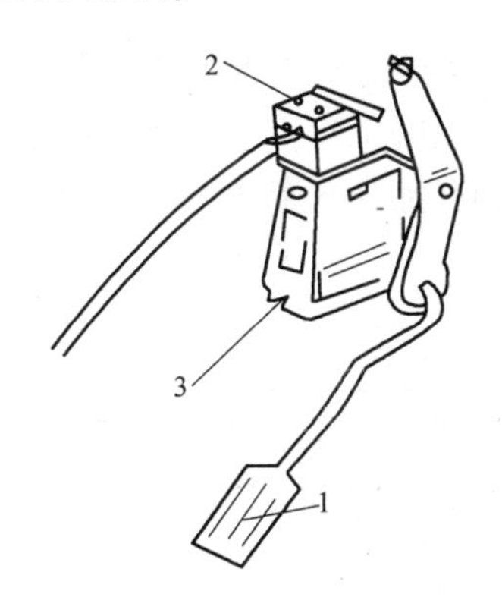

图4-25　机械式加速切断器
1—加速踏板　2—加速切断器　3—加速踏板总成

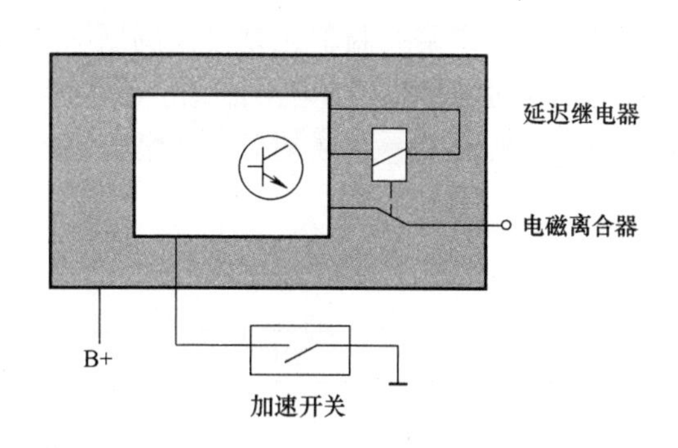

图4-26　桑塔纳轿车加速切断器

当加速踏板行程达到最大行程的90%时，加速开关闭合，延迟继电器工作，十几秒后，延迟继电器线圈通电，继电器的常闭触点断开，压缩机电磁离合器断电，压缩机停止工作，发动机的全部输出功率用来克服加速时的阻力，从而提高了车速，实现加速切断的目的。当加速踏板行程小于90%或加速开关断开后十几秒钟，延迟继电器线圈断电，继电器的常闭触点又接通，电磁离合器线圈通电，压缩机又自动恢复工作。

二、桑塔纳 2000 轿车加速切断控制

1. 急速踩下加速踏板时

参考图 4-3 所示的桑塔纳 2000 轿车汽车空调电路图。当节气门开度达到 90%或者急加速时节气门开度达到 95%时，节气门位置传感器将该信号送给发动机控制单元 J220（图 4-3 中未绘出），发动机控制单元 J220 迅速向 T80/8（图 4-3 中未绘出）针脚通电，使压缩机切断继电器 J26 的线圈通电，继电器 J26 的常开触点闭合。电流流向为：X→熔丝 S14→中央接线盒的 A23 针脚→插头 T2e/1→空调 A/C 开关 E30→室温开关 F38→冷量开关 E33→空调水温开关 F40→压力组合开关 F129 的低压开关→压缩机切断继电器 J26 的触点→散热风扇控制器 J293 的针脚 T10/8，为散热风扇控制器 J293 的针脚 T10/8 提供一个 12V 的电压信号，使散热风扇控制器 J293 的针脚 T10/10 断电，压缩机电磁离合器 N25 断电，压缩机停止工作。控制过程如图 4-27 所示。

2. 放松节气门开度

当节气门开度减小时，发动机控制单元 J220 接收节气门开度减小的信号后，会断开继电器 J26 线圈电流，继电器 J26 触点断开，散热风扇控制器 J293 收不到针脚 T10/8 的电压信号，压缩机电磁离合器 N25 接通，压缩机正常工作。

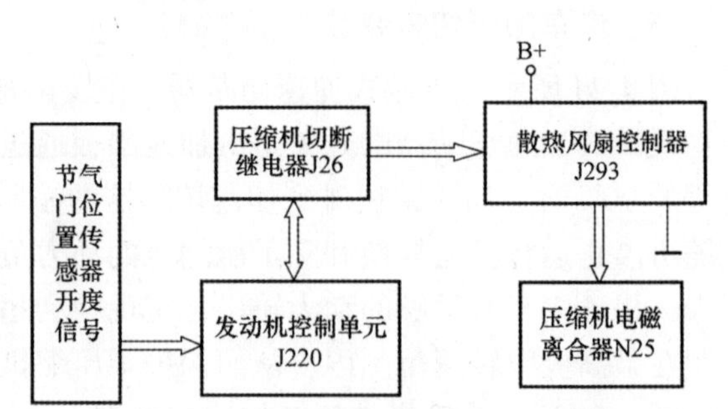

图 4-27　桑塔纳 2000 轿车加速切断控制电路的控制过程

三、电控加速切断控制

在现代电控发动机汽车上，加速切断功能是由电控系统来完成的，如图 4-28 所示。电控加速切断控制主要由发动机控制单元、节气门开度传感器、空调控制单元、压缩机电磁离合器等组成，空调控制单元直接控制压缩机电磁离合器线圈的工作。发动机控制单元与空调控制单元通过 CAN 总线交换信息。有的轿车加速踏板还有加速位置和加速度的传感器，与节气门位置传感器一起共同对加速情况进行数据采集。

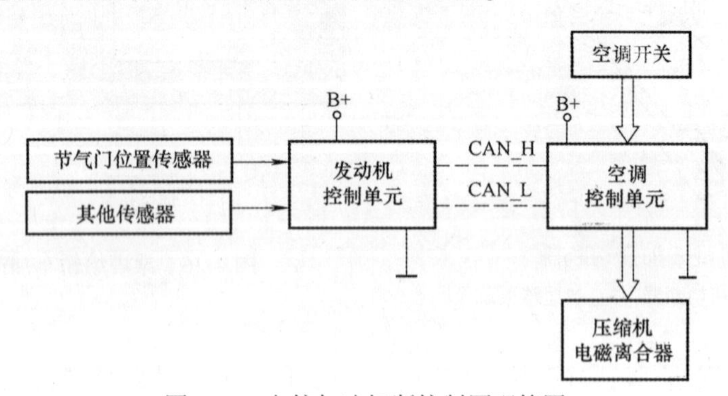

图 4-28　电控加速切断控制原理简图

当发动机通过传感器数据判断出车辆正处于急加速时（一般当节气门开度达到 90%以上，汽车空调压缩机仍然在工作），发动机控制单元通过 CAN 总线给空调控制单元下达暂停压缩机工作的命令，空调控制单元接到指令后，迅速切断压缩机电磁离合器电流，停止向空

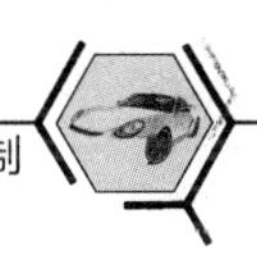

调压缩机继电器供电，切断压缩机离合器线圈的电源，压缩机停止工作。当放松加速踏板时，发动机控制单元通过CAN总线给空调控制单元传送可以打开空调系统的数据，空调控制单元接收到数据后，接通电磁离合器电路，空调继续工作。

第七节　汽车空调温度控制和过热保护

一、汽车空调制冷系统温度控制

温度控制器又称为恒温器、温度开关、热敏开关等，是汽车空调中温度控制的一种开关部件。其作用是检测蒸发器表面的温度，通过控制压缩机的通断来控制蒸发器表面的温度，从而调节车内温度，防止蒸发器表面因温度过低而结霜。常用的温度控制器有波纹管式和电子式两种。

1. 波纹管式温度控制器

（1）波纹管式温度控制器的构造　波纹管式温度控制器又称压力式温度控制器、机械式温度控制器，主要作用是控制蒸发器表面温度不低于0℃，防止蒸发器表面结霜而影响系统工作。波纹管式温度控制器的构造如图4-29所示，主要由感温系统、调温装置和触点开闭机构组成。感温系统是由毛细管3和波纹管4组成的一个密封腔，内部充满感温介质，毛细管3插入蒸发器表面的翅片上，检测蒸发器出风口方向的表面温度。当蒸发器表面温度发生变化时，波纹管4中感温介质的温度和压力也发生变化，使波纹管伸长或缩短，进一步控制触点开闭机构。调温装置由调节凸轮6、转轴5、调节螺钉8、调节弹簧7等组成，其功能是调节温度控制器的工作点，进而调节蒸发器表面温度。触点开闭机构由触点开关9、弹簧2、杠杆等组成，其功能是根据感温系统的动作，通过触点的开闭来接通或断开电磁离合器的电路。

（2）波纹管式温度控制器的工作原理　波纹管式温度控制器主要运用了热胀冷缩和杠杆原理。其工作过程是：当蒸发器表面温度高于设定温度值时，波纹管中的感温介质（一般是制冷剂）膨胀，波纹管伸长，触点闭合，压缩机的离合器电磁线圈通电，压缩机工作；蒸发器表面温度下降，比如结冰时，也就是蒸发器表面温度低于设定值时，波纹管中的感温介质收缩，波纹管缩短，在杠杆的作用下克服弹簧的弹力，触点断开，压缩机的离合器电磁线圈断电，压缩机停转。蒸发器表面温度上升后，触点再次闭合，压缩机运转。此过程不断循环，蒸发器表面温度维持在设定值附近。调节凸轮位置和弹簧的预紧力，可以改变蒸发器表面温度。

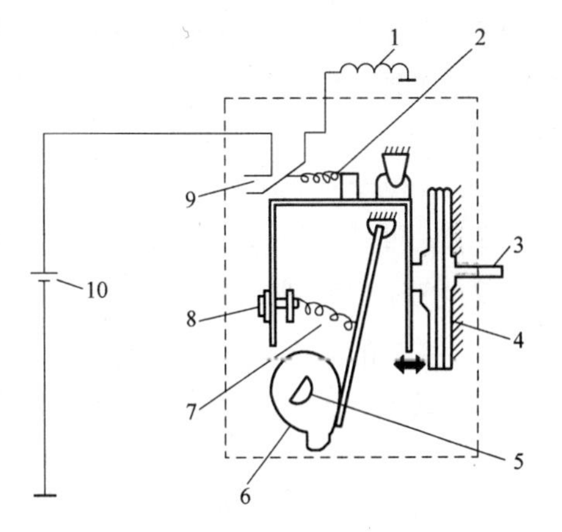

图4-29　波纹管式温度控制器的构造
1—离合器电磁线圈　2—弹簧　3—毛细管　4—波纹管　5—转轴　6—调节凸轮　7—调节弹簧　8—调节螺钉　9—触点开关　10—蓄电池

2. 电子式温度控制器

（1）电子式温度控制器的电路组成　电子式温度控制器大多采用热敏电阻，其控制电路如图4-30所示，主要由热敏电阻5、温度调整电阻4组成的温度检测电路，VT_1、VT_2组成的信号放大电路，

VT_3、VT_4组成的电子开关电路组成。热敏电阻5是具有负温度系数的热敏电阻，通过小插片插在蒸发器出风口方向的翅片上，用于检测蒸发器表面温度。

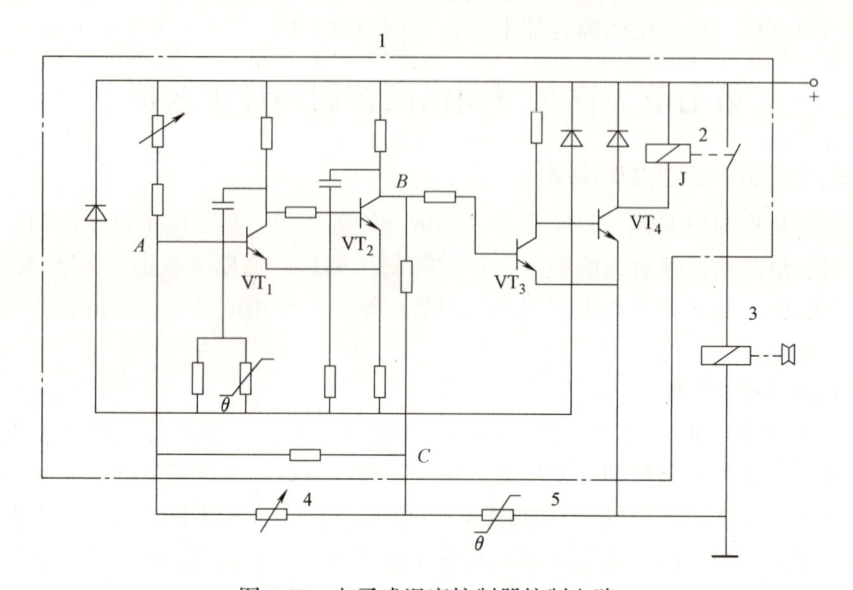

图4-30　电子式温度控制器控制电路

1—电子式温度控制器　2—继电器　3—压缩机离合器　4—温度调整电阻　5—热敏电阻

（2）电子式温度控制器电路分析　当温度调整电阻4设定后，*B*点的电位取决于热敏电阻5的大小。当车内温度高于设定温度时，热敏电阻5阻值变小，*B*点电位降低，晶体管VT_3截止，VT_4导通，继电器2线圈通电，触点闭合，接通压缩机电磁离合器电路，压缩机运转，温度下降；当温度低于设定温度时，热敏电阻5阻值增大，*B*点电位升高，晶体管VT_3导通，VT_4截止，继电器2线圈通断电，触点断开，切断压缩机电磁离合器电路，压缩机停转，温度上升。此过程不断循环，蒸发器表面温度维持在设定值附近。调节温度调整电阻4可改变*A*点电位，进而改变蒸发器表面设定温度。当温度调整电阻值减小时，*A*点电位降低，晶体管VT_1截止，VT_2导通，*B*点电位降低，VT_3截止，VT_4导通，压缩机运转设定温度降低；反之，温度调整电阻值增大时，设定温度升高。

目前，电子式温度控制器都采用了专用集成电路模块，其电路被极大地简化，安装调试更加简便，可靠性提高，但其基本工作原理是相同的。

二、汽车空调制冷系统过热保护

制冷系统的制冷剂泄漏量较多时，压力会下降，如果这时压缩机继续工作，就会引起压缩机温度过高，但压力不增加，制冷剂的温度升高会导致润滑油变质，严重时会损坏压缩机。

过热限制器装在压缩机缸盖上，作用是当压缩机温度过高（一般110℃）时，切断电磁离合器电源，使压缩机停转。也有的装在蒸发器出口管路上，作用是使泄漏报警灯亮。虽然安装位置不同，但它们的作用相同。

（1）过热限制器的构造　过热限制器主要由过热开关和熔断器两部分组成。过热开关的构造如图4-31所示，主要由膜片、热敏管、导电金属片、接线端子等组成。过热限制器是一个温度传感器开关，当制冷系统压力正常时，此开关保持常开，而当制冷系统的制冷剂

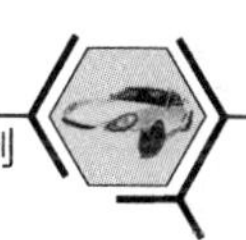

泄漏或某些原因使压缩机过热时，该开关受热动作，即闭合。

（2）过热限制器的工作原理　如图 4-32 所示，过热熔断器有三个接线柱，S 接过热开关，B 接外电源，C 接压缩机电磁离合器电磁线圈。熔断器内部的 B 和 C 之间接一个低熔点金属丝，S 和 C 之间接电热丝。在汽车空调制冷系统温度、压力正常的情况下，电流通过点火、空调开关，经过熔断器低熔点金属丝到压缩机电磁配合器电磁线圈。当压缩机过热时，过热开关内的制冷剂蒸气会感测到入口的温度升高，过热开关闭合，使电路接通，这时电流接通过热限制器上的电热丝。电热丝发热后熔化成金属丝，切断压缩机离合器电路，压缩机停止运行。

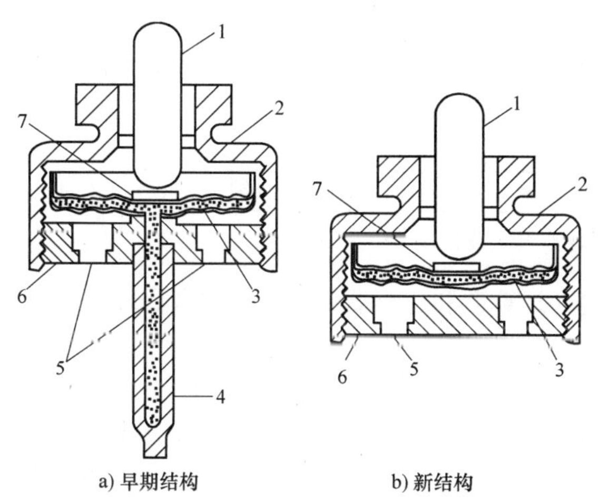

图 4-31　过热开关的构造

1—接线端子　2—外罩　3—膜片　4—热敏管

5—基座开口　6—膜片安装基座　7—导电金属片

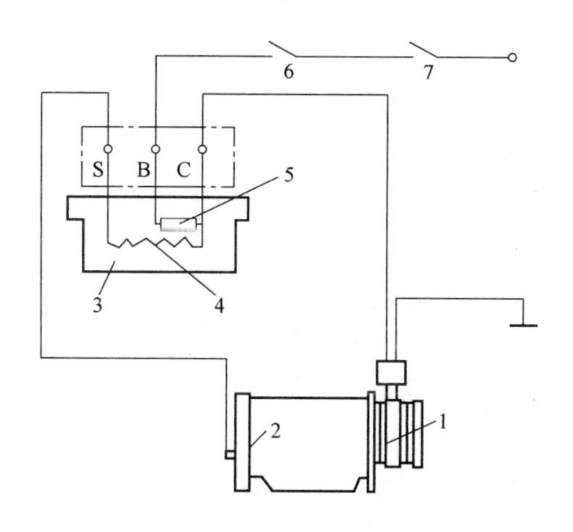

图 4-32　过热限热器电路原理简图

1—压缩机电磁离合器电磁线圈　2—过热开关

3—熔断器　4—电热丝　5—低熔点金属丝

6—空调开关　7—点火开关

当熔断器断路时，一定要仔细检查制冷系统是否因泄漏而缺少制冷剂，否则，接好熔断器后很快又会烧断。另外，如果检查制冷系统后确认不缺少制冷剂，那么就可能是过热开关损坏，需要更换。过热开关现在大多已被低压保护开关取代。

第八节　汽车电子控制单元

汽车电脑是计算机技术在汽车上的运用，汽车电脑一般被称为汽车电子控制单元，即汽车 ECU（Electronic Control Unit）。汽车电子控制单元实际就是多个微型电子计算机。汽车电子控制单元的特点有：

1）具有较高的工作可靠性。

2）具有良好的抗震性。

3）能在温度大范围变化的情况下正常工作。

4）具有抗强电磁干扰的能力。

5）能在电压波动较大的情况下正常工作。

6）具有较强的耐蚀、耐污染能力。

一、微型计算机及微型计算机系统

计算机的硬件系统由运算器、存储器、控制器、输入设备和输出设备五大部分组成。运算器、控制器及一些寄存器集成在一块硅片上而成为独立的元件，该元件就称为微处理器（CPU），如图4-33所示。微处理器芯片、存储器芯片、输入/输出接口电路芯片以及外部设备，在它们之间用总线连接起来就构成了微型计算机。总线是微型计算机内部传递信息的电路连线。在微型计算机内部，微处理器、只读存储器（ROM）、随机存储器（RAM）与输入/输出（I/O）接口之间的信息交换都是通过总线来实现的。

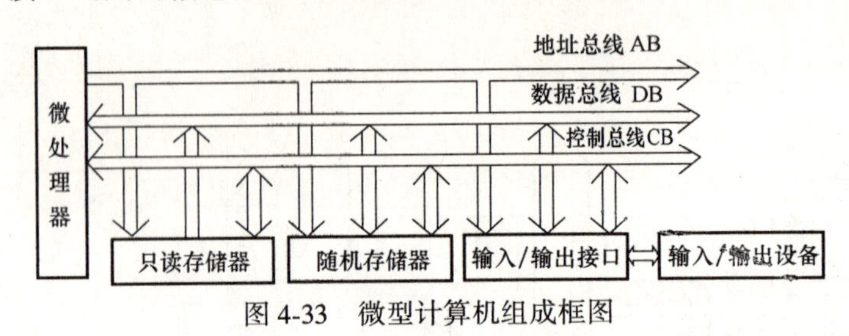

图4-33 微型计算机组成框图

微型计算机结构的突出特征是具有一个包含运算器和控制器的集成芯片微处理器。微型机硬件系统各部分的组成及功能如下：

1. 微处理器

微处理器是微型计算机的核心。微处理器包括运算器，控制器和寄存器组三个基本部分。

（1）运算器 运算器是计算机的运算部件，用于实现算术和逻辑运算。计算机的数据运算和处理都在这里进行。

（2）控制器 计算机的控制器由指令寄存器IR、指令译码器ID、定时及控制逻辑电路和程序计数器PC等组成，它使计算机各部分自动、协调地工作。控制器按照指定的顺序从程序存储器中取出指令进行译码并根据译码结果发出相应的控制信号，从而完成该指令所规定的任务。

（3）寄存器组 寄存器组作为CPU内部的暂存单元至关重要，它是CPU处理数据所必需的一个存取空间，其多少直接影响着微机系统处理数据的能力高低和速度快慢。

2. 存储器

存储器是计算机存放程序或数据的场所，由若干存储单元组成。存储器又分内存储器和外存储器。存放程序的存储器采用只读存储器（ROM）；存放输入、输出数据或中间结果的存储器采用随机存储器（RAM）。

3. 输入设备

输入设备用于把程序和数据输入到计算机中。常用的输入设备有键盘、鼠标、光电输入机等。

4. 输出设备

输出设备用于把计算机数据计算或数据处理的结果，以用户需要的形式显示或打印出来。常用的输出设备有打印机、显示器等。通常把外存储器、输入设备和输出设备合在一起称为计算机的外部设备，简称“外设”。微型计算机加上它的软件系统便构成了微型计算机系统，如图4-34所示。软件系统是微型计算机系统所使用的各种程序的总称。人们通过它对整机进行控制并与微型计算机系统进行信息交换，使微型计算机按照人的意图完成预定的任务。

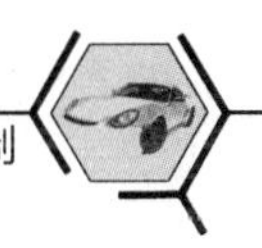

软件系统和硬件系统共同构成完整的微型计算机系统，两者相辅相成，缺一不可。

5. 单片微型计算机

单片微型计算机简称单片机。它把组成微型计算机的各功能部件集成在一个芯片上，构成一个完整的微型计算机，从而实现微型计算机的基本功能。单片机的内部结构如图 4-35 所示。单片机实质上是一个芯片，在实际应用中通常很难直接把单片机和受控对象进行电气控制，而必须外加各种扩展接口电路以及外部设备，连同受控对象和单片机程序软件构成一个单片机应用系统。

单片机应用系统是以单片机为核心，配以输入、输出、显示、测量和控制等外围电路和软件，能实现一种或多种功能的实用系统。单片机应用系统是由硬件和软件组成的。硬件是单片机应用系统的基础，软件则在硬件的基础上对其资源进行合理调配和使用，从而完成应用系统所要求的任务。

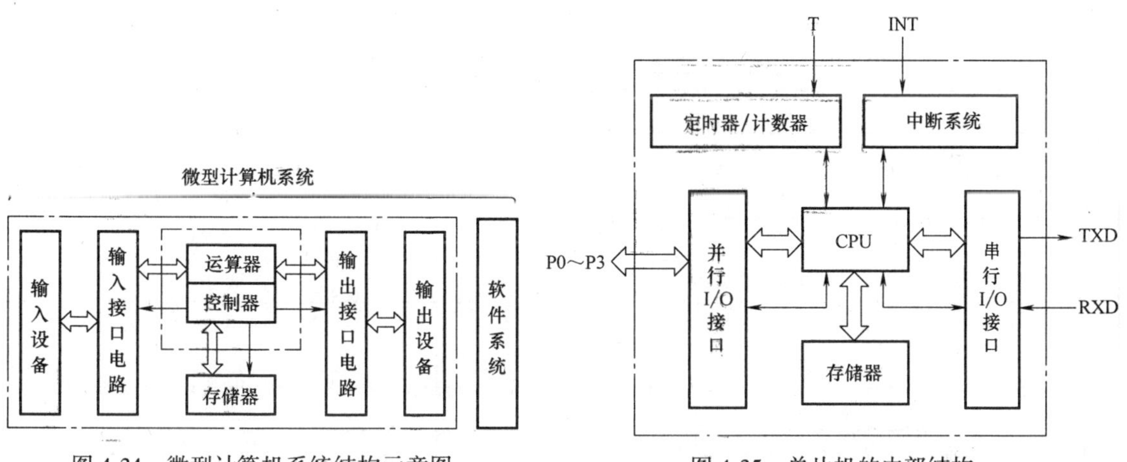

图 4-34　微型计算机系统结构示意图　　　图 4-35　单片机的内部结构

6. 汽车 ECU

汽车 ECU 作为控制系统的核心，在硬件结构上一般可分为：外部传感器、输入接口、微型计算机、输出接口、执行器。

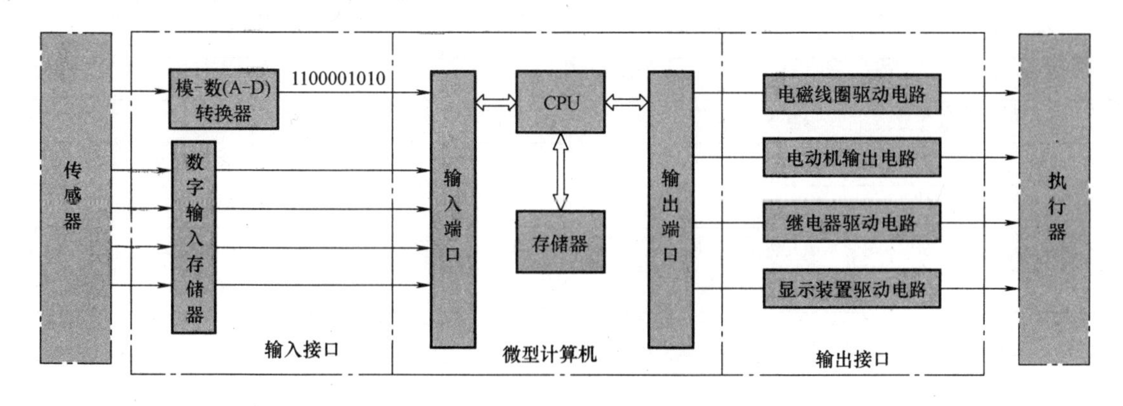

图 4-36　汽车 ECU 的基本组成

图 4-36 所示为汽车 ECU 的基本组成，各种传感器把信号通过输入接口传递给微型计算机，微型计算机使用二进制计算，对于传感器输入的模拟信号，要经过 A-D 转换后再送给

微型计算机。大量的数据存放在存储器中，CPU 经过计算、逻辑判断后，通过输出端口让执行器工作。

二、桑塔纳 2000 轿车发动机 ECU

(1) 桑塔纳 2000 轿车发动机 ECU 针脚　桑塔纳 2000 轿车发动机 ECU 型号：330907559A 端子如图 4-37 所示。表 4-1 为桑塔纳 2000 轿车发动机 ECU 针脚。

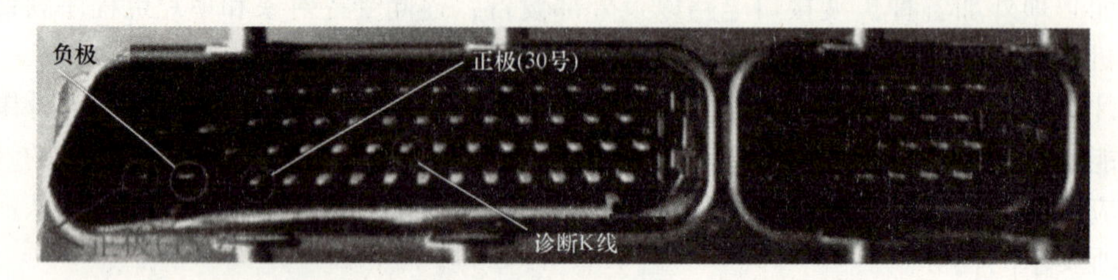

图 4-37　桑塔纳 2000 轿车发动机 ECU 端子

表 4-1　桑塔纳 2000 轿车发动机 ECU 针脚

端子	说明	端子	说明
1	正极(15 号)	55	转速传感器
2	负极	56、57	空
3	正极(30 号)	58	3 缸喷油器
4	燃油泵继电器线圈	59	节气门定位电动机
5	空	60	3 缸和 4 缸爆燃传感器
6	仪表转速信号	61、62	空
7	空	63	发动机转速传感器
8	空调压缩机切断继电器	64	空
9	空	65	4 缸喷油器
10	空调继电器	66	节气门定位电动机
11～13	空气流量计	67	传感器负极
14	空	68	1 缸和 2 缸爆燃传感器
15	炭罐电磁阀	69	节气门位置传感器
16～18	空	70	空
19	诊断 K 线	71	点火线圈
20	车速信号	72	空
21～24	空	73	1 缸喷油器
25、26	氧传感器	74、75	节气门位置传感器
27	氧传感器加热线圈	76	霍尔传感器
28～41	空	77	空
42	负极	78	点火线圈
43～52	空	79	空
53	冷却液温度传感器	80	2 缸喷油器
54	进气温度传感器		

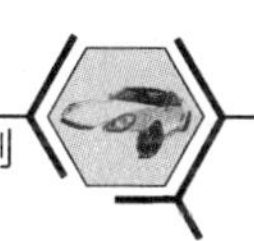

（2）桑塔纳2000轿车发动机ECU　图4-38所示为发动机ECU的内部单片机（部分），其将多个单片机结合在一起，组成一个复杂的控制单元，对汽车发动机各种工况进行精确控制，也对汽车空调的怠速、加速切断等进行控制。

图4-38　桑塔纳2000轿车发动机ECU

图4-37中箭头所指的芯片5206-26p是用于驱动节气门怠速电动机的，是怠速提升稳定控制的芯片，各针脚电压见表4-2。如果该芯片故障，怠速将不稳定。

表4-2　5206-26p芯片针脚及电压

针脚	电压	针脚	电压
1~5	负极	12	没有电压
6	11.5V	13	负极
7	没有电压	14	没有电压
8	4.9V	15	11.5V
9	没有电压	16~20	负极
10、11	负极		

第五章 汽车自动空调

【学习目标】

1. 掌握汽车自动空调的组成和工作原理。
2. 熟悉汽车自动空调传感器、执行器的构造与原理。
3. 掌握大众途观轿车自动空调电路分析方法。

第一节　汽车自动空调的组成与工作原理

汽车手动空调是按照人工设定的温度、鼓风机转速工作模式运行的，它不因车内外温度的变化而对鼓风机转速、压缩机的通与断、各个风门位置做出自动调整。汽车手动空调的手动调节较麻烦，驾驶人操作频繁，空调舒适性差。汽车自动空调能根据驾驶人所设定的温度不断检测车内外温度、太阳辐射等车内外环境的变化，自动调节鼓风机转速、进气模式、工作模式和压缩机的运行等，保持车内温度和湿度在设定范围内，获得最佳的舒适性。目前，汽车自动空调运用较为普遍。

一、汽车自动空调的功能和分类

1. 汽车自动空调的功能

汽车自动空调能够自动、精确地控制温度、湿度、清洁度，还能自动调整风量和风速。汽车自动空调操作简单，控制精度更高，主要功能体现在六个方面。

（1）自动控制　包括自动调温、自动调整风速和风量、自动选择运行方式（出风口位置）、自动除湿、自动设定不同区域温度等，满足驾乘人员对汽车空调舒适性的要求。

（2）节能控制　包括压缩机运转工况控制，换气量的最佳控制，温度、湿度、清洁度变化时的换气方式的切换，转入经济运行模式，根据车内外温度、湿度、制冷系统压力自动控制压缩机功率，进一步满足人们对汽车经济性的要求。

（3）故障与安全报警　包括制冷剂不足报警、制冷剂压力过高或过低报警、离合器打滑报警、各种控制器件的故障报警。自动空调在某部位发生故障报警的同时，还可自动转入默认设定方式运行，不至于影响空调工作。

（4）显示　可显示设定温度、车内外温度、控制方式、运转状况及运转时间等参数。

（5）功能强大　安装了控制面板，副驾驶人也可以操控，操作更方便，能够实现车内

分区温度控制。

（6）故障自检和匹配　当发生故障时，能够自动存储故障码，可以自检，并且可以根据自检结果，判断空调故障部位，在线匹配，便于维修。

2. 汽车自动空调的分类

（1）按功能的强弱分类　可以分为舒适自动空调和增强型自动空调，具体区别见表 5-1。

表 5-1　汽车自动空调按功能强弱分类

功能	舒适自动空调	增强型自动空调
温度控制区域	1	3/4
控制方式	自动控制	自动控制
独立温度控制	否	是
间接通风	否	是
后部通风	是	是
鼓风机控制	是	是
光照传感器	否	是
空气湿度传感器	否	是
独立显示	否	是

（2）按控制区域分类　可以分为分区控制自动空调和全局控制自动空调。图 5-1 所示为分区控制自动空调温度控制。

（3）按控制面板分类　可以分为单独控制面板自动空调和双控制面板自动空调。双控制面板自动空调的控制面板如图 5-2 所示。

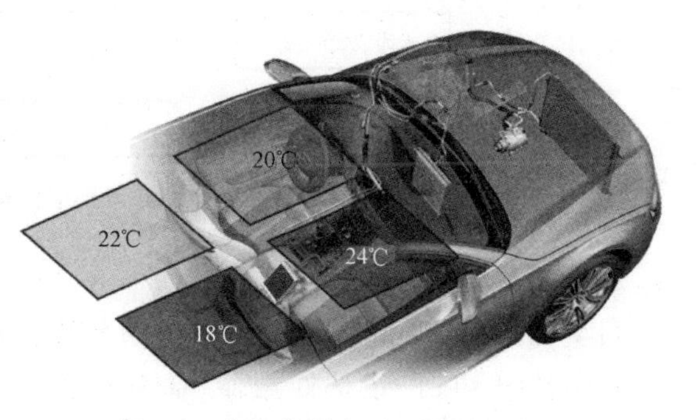

图 5-1　分区控制自动空调温度控制

二、汽车自动空调的组成与工作原理

如图 5-3 所示，汽车自动空调主要由传感器、控制单元、执行器、总线等组成。

1. 传感器

传感器的作用是采集温度、湿度、空气质量、日照强度等信号，为自动空调控制单元提供基本数据信息。汽车自动空调传感器主要分为四类：

图 5-2　双控制面板自动空调的控制面板

（1）温度传感器　温度传感器主要是车内温度传感器（装在空调控制面板上）、车外温度传感器（装在前保险杠下或散热器前）、蒸发器温度传感器（装在蒸发器上）等。

（2）空气质量传感器　空气质量传感器安装在前风窗玻璃的流水槽下面，测量空气中的一氧化碳、碳氢化合物、硫化物等有毒气体的浓度。如果有毒气体浓度超过设定值，自动空调控制器会关闭外循环，以保证车内空气质量。

（3）日照强度传感器　日照强度传感器（装在前风窗玻璃下、仪表板上）用于检测太阳光的强度。

（4）湿度传感器　测量空气湿度，安装在前风窗玻璃的流水槽下面。

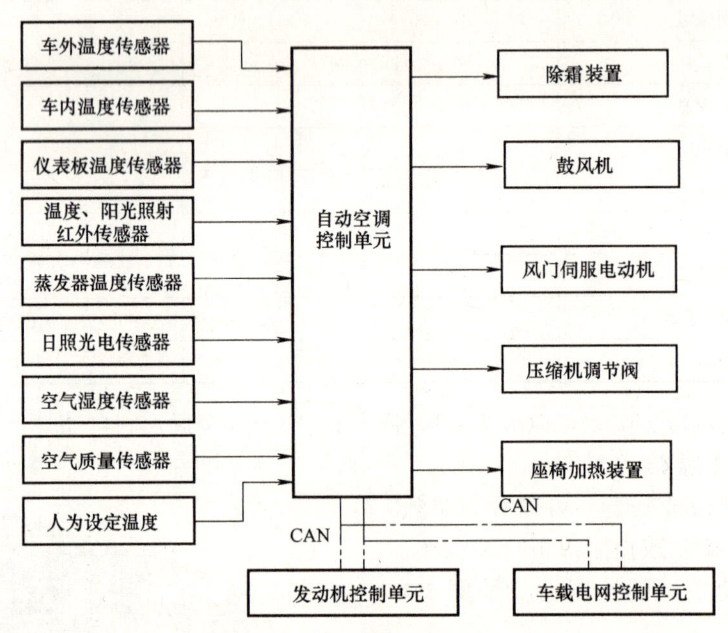

图 5-3　汽车自动空调的组成

2. 自动空调控制单元

自动空调控制单元（也称自动空调 ECU）由硬件和软件两部分组成，与发动机控制单元相似。其中，硬件包括处理器、I/O 电路、功率放大电路、A-D 转换电路、稳压电路、I/O接口、存储器等；软件包括处理程序、服务诊断程序、过程控制程序及数据处理程序等。自动空调控制单元的主要作用是处理人员和各种传感器输入的数据，对数据进行逻辑运算、比较后，对执行器输出命令进行控制；对输出结果进行比较，不断修正，保持车内温度、湿度、清洁度达到最佳效果。此外，自动空调控制单元还能对座椅加热、通风、除霜、驻车加热等进行控制。

3. 执行器

执行器的主要作用是执行自动空调控制单元的指令，主要包括鼓风电动机、压缩机电磁离合器、热水阀及空气混合挡板、空气混合门伺服电动机、出风位置伺服电动机、空调系统电磁阀等。此外，执行机构还包括空调面板的各种显示（温度、湿度等）、空调系统警告灯等。

4. 自动空调的工作原理

驾驶人或乘员设定好车内温度后，自动空调控制单元收集车内温度传感器、车外温度传感器、日照光电传感器、蒸发器温度传感器、湿度传感器、空气质量传感器、风门伺服电动

机位置等数据信息，进行存储、计算、比较、分析、判断，向各执行器发出相应的指令，各执行机构完成各自相应的工作，从而控制温度、湿度、风速、风向等各种参数，实现空调的制冷、制热、通风、净化、去湿、除霜等功能，以使车内温度保持最佳（人体感觉最舒适的温度），并将结果显示在仪表盘上。

（1）开环控制系统和闭环控制系统　开环控制系统是指输出端与输入端之间不存在反馈，也就是控制系统的输出量不对系统的控制产生任何影响的系统。开环控制系统不能检测误差，也不能校正误差，控制精度和抑制干扰的性能都比较差，而且对系统参数的变动很敏感。开环控制系统的优点是结构简单，比较经济。

闭环控制系统是基于反馈原理建立的自动控制系统。所谓反馈原理，就是根据系统输出变化的信息来进行控制，即通过比较系统行为（输出）与期望行为之间的偏差，并消除偏差以获得预期的系统性能。在反馈控制系统中，既存在由输入到输出的信号前向通路，也包含从输出端到输入端的信号反馈通路，两者组成一个闭合的回路。反馈控制系统又称为闭环控制系统。闭环控制系统在反馈控制系统中，不管出于什么原因（外部扰动或系统内部变化），只要被控制量偏离规定值，就会产生相应的控制作用去消除偏差。因此，它具有抑制干扰的能力，并能改善系统的响应特性。但反馈回路的引入增加了系统的复杂性，而且增益选择不当时会引起系统不稳定。

（2）自动空调温度控制过程　自动空调温度控制过程就是闭环控制过程。假设环境温度为35℃，设定温度为20℃，自动空调控制单元控制车内温度达到设定温度的过程如下：

1）快速降温阶段。由于环境温度远远大于设定温度，自动空调控制单元经过分析后，进行快速降温，比如让压缩机输出功率最大、鼓风机处于高转速、进气门处于内循环位置等。

2）正常温度下降阶段。随着时间的推移，车内温度逐渐下降，自动空调控制单元经过分析判断后，采取措施控制，从而让车内温度正常下降，比如空气混合门越来越远离最冷位置、鼓风机转速越来越慢等。

3）维持阶段。当车内温度接近设定温度后，自动空调控制单元采取降低压缩机输出功率、保持鼓风机转速不变等措施维持车内温度。

汽车自动空调的控制过程就是不断地按照系统设定的程序通过闭环控制反复修正的过程。

第二节　汽车自动空调传感器和执行器

一、汽车自动空调传感器

汽车自动空调常用的传感器有车内温度传感器、车外温度传感器、蒸发器温度传感器、温度和阳光照射红外传感器、空气质量传感器、烟度传感器等。图5-4所示为大众汽车自动空调传感器位置分布。

1. 车内温度传感器

车内温度传感器用来测量车内的空气温度。车内温度传感器大多采用负温度系数热敏电阻器来测量温度。负温度系数（Negative Temperature Coefficient，NTC）热敏电阻器。是以锰、钴、镍和铜等金属的氧化物为主要材料，采用陶瓷工艺制造而成的。这些金属氧化物材

料都具有半导体性质，因为在导电方式上完全类似锗、硅等半导体材料。温度低时，这些氧化物材料的载流子（电子和孔穴）数目少，所以其电阻值较高；随着温度的升高，载流子数目增加，所以电阻值降低。负温度系数热敏电阻器在室温下的变化范围为 100～1000000Ω，温度系数为-2%～-6.5%。负温度系数热敏电阻器广泛用于测温、控温、温度补偿等方面。负温度系数热敏电阻器特性曲线如图 5-5 所示。温度越高，电阻值越小。

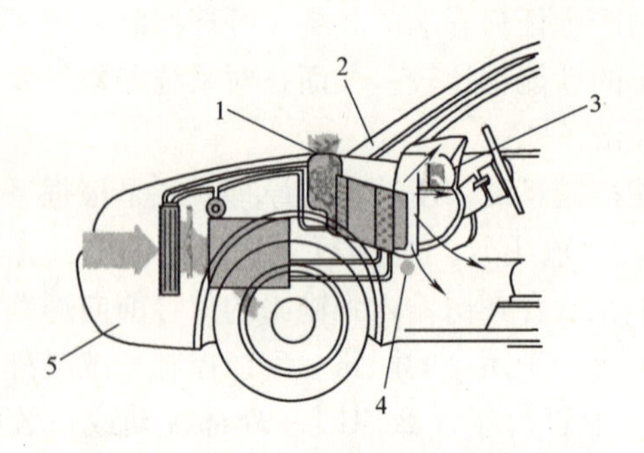

图 5-4 大众汽车自动空调传感器位置分布

1—进气温度传感器 2—日照光电传感器

3—车内温度传感器 4—脚部出风口温度传感器

5—车外温度传感器

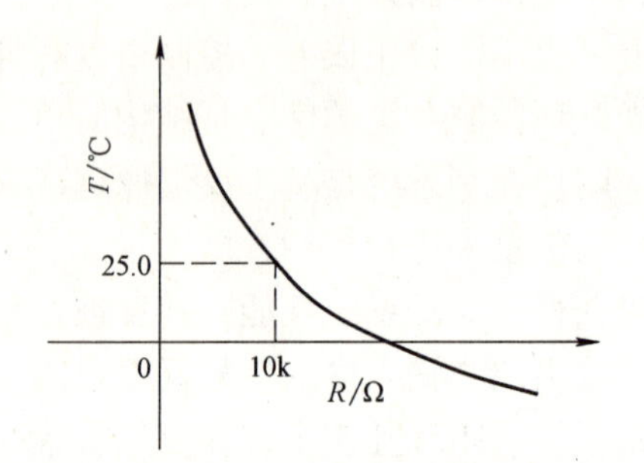

图 5-5 负温度系数热敏电阻器特性曲线

2. 车外温度传感器

车外温度传感器大多采用和车内温度传感器相同的负温度系数热敏电阻器。车外温度传感器用于测量实际的外部温度，控制单元按照这个温度信号来操纵温度翻板和新鲜空气鼓风机等工作。当检测到车外温度较低（温度为 15℃）时，空调压缩机自动停止工作。如果车外温度信号传感器失效，控制单元会使用新鲜空气进气道温度传感器的测量值来取代。

3. 仪表板温度传感器

图 5-6 所示为仪表板温度传感器，用于测量气流的温度。该传感器是一个采用负温度系数热敏电阻器的温度传感器，通过一个小鼓风机从车内吸取空气（见图 5-7），气流被小鼓风机吹到温度传感器表面以测量温度。如果该信号失效了，系统会默认 24℃来替代传感器信号，系统仍然可以工作。

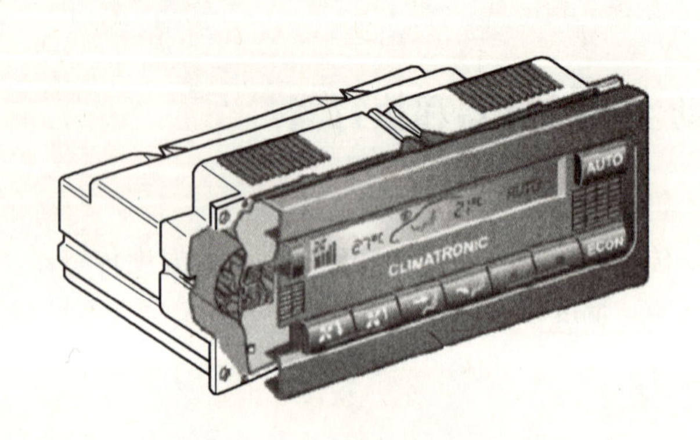

图 5-6 仪表板温度传感器

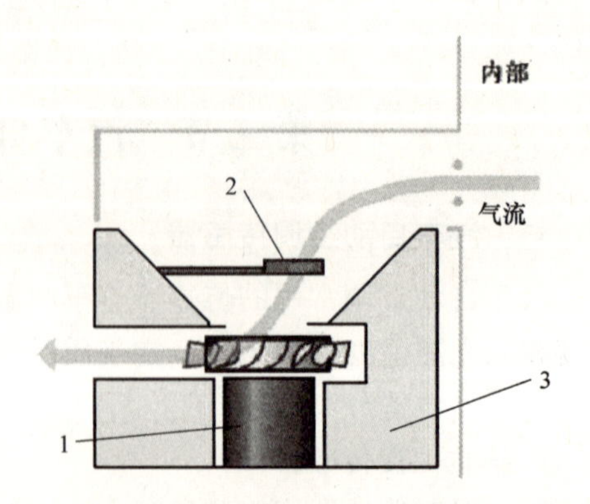

图 5-7 仪表板温度传感器工作原理

1—小鼓风机 2—温度传感器 3—传感器外壳

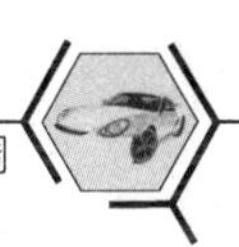

4. 温度和阳光照射红外传感器

如图 5-8 所示，温度和阳光照射红外传感器安装在自动空调控制单元上。该传感器实际上是一个集成了光敏二极管和负温度系数的光热传感器，光敏二极管的通电电流与阳光强度成正比，它可以测量温度，也可以测量太阳光的热辐射强度。图 5-9 所示为光敏二极管通电电流和日照强度的关系，日照强度越强，可以通过的电流越大。该传感器将温度和光强度信号传递给自动空调控制单元，自动空调控制单元对信号进行计算后，准确地给出驾驶室的实际温度。这样即使传感器表面温度受光照影响变得很快，自动空调控制单元仍然可以准确地计算出车内的实际温度。

图 5-8　温度和阳光照射红外传感器

5. 蒸发器温度传感器

蒸发器温度传感器的工作原理与车外温度传感器一样，采用负温度系数热敏电阻器。该传感器固定在蒸发器后面的风道上（见图 5-10），用来检测蒸发器（或者蒸发器出口附近）下游的空气温度。根据该传感器信号，自动空调控制单元可以精确地调节压缩机的功率或者改变风门的位置。如果没有该传感器的信号，自动空调控制单元就无法测量蒸发器后的空气温度，也就无法准确控制空调压缩机或者风门开度，导致蒸发器容易结冰。

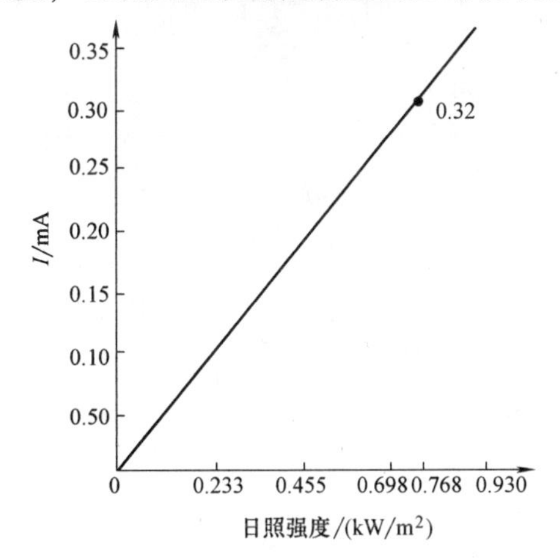

图 5-9　光敏二极管与日照强度关系

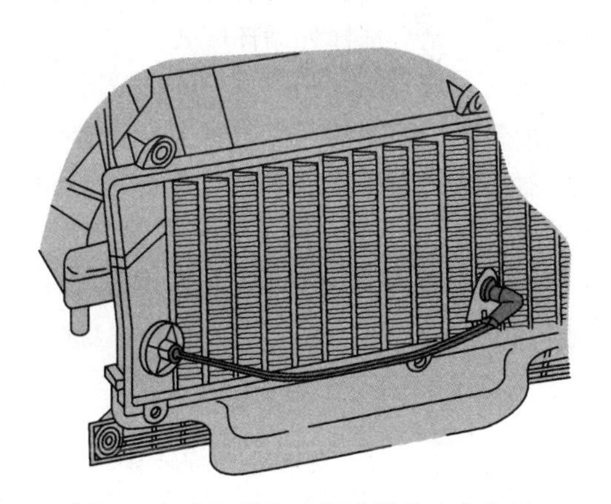
图 5-10　蒸发器温度传感器的安装位置

6. 日照光电传感器

日照光电传感器主要用于获取车内驾乘人员身上的阳光强度信息，给自动空调控制单元提供信号。该传感器一般安装在车内前风窗玻璃左右两侧，有的车辆只有一个，安装在中控台中间位置，风窗玻璃下面。如图 5-11 所示，日照光电传感器由光敏二极管（两个）、滤光镜、光学元件等组成。该光学元件分为两个腔室，每个腔室中有一个二极管，如图 5-11 所示。

日照光电传感器的工作原理：光线通过滤光镜后，会过滤掉一部分，剩余的光线通过特

殊的光学元件会产生正反射和回归反射。在镜面和玻璃平面上，光会以与入射角相同的角度反射，称为正反射。如果面向三面直角棱镜投光，将反复进行正反射，最终的反射光将向投光的反方向行进，这样的反射称为回归反射。多数回归反射板都是由三面直角棱镜按规律排列而构成的。日照光电传感器的一个核心元件就是光学元件。光敏二极管是在反向电压作用下工作的，与普通二极管相反。没有光照时，反向电流极其微弱，称为暗电流；有光照时，反向电流迅速增大到几十微安，称为光电流。光的强度越大，反向电流也越大。光的变化引起光敏二极管电流变化，这就可以把光信号转换成电信号，通过滤光镜和光学元件的光线强度不同，使两个腔室内的光敏二极管电流大小不同，这就是日照光电传感器的工作原理。

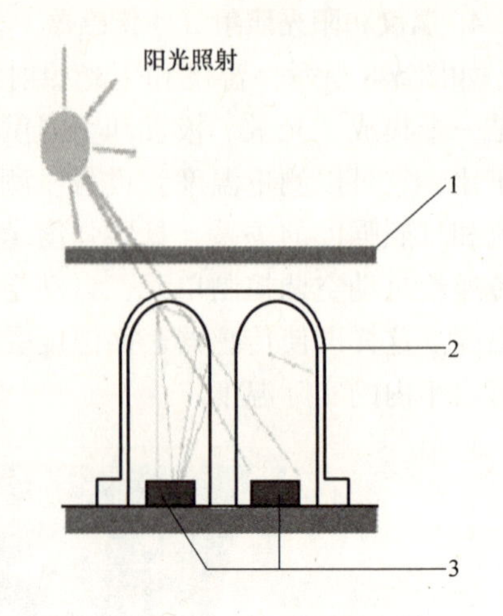

图 5-11　日照光电传感器工作原理

1—滤光镜　2—光学元件　3—光敏二极管

如果一个光敏二极管失效，则使用另外一个光敏二极管。如果两个光敏二极管都失效，则使用固定的替代值。

7. 空气质量传感器

如图 5-12 所示，空气质量传感器安装在前风窗玻璃的流水槽下面。空气质量传感器用来检测车外空气中的有害气体。如果车外有害气体浓度较高，则自动空调控制单元转换成内循环模式；如果车外有害气体浓度降低，则自动空调控制单元会选择外循环模式。

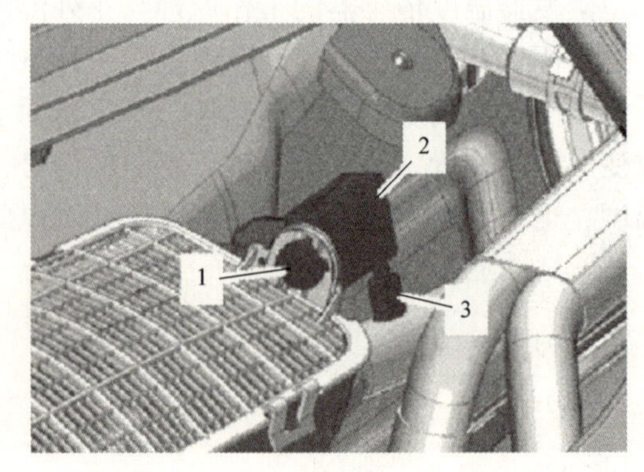

图 5-12　空气质量传感器安装位置

1—空气质量传感器　2—空气质量传感器模块　3—插头

如图 5-13 所示，空气质量传感器是一个混合氧传感器，使用的是半导体技术。空气质量传感器的精度因催化添加物铂、铑的数量增加而提高。空气质量传感器的工作温度为 350℃左右，其功率大约为 0.5W。该传感器工作原理和氧传感器类似。如果该传感器出现故障，自动空气再循环功能不可用。

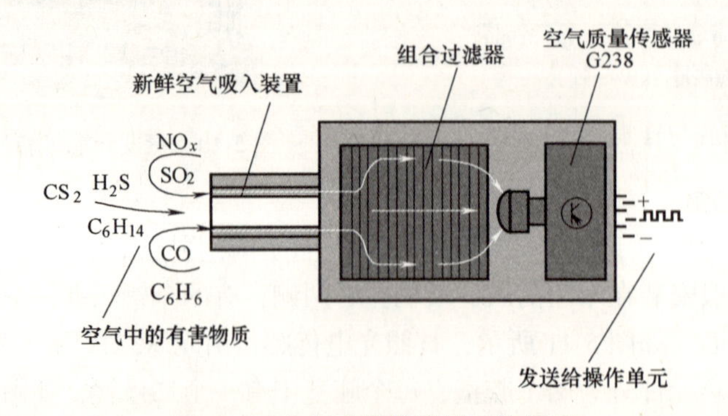

图 5-13　空气质量传感器工作原理

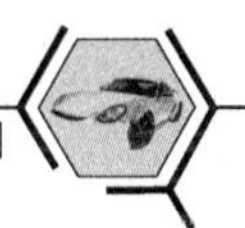

8. 空气湿度传感器

图 5-14 所示为空气湿度传感器总成，主要由空气温度传感器、空气湿度传感器、空气质量传感器三个传感器组成。空气湿度传感器通过对新鲜空气湿度、前风窗玻璃湿度和温度进行检测，对制冷量、出风口、风量等进行调节，防止车内玻璃起雾。空气湿度传感器是一个高度灵敏的电子部件，如果接触了燃油和某些化合物，可能损坏。空气湿度传感器安装在前风窗玻璃前部流水槽中间部位，其工作范围如图 5-15 所示。

图 5-14　空气湿度传感器总成
1—空气温度传感器　2—空气湿度传感器　3—空气质量传感器

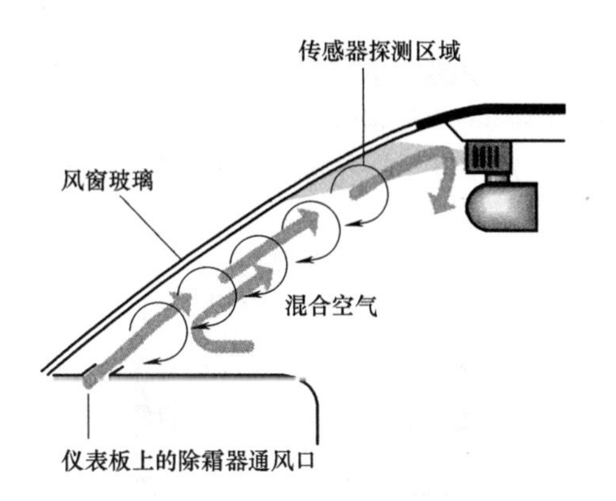

图 5-15　空气湿度传感器工作范围

空气湿度传感器通过测量风窗玻璃温度、空气湿度以及测量湿度位置的相关内部温度来检测风窗玻璃是否起雾。

工作原理：当空气湿度小时，电容器间的导电性能差，电压表读数小，如图 5-16 所示；当空气湿度大时，水分改变了电介质的电气特性，从而改变电容器的电容量，就可以测量出空气的湿度，如图 5-17 所示。传感器电子装置将所测量的电容值转变成电信号送给自动空调控制单元。

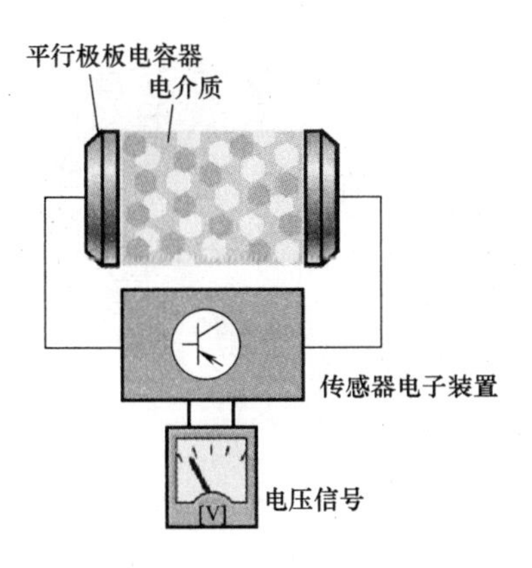

图 5-16　干燥空气在空气湿度传感器的电容器之间

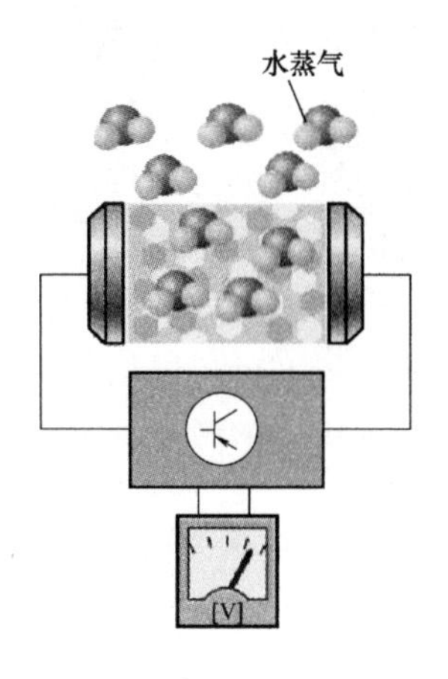

图 5-17　大量水蒸气在空气湿度传感器的电容器之间

9. 前风窗玻璃温度检测传感器

前风窗玻璃温度检测传感器广泛采用红外线测量温度。红外辐射俗称红外线，它是一种不可见光，由于位于可见光中红色光外，故称为红外线。它的波长在 0.76～1000μm 之间。红外辐射的本质是热辐射，任何物体只要它的温度高于绝对零度（-273℃），就会向外部空间以红外线的方式辐射能量，物体向外辐射的能量大部分是通过红外辐射这种形式来实现的。物体的温度越高，辐射出来的红外线越多，辐射的能量就越强。另一方面，红外线被物体吸收后可以转化成热能。

红外测温传感器的工作原理：利用红外辐射的热效应，前风窗玻璃的温度不同，其辐射能力则不同。如图 5-18 所示，车内温度低时，传感器接受的热辐射少，反射回去的信号就弱。如图 5-19 所示，车内温度高，热辐射大，玻璃热辐接收到的红外线被传感器接收的就多，信号就强。

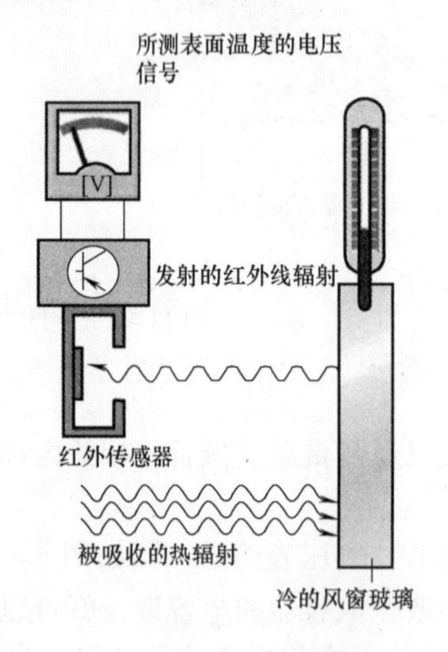

图 5-18　前风窗玻璃温度较低时

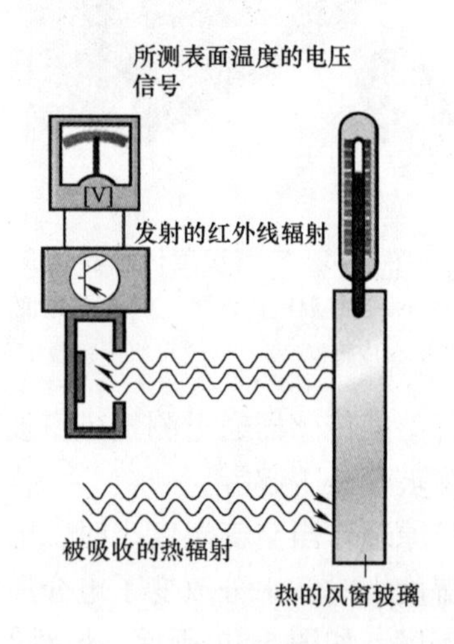

图 5-19　前风窗玻璃温度较高时

二、汽车自动空调执行器

执行器主要包括控制伺服电动机、鼓风机及压缩机电磁阀等。执行器接收控制单元的输出信号，将其转化成位移、角度、转速等，从而实现过程的自动控制。自动空调的伺服电动机就是执行器的一种，多了对角度信号的反馈。对角度的准确反馈方法较常见的是电位计。

1. 速滞风门

图 5-20 所示为速滞风门的安装位置。速滞风门的作用是控制翻板风门，保持车辆在高速行驶时车内的风量恒定。通电时不能随意拔下插头，在拆卸一个以上或者伺服电动机后需要重新进行匹配。

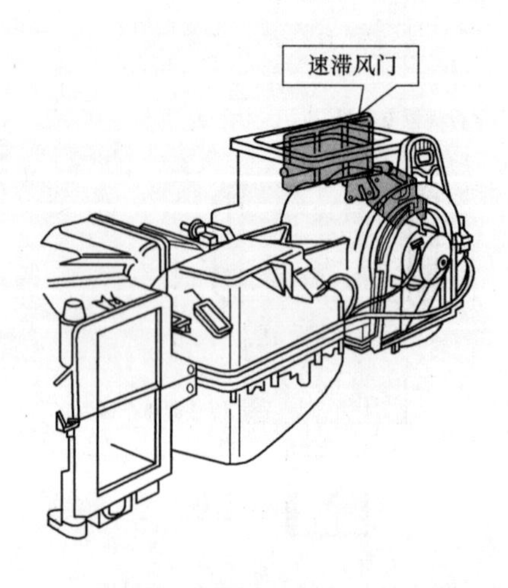

图 5-20　速滞风门的安装位置

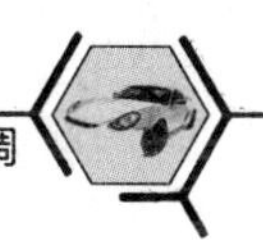

如图 5-21 所示，速滞风门主要由伺服电动机及插座、主动齿轮和风门传动齿轮组成。伺服电动机带动主动齿轮转动，主动齿轮驱动风门传动齿轮，从而控制速滞风门的开度。

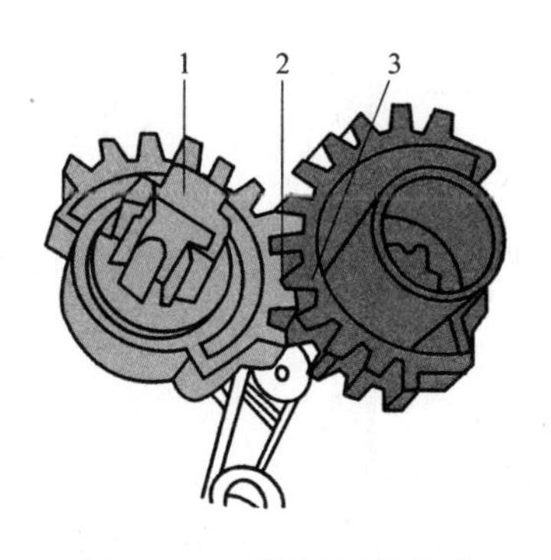

图 5-21　速滞风门的构造
1—伺服电动机插座　2—主动齿轮
3—风门传动齿轮

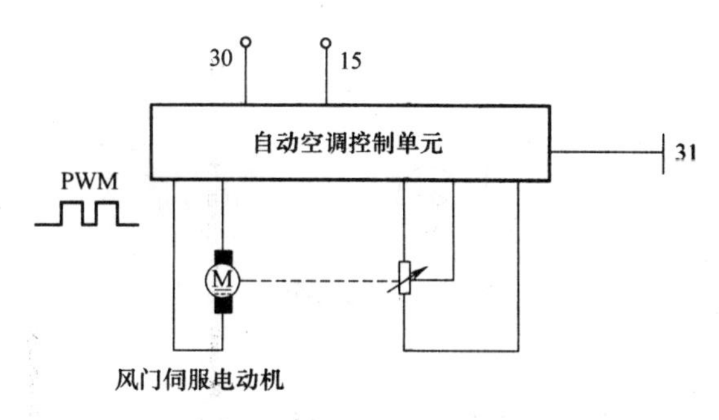

图 5-22　风门伺服电动机控制原理

2. 伺服电动机的控制

图 5-22 所示为自动空调风门伺服电动机控制原理。伺服电动机由自动空调控制单元输出 PWM 占空比信号进行控制。PWM 又称脉冲宽度调制，是一种模拟控制方法。PWM 控制技术利用半导体的导通和断开，把直流电压变成脉冲方波，控制电压脉冲的周期和宽度。单片机控制单元通过输出不同的 PWM 信号可以实现对直流电动机的加速、减速、正转、反转、停止的控制。

自动空调控制单元通过 PWM 信号控制风门伺服电动机的转动角度，带动主动齿轮转动，从而带动风门齿轮转动。伺服电动机转动一个角度，通过电位计反馈给自动空调控制单元，并不断修正，直到将风门调整到合适位置，最终实现精确控制。

鼓风机、电磁阀等执行器的控制方法与此类似，有的不是直接反馈，比如控制压缩机输出功率的电磁阀是通过制冷系统压力传感器进行反馈的，虽然不是直接反馈，但原理基本相同。

第三节　上海大众途观汽车自动空调电路

一、上海大众途观汽车自动空调电路图

上海大众途观汽车自动空调电路图如图 5-23 所示。

二、上海大众途观汽车自动空调控制分析

图 5-24 所示为上海大众途观汽车自动空调控制原理简图。下面结合上海大众途观汽车自动空调电路图对其自动空调电控系统进行分析。

1. 自动空调的控制过程

起动发动机，按下空调器开关 E30，汽车自动空调控制单元 J255 接收到空调器开关 E30 信号的同时，收集高压传感器 G65、阳光照射光电传感器 G107、日照光电传感器 G134、左

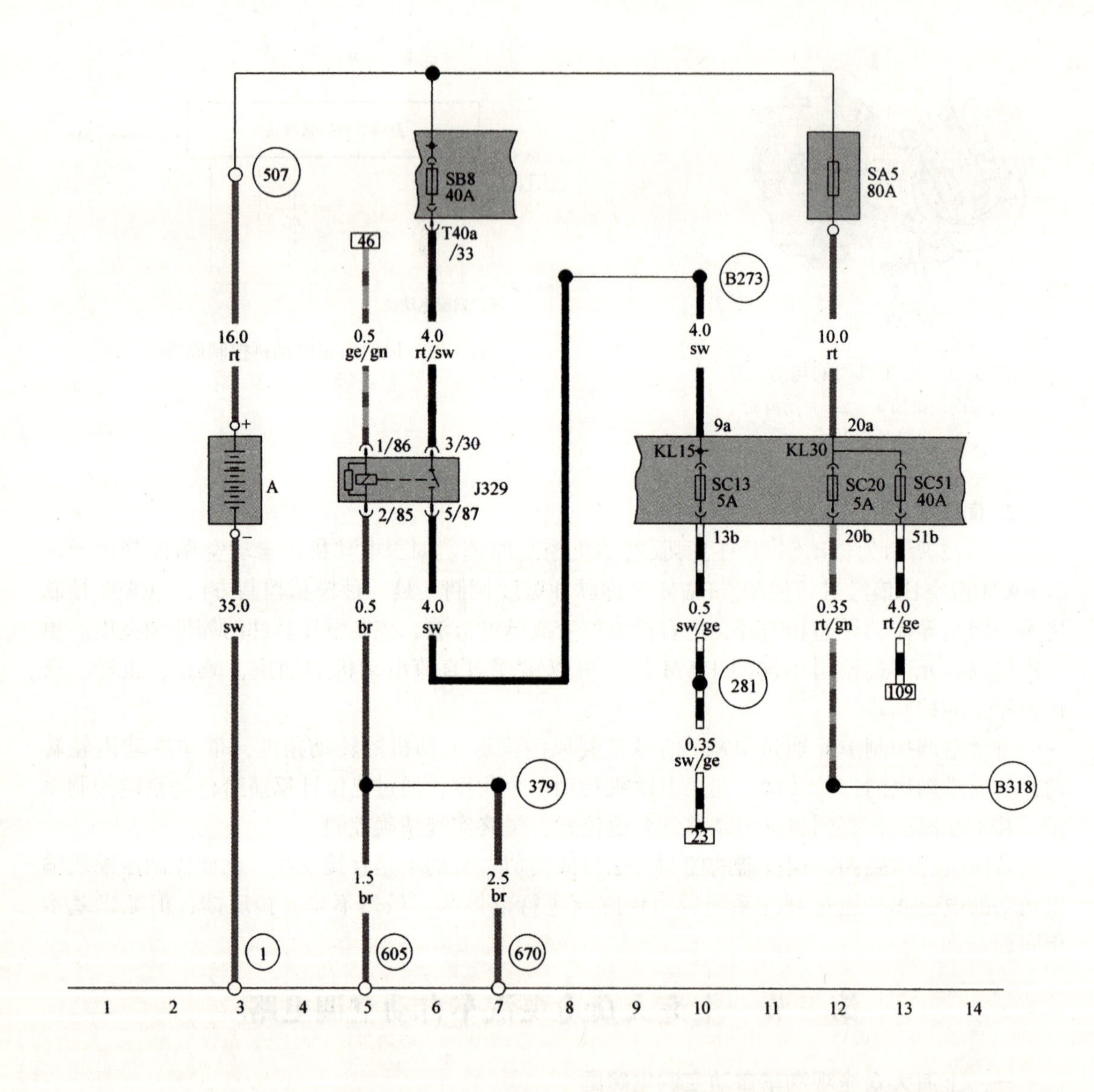

A—蓄电池　J329—端子 15 供电继电器　SA5—熔丝架 A 上的熔丝 5　SB8—熔丝架 B 上的熔丝 8　SC13—熔丝架 C 上的熔丝 13　SC20—熔丝架 C 上的熔丝 20　SC51—熔丝架 C 上的熔丝 51　T40a—40 芯插头连接

①—接地带，蓄电池—车身　(281)—接地连接，在发动机预接线导线束中　(379)—接地连接，在主导线束中　(507)—螺栓连接（30），在蓄电池熔丝座上　(605)—接地点，在上部转向柱上　(670)—接地点 2，在左侧 A 柱上　(B273)—正极连接（15），在主导线束中　(B318)—正极连接 4（30a），在主导线束中

图 5-23　上海大众途观

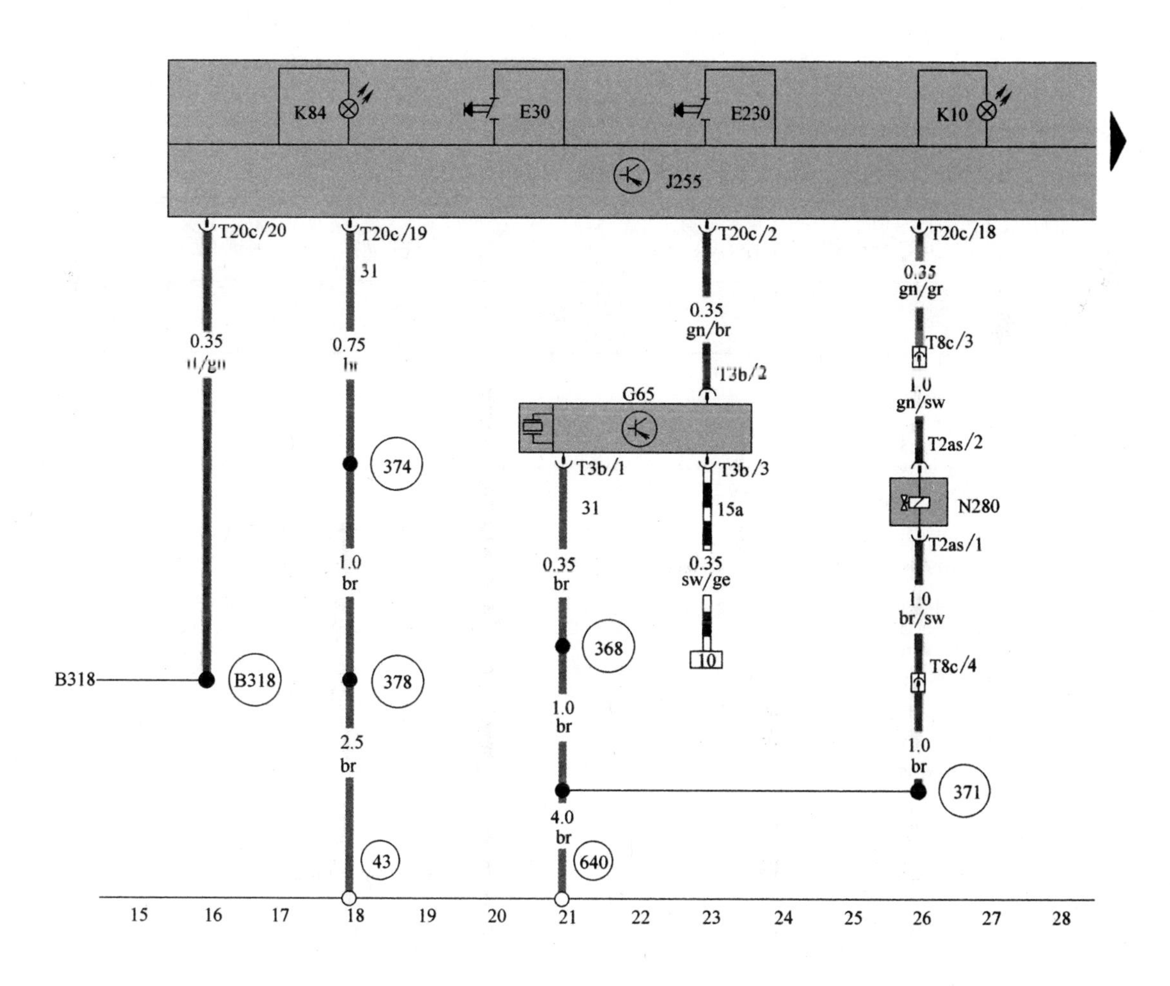

E30—空调器开关　E230—可加热后窗玻璃按钮　G65—高压传感器　J255—自动空调控制单元　K10—可加热后窗玻璃指示灯　K84—空调器指示灯　N280—空调压缩机调节阀　T2as—2 芯插头连接　T3b—3 芯插头连接　T8c—8 芯插头连接　T20c—20 芯插头连接　㊸—接地点，在右侧 A 柱下部　㊳㊳368—接地连接 3，在主导线束中　371—接地连接 6，在主导线束中　374—接地连接 9，在主导线束中　378—接地连接 13，在主导线束中　640—接地点，在发动机舱内左侧　B318—正极连接 4（30a），在主导线束中

汽车自动空调电路图

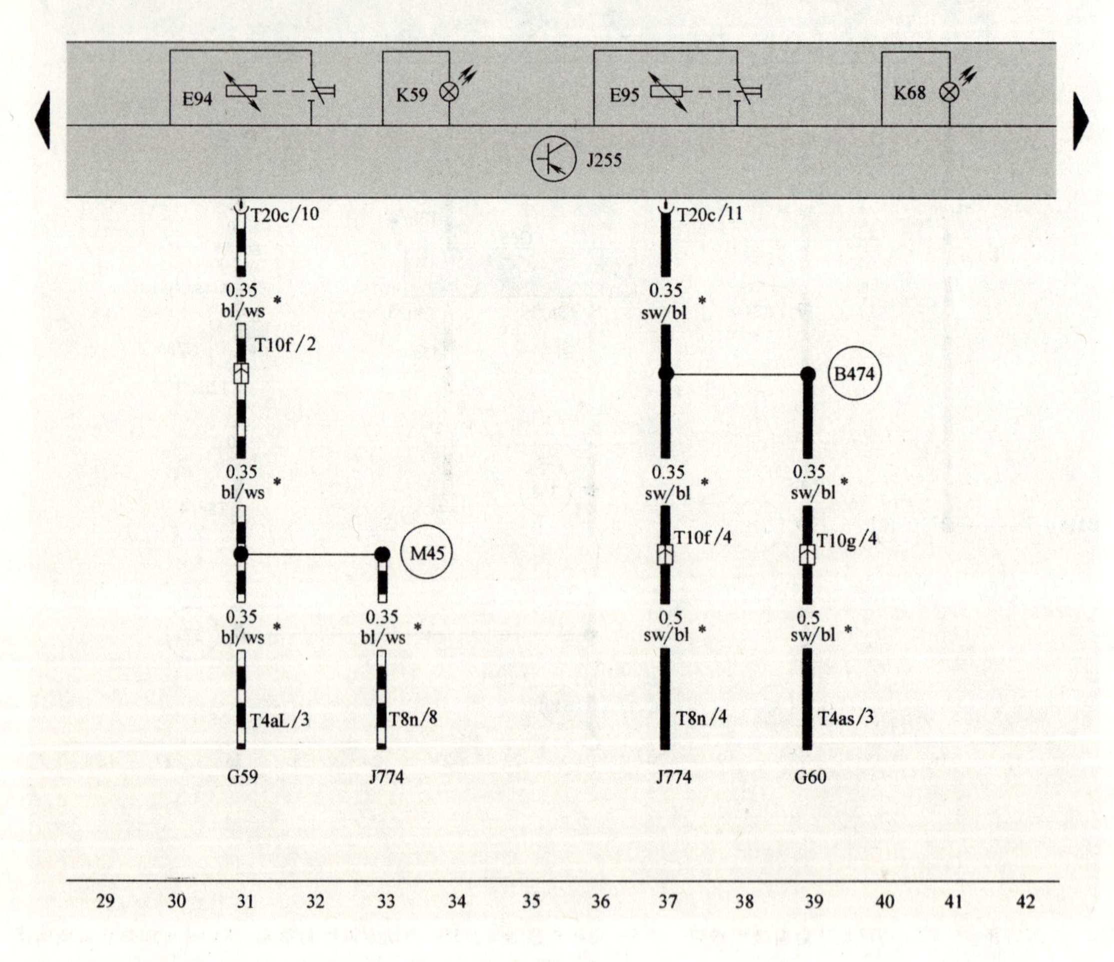

E94—可加热驾驶人座椅调节器　E95—可加热副驾驶人座椅调节器　G59—驾驶人座椅温度传感器　G60—副驾驶人座椅温度传感器　J255—自动空调控制单元　J774—可加热前座椅控制单元　K59—可加热驾驶人座椅指示灯　K68—可加热副驾驶人座椅指示灯　T4aL—4 芯插头连接　T4as—4 芯插头连接　T8n— 8 芯插头连接　T10f—10 芯插头连接　T10g—10 芯插头连接　T20c—20 芯插头连接　(B474)—连接 10，在主导线束中　(M45)—连接 5，在驾驶人侧座椅导线束中　*—仅适用于带座椅加热的汽车

图 5-23　上海大众途观汽车

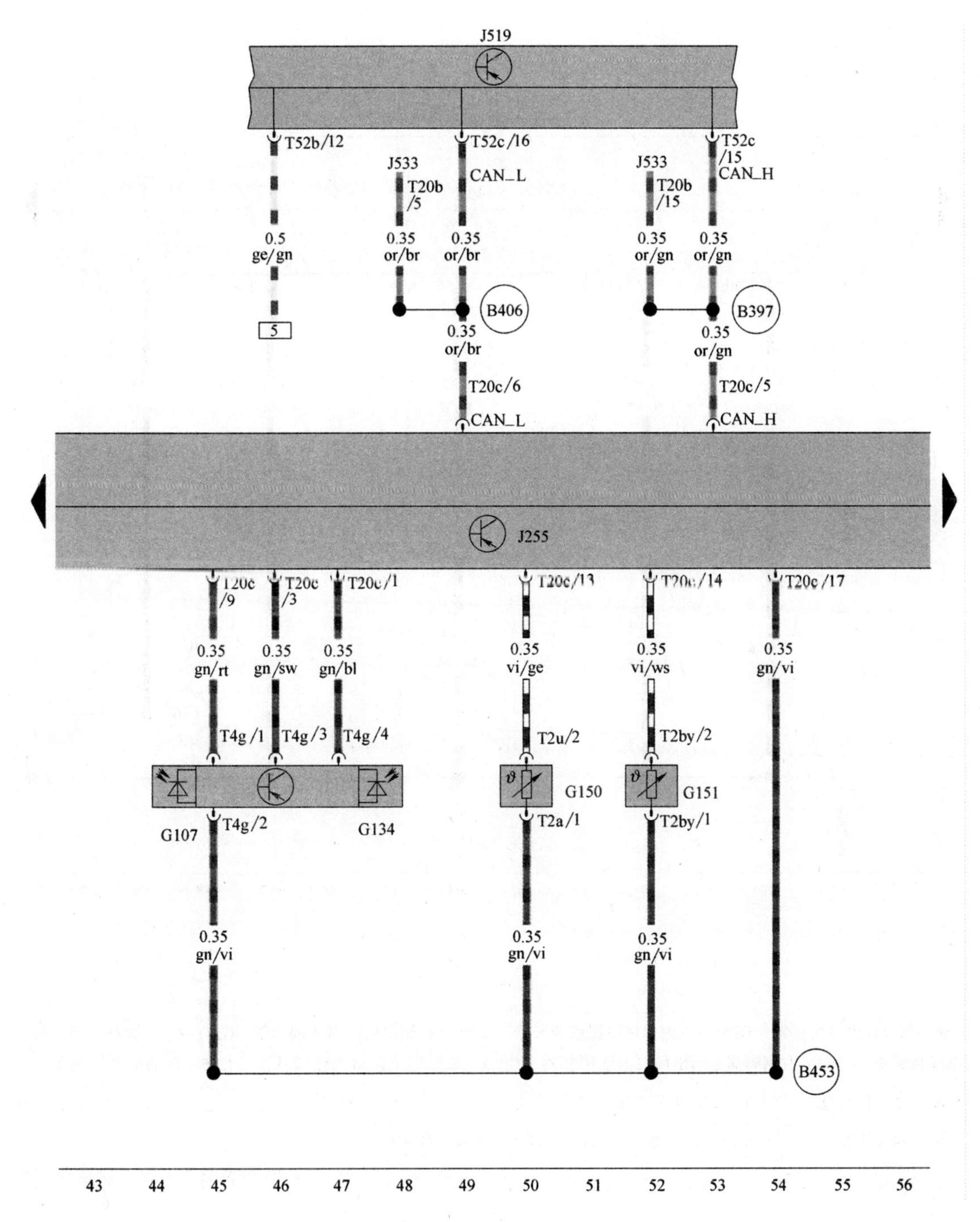

G107—阳光照射光电传感器　G134—日照光电传感器 2　G150—左侧出风口温度传感器　G151—右侧出风口温度传感器　J255—自动空调控制单元　J519—汽车电子控制单元　T2by—2 芯插头连接　T2u—2 芯插头连接　T4g—4 芯插头连接　T20b—20 芯插头连接　T20c—20 芯插头连接　T52b—52 芯插头连接　T52c—52 芯插头连接　(B397)—连接 1（舒适/便捷系统 CAN 总线，High），在主导线束中　(B406)—连接 1（舒适/便捷系统 CAN 总线，Low），在主导线束中　(B453)—连接 1（传感器），在主导线束中

自动空调电路图（续）

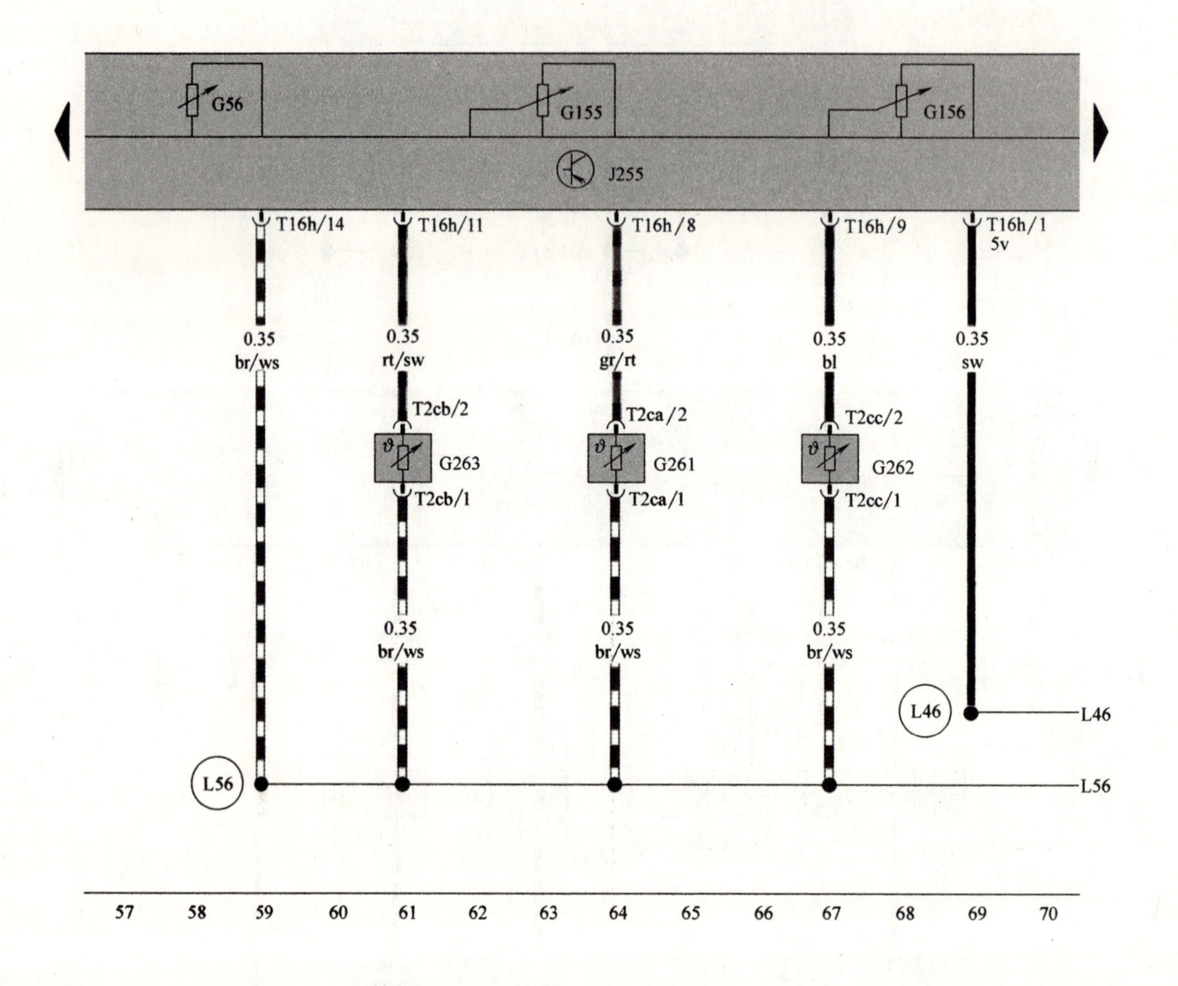

G56—仪表板温度传感器　G155—左侧出风口温度调节器　G156—右侧出风口温度调节器　G261—左侧脚部空间出风口温度传感器　G262—右侧脚部空间出风口温度传感器　G263—蒸发器出风口温度传感器　J255—自动空调控制单元　T2ca—2芯插头连接　T2cb—2芯插头连接　T2cc—2芯插头连接　T16h—16芯插头连接　(L46)—连接（5V），在自动空调操纵导线束中　(L56)—连接（传感器），在自动空调操纵装置导线束中

图5-23　上海大众途观汽车

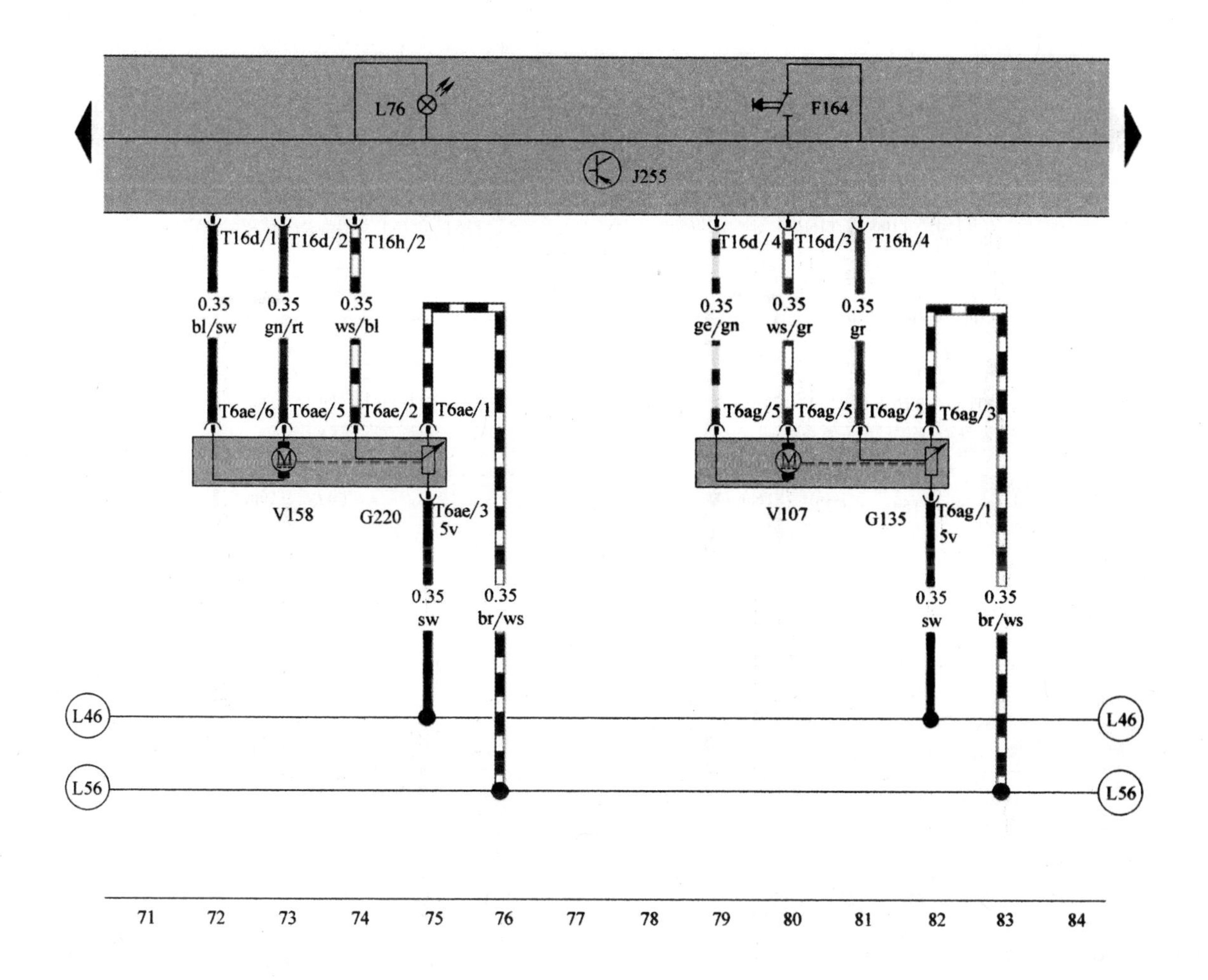

F164—除霜器运行开关　G135—除霜风门伺服电动机电位计　G220—左侧温度风门伺服电动机电位计　J255—自动空调控制单元　L76—按钮照明灯　T6ae—6芯插头连接　T6ag—6芯插头连接　T16d—16芯插头连接　T16h—16芯插头连接　V107—除霜风门伺服电动机　V158—左侧温度风门伺服电动机　(L46)—连接（5V），在自动空调操纵导线束中　(L56)—连接（传感器），在自动空调操纵装置导线束中

自动空调电路图（续）

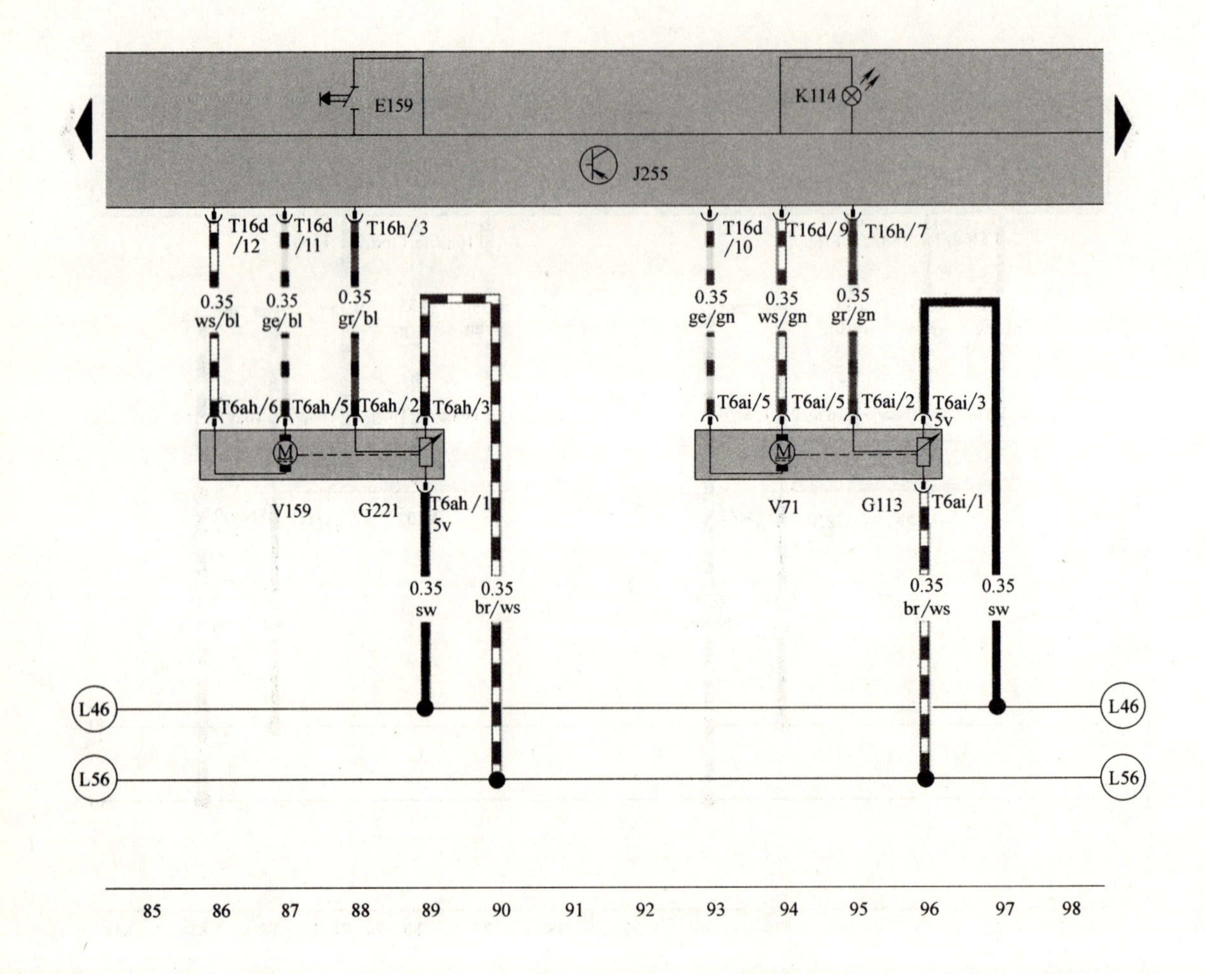

E159—新鲜空气和循环空气风门开关　G113—速滞压力风门伺服电动机电位计　G221—右侧温度风门伺服电动机电位计　J255—自动空调控制单元　K114—新鲜空气和车内空气循环运行模式指示灯　T6ah—6 芯插头连接　T6ai—6 芯插头连接　T16d—16 芯插头连接　T16h—16 芯插头连接　V71—速滞压力风门伺服电动机　V159—右侧温度风门伺服电动机　(L46)—连接（5V），在自动空调操纵导线束中　(L56)—连接（传感器），在自动空调操纵装置导线束中

图 5-23　上海大众途观汽车

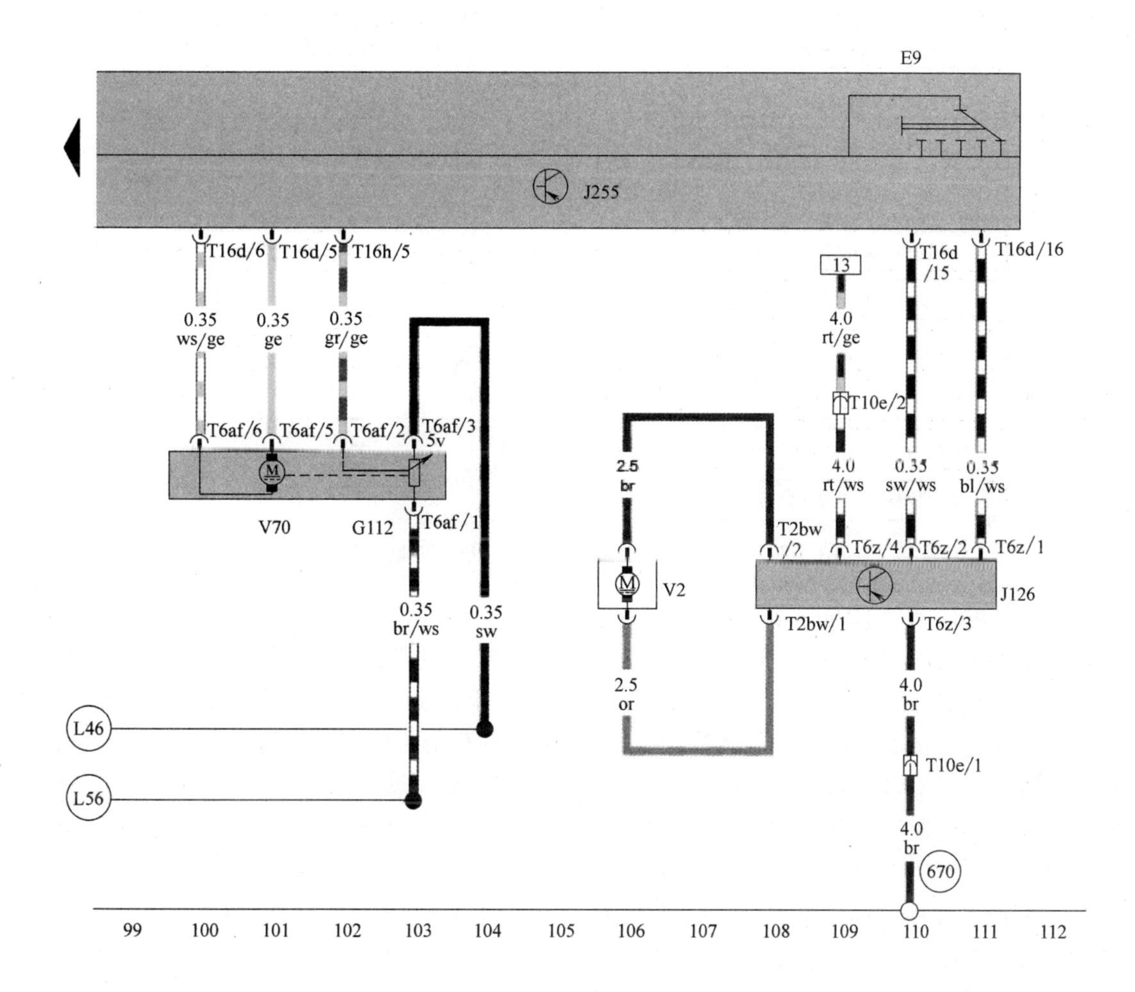

E9—新鲜空气鼓风机开关　G112—中央风门伺服电动机电位计　J126—新鲜空气鼓风机控制单元　J255—自动空调控制单元　T2bw—2 芯插头连接　T6af—6 芯插头连接　T6z— 6 芯插头连接　T10e—10 芯插头连接　T16d—16 芯插头连接　T16h—16 芯插头连接　V2—新鲜空气鼓风机　V70—中央风门伺服电动机　⑹⑺⑽—接地点 2，在左侧 A 柱上　(L46)—连接（5V），在自动空调操纵导线束中　(L56)—连接（传感器），在自动空调操纵装置导线束中

自动空调电路图（续）

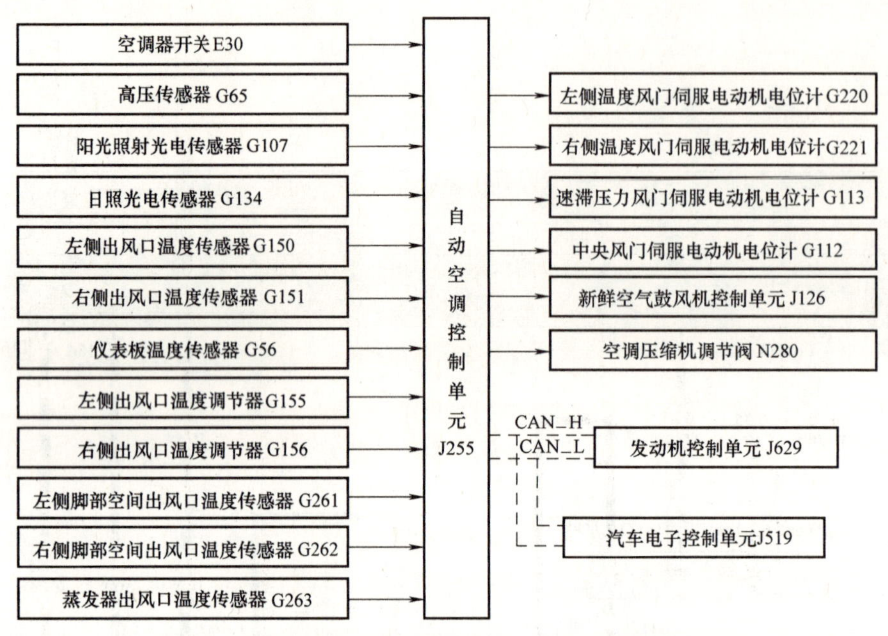

图 5-24　上海大众途观汽车自动空调控制原理简图

侧出风口温度传感器 G150、右侧出风口温度传感器 G151、仪表板温度传感器 G56、左侧出风口温度调节器 G155、右侧出风口温度调节器 G156、左侧脚部空间出风口温度传感器 G261、右侧脚部空间出风口温度传感器 G262、蒸发器出风口温度传感器 G263 的信号，经过比较、计算后接通空调压缩机调节阀 N280，压缩机开始工作，高压传感器不断地把制冷系统压力信号送给自动空调控制单元，不断调整空调压缩机调节阀 N280 的开度，从而控制制冷负荷，同时通过控制左侧温度风门伺服电动机、右侧温度风门伺服电动机、速滞压力风门伺服电动机、中央风门伺服电动机来控制风门的开度，其左侧温度风门伺服电动机电位计 G220、右侧温度风门伺服电动机电位计 G221、速滞压力风门伺服电动机电位计 G113、中央风门伺服电动机电位计 G112 把反馈信号送给自动空调控制单元，不断地闭环控制，直到环境温度达到最佳状态。

同时，新鲜空气鼓风机控制单元 J126 自动控制鼓风机按设定的占空比数据工作。当人为选择鼓风机的不同档位时，自动空调控制单元放弃鼓风机自动控制模式，进入人为控制过程，具体如下：

1）新鲜空气鼓风机开关 E9 不同的档位会给自动空调控制单元 J255 不同的电信号。自动空调控制单元 J255 接收到 E9 的信号后，根据内部的程序，通过 T16d/15 针脚给新鲜空气鼓风机控制单元 J126 的针脚 T6z/2 提供占空比信号，J126 通过 T2bw/1 和 T2bw/2 两个针脚为新鲜空气鼓风机 V2 供电，并控制其转速。新鲜空气鼓风机开关 E9 档位越高，新鲜空气鼓风机 V2 的转速就越高；反之，转速降低。

2）新鲜空气鼓风机 V2 正常工作后，会通过 J126 的 T6z/1，送给自动空调控制单元 J255 的 T16d/16 针脚反馈电压（参见表 5-4 的反馈波形）。如果自动空调控制单元 J255 接到正确的反馈占空比，说明系统正常；如果接收不到反馈占空比信号，或者占空比信号错误，则会根据原定的程序把故障码存储下来，为检修做准备。同时，起动应急程序，系统会以默

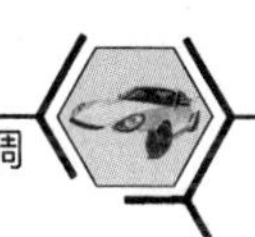

认的转速让新鲜空气鼓风机 V2 转动，保持空调可以继续运行。

2. 制冷系统工作时，散热风扇自动控制过程

如图 5-25 所示。发动机控制单元 J629 根据冷却液温度传感器信号和制冷剂压力传感器信号，通过 LIN 总线向散热器风扇控制单元 J293 发送脉宽信号，散热器风扇控制单元 J293 根据脉宽信号的大小控制风扇的转速。发动机控制单元 J629 可以通过脉宽信号起动散热器风扇控制单元 J293。如果发动机控制单元 J629 没有收到来自自动空调控制单元 J255 的 CAN 总线信息，则在 100%脉宽调制时起动散热器风扇，以应对紧急情况。当点火开关打开时，散热器风扇控制单元 J293 接收到一个 10%脉宽调制信号。但是，在 10%脉宽调制时不会起动散热器风扇，此基础信号发送给散热器风扇控制单元 J293，用于确认是否有信号连接至发动机控制单元 J629。如果 10%脉宽调制信号不存在，散热器风扇控制单元 J293 会应急运行风扇至 100%。当冷却液温度传感器和制冷剂压力传感器有故障时，大约 100%脉宽调制信号发送给散热器风扇控制单元 J293，散热器风扇控制单元 J293 控制散热器风扇电动机以固定的速度运转，以保证发动机冷却系统散热正常。

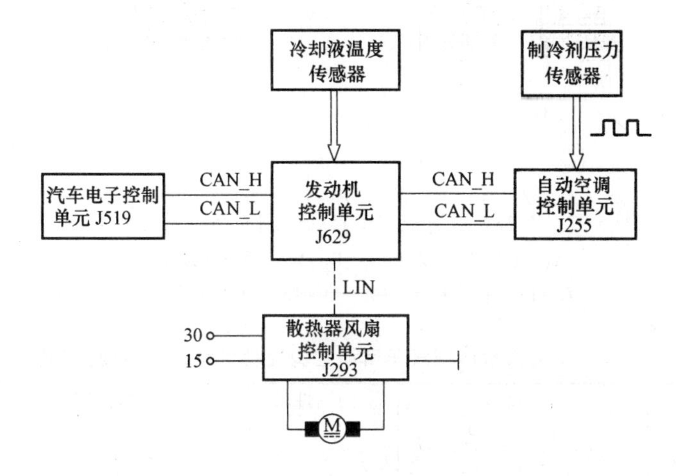

图 5-25　发动机控制单元管理散热器风扇

3. 座椅加热功能

图 5-26 为副驾驶座椅加热原理简图。当按下可加热副驾驶人座椅调节器 E95 开关时，自动空调控制单元 J255（插头见图 5-27，针脚定义见表 5-2）接到该信号后，通过 LIN 总线为可加热前座椅控制单元 J774 提供信号，使蓄电池通过 30 端子对座椅加热电阻丝加热，同时通过检测座椅温度传感器的信号，判断座椅加热程度。如果蓄电池电压过低，汽车电子控制单元 J519 会通过 LIN 总线通知可加热前座椅控制单元 J774 停止加热，以防止蓄电池电压过低。上海大众途观汽车电子控制

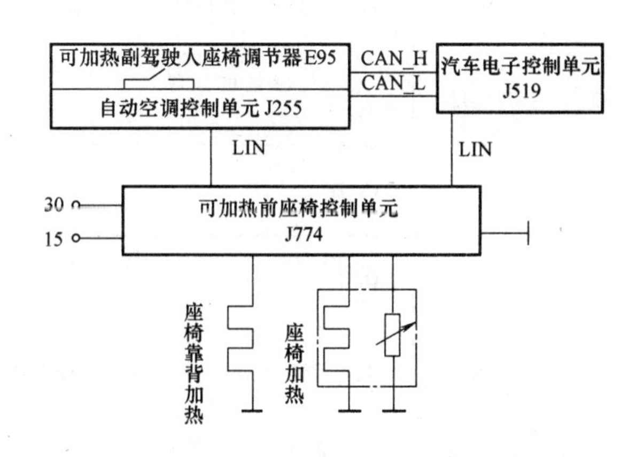

图 5-26　副驾驶座椅加热原理简图

单元 J519 的插头如图 5-28 所示，汽车电子控制单元 J519 的针脚见表 5-3，自动空调控制单元 J255 测量参考波形见表 5-4。

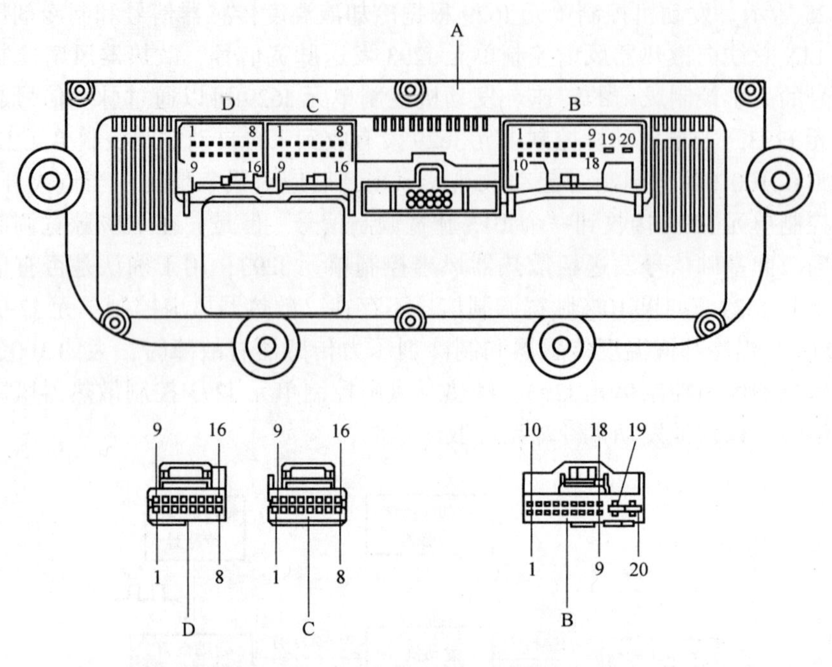

图 5-27　上海大众途观汽车自动空调控制单元 J255 插头

A—自动空调控制单元　B—20 芯插头连接 T20c

C—16 芯插头连接 T16h　D—16 芯插头连接 T16d

表 5-2　上海大众途观汽车自动空调控制单元 J255 针脚定义

针脚	信号对象	针脚定义	性质	信号范围	典型值
T20c/1	G107/G134	光照传感器的反馈信号	直流	0~0.5V	0.3V
T20c/2	G65	G65 给 J255 反馈信号	输出矩形波	2.1~5V	3V(0.84MPa)
T20c/3	G107/G134	光照传感器的反馈信号	直流	0~0.5V	0.3V
T20c/5		CAN_H			
T20c/6		CAN_L			
T20c/9	G107/G134	光照传感器供电	直流输入	0~5V	5V
T20c/10	G59/J774	对座椅加热的反馈及控制信号	直流输入	0~10V	5.8V(1 档)
T20c/11	J774/G60	对座椅加热的反馈及控制信号	直流输入	0~10V	5.8V(1 档)

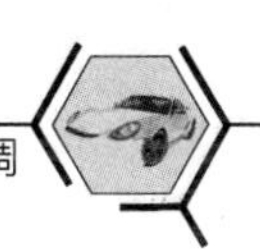

（续）

针脚	信号对象	针脚定义	性质	信号范围	典型值
T20c/13	G150	左侧出风口温度传感器的反馈信号	直流信号	2～5V	3.8V
T20c/14	G151	右侧出风口温度传感器的反馈信号	直流信号	2～5V	3.8V
T20c/17	J255	传感器接地			
T20c/18	N280	J255 对 N280 占空比控制	输入矩形波（占空比）	0～10V	6.5V
T20c/19	J255	J255 接地	直流		
T20c/20	J255	30 号供电电源	直流	发电电压	
T16h/1	J255	给风门电动机电位计供电	直流	0/5V	5V
T16h/2	G220	左侧温度风门电动机电位计反馈信号	直流反馈信号	0.2～4.8V	0.5V（冷），4.5V（热）
T16h/3	G221	右侧温度风门电动机电位计反馈信号	直流反馈信号	0.2～4.8V	0.5V（冷），4.5V（热）
T16h/4	G135	除霜风门电动机电位计反馈信号	直流反馈信号	0.2～4.8V	2.2V（半开），4.5V（全开）
T16h/5	G112	中央风门电动机电位计反馈信号	直流反馈信号	0.2～4.8V	0.5V（除霜全开），1.7V（除霜和脚部开启），2.9V（脚部出风），4.5V（中央出风）
T16h/7	G113	内外循环电动机电位计反馈信号	直流反馈信号	0.5V/2.2V/4.5V	0.5V（内循环），2.2V（外循环 50%），4.5V（外循环 100%），在设置目标温度为最低时强制切换为内循环，在 100% 除霜时强制切换为外循环
T16h/8	G261	左侧脚部空间出风口温度传感器反馈信号	直流反馈信号 负温度系数热敏电阻	0～5V	4.0V，1V
T16h/9	G262	右侧脚部空间出风口温度传感器反馈信号	直流反馈信号，负温度系数电阻	0～5V	4.0V，1V
T16h/11	G263	蒸发器出风口温度传感器反馈信号	直流反馈信号，负温度系数热敏电阻	1～3V	2.2V
T16h/14	J255	传感器接地			
T16d/1	V158	左侧出风口风门电动机供电/接地	矩形方波（占空比）	0～12V	12V（调节速度快）

（续）

针脚	信号对象	针脚定义	性质	信号范围	典型值
T16d/2	V158	左侧出风口风门电动机接地/供电	矩形方波（占空比）	0～12V	12V（调节速度快）
T16d/3	V107	除霜风门电动机供电/接地	直流开关信号	0/12V	12V
T16d/4	V107	除霜风门电动机接地/供电	直流开关信号	0/12V	12V
T16d/5	V70	中央风门电动机接地/供电	直流开关信号	0/12V	12V
T16d/6	V70	中央风门电动机供电/接地	直流开关信号	0/12V	12V
T16d/10	V71	内外循环电动机供电/接地	直流开关信号	0/12V	12V
T16d/11	V159	右侧出风口风门电动机接地/供电	矩形方波（占空比）	0～12V	12V（调节速度快）
T16d/12	V159	右侧出风口风门电动机供电/接地	矩形方波（占空比）	0～12V	12V（调节速度快）
T16d/15	J126	对鼓风机控制单元的控制信号（档位调节）	矩形方波（占空比）	0～12V	鼓风机转速加快，波形频率加快
T16d/16	J126	鼓风机控制单元反馈信号	矩形方波（占空比）	12V	档位改变时有一个脉冲信号

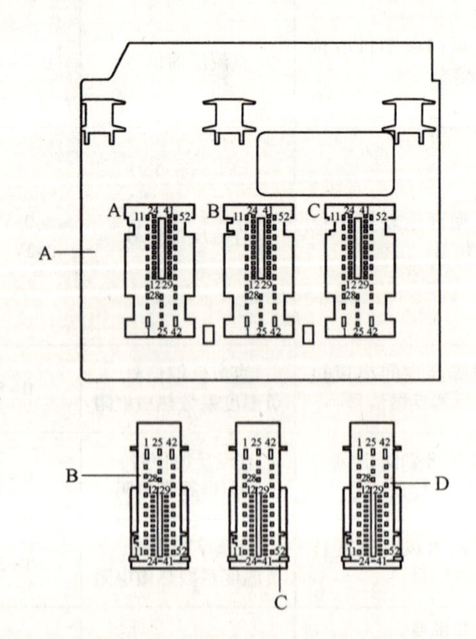

图 5-28　上海大众途观汽车电子控制单元 J519 插头

A—汽车电子控制单元　B—52 芯插头 T52a　C—52 芯插头 T52b　D—52 芯插头 T52c

表 5-3　上海大众途观汽车电子控制单元 J519 针脚定义

针脚号	针脚定义	信号对象	信号电压范围
T52a/1	J519 供电	SB26(30A)常相线	常相线电压 12V
T52a/3	J519 控制输出正极	右侧尾灯灯泡	占空比 LED 灯
T52a/4	J519 控制输出正极	左侧尾灯灯泡	占空比 LED 灯
T52a/5	J519 控制输出正极	左侧远光灯	0/12V
T52a/9	J519 控制输出正极	右后转向灯	0/12V
T52a/10	J519 控制输出正极	左前转向灯	开关信号
T52a/11	J519 控制输出正极	左侧近光灯	开关信号
T52a/12	J519 信号	后行李箱开关	负极
T52a/13	J519 信号	后行李箱盖把手开锁按钮	打开 12V
T52a/16	J519 控制输出负极	倒车灯开关	0 位 12V
T52a/17	J519 信号	后雾灯	打开 12V
T52a/18	J519 信号	车灯开关关闭档/应急模式	打开 12V
T52a/19	J519 信号	车灯开关示宽灯档	打开 12V
T52a/20	J519 信号	车灯开关 auto 档	打开 12V
T52a/21	J519 信号	前雾灯	负极
T52a/22	J519 信号	车灯开关前照灯档	常相线 12V
T52a/23	搭铁线	搭铁线	占空比
T52a/24	J519 供电	熔丝 SB3(5A)	12V
T52a/25	J519 控制输出正极	左前雾灯	占空比
T52a/26	J519 控制输出正极	右侧制动 2	信号电压范围
T52a/27	J519 控制输出正极	左侧后尾灯 2	常相线 12V
T52a/28	J519 控制输出正极	左侧倒车灯	占空比 LED 灯
T52a/29	J519 信号	后行李箱开关	—
T52a/42	J519 负极	BCM 供电线	负极
T52a/43	J519 控制输出负极	刮水器喷水电动机	—
T52a/44	J519 控制输出正极	右侧停车灯	打开 12V
T52a/45	J519 控制输出正极	高位制动灯灯泡	12V
T52a/46	J519 控制输出正极	油箱盖板电动机正极	12V
T52a/51	J519 信号	点烟器　58d	—
T52b/1	J519 控制输入正极	供电线	常相线 12V
T52b/2	J519 控制输出正极	刮水器喷水电动机	12V
T52b/5	J519 控制输出负极	油箱盖板电动机负极	负极
T52b/11	J519 控制输出正极	后行李箱盖中央门锁电动机	脉冲信号，见波形
T52b/12	J519 控制输出正极	J329(15 号供电继电器)	0/12V
T52b/15	J519 控制输出正极	开关和仪表照明调节器	常相线 12V
T52b/21	J519 反馈信号	前座椅控制单元	—

（续）

针脚号	针脚定义	信号对象	信号电压范围
T52b/22	J519 控制输出负极	后窗加热继电器	负极
T52b/24	J519 控制输出正极	危险报警闪光灯开关照明及指示灯	平时 0V；工作时 0/12V
T52b/28	J519 控制输出正极	J680（75 号供电继电器）	0~12V
T52b/29	J519 控制输出正极	J682 总线供电继电器	—
T52b/30	J519 控制输出负极	开关和仪表照明调节器	负极
T52b/33	输入请求 LIN 信号	刮水器电动机/雨量传感器	占空比 0~12V
T52b/40	J519 控制搭铁	前照灯清洗继电器	工作时 0V
T52b/41	J519 控制搭铁	双音喇叭继电器	负极
T52b/42	J519 供电	SB49（20A）	常相线 12V
T52b/43	J519 控制输出正极	行李箱照明灯	12V
T52b/51	J519 控制输出正极	自动开关（F189）/车灯开关照明/天窗开关 58d	12V
T52b/52	搭铁线	搭铁线	负极
T52c/3	J519 控制输出正极	右侧制动灯	12V
T52c/4	J519 控制输出正极	左侧后尾灯	占空比 1/3
T52c/5	搭铁线	搭铁线	负极
T52c/7	J519 输入信号	危险报警闪光灯开关按钮	—
T52c/10	开关位置反馈信号	顶灯开关信号	—
T52c/13	J519 输入正极	转向柱单元点火开关 15 号线	12V
T52c/14	J519 起动反馈信号	J527 转向柱单元起动点火信号	开钥匙 0V；起动时 12V
T52c/15	CAN_H	J533 诊断接口，J527 转向柱单元	占空比 CAN_H
T52c/16	CAN_L	J533 诊断接口，J527 转向柱单元	占空比 CAN_L
T52c/17	反馈信号	制动灯开关信号 2	踩制动踏板 12V
T52c/25	J519 控制输出正极	右前雾灯	占空比
T52c/26	J519 控制输出正极	左侧停车灯	打开 12V
T52c/27	J519 控制输出正极	牌照灯泡两个	12V
T52c/28	J519 控制输出正极	右侧倒车灯	12V
T52c/30	J519 档位反馈信号	F125 多功能开关	占空比
T52c/31	J519 输入正极	转向柱单元点火开关 15 号线	12V
T52c/32	交流发电动机电压检测线	发电动机 L 线	0~12V
T52c/35	J519 反馈信号	仪表照明调节器信号	2.7~11V
T52c/42	灯光系统供电	SB16（30A）	常相线 12V
T52c/46	J519 控制输出正极	右侧远光灯	打开 12V
T52c/47	J519 控制输出正极	左侧后雾灯	12V
T52c/48	J519 控制输出正极	左侧前照灯炫目调节电磁阀	—
T52c/49	J519 控制输出正极	右侧前照灯炫目调节电磁阀	—
T52c/50	J519 控制输出正极	右前转向灯	0~12V 跃变
T52c/51	J519 控制输出正极	左后转向灯	0~12V 跃变
T52c/52	J519 控制输出正极	右侧近光灯	打开 12V

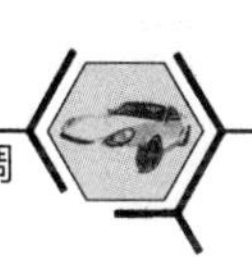

表 5-4　上海大众途观汽车自动空调控制单元 J255 测量参考波形

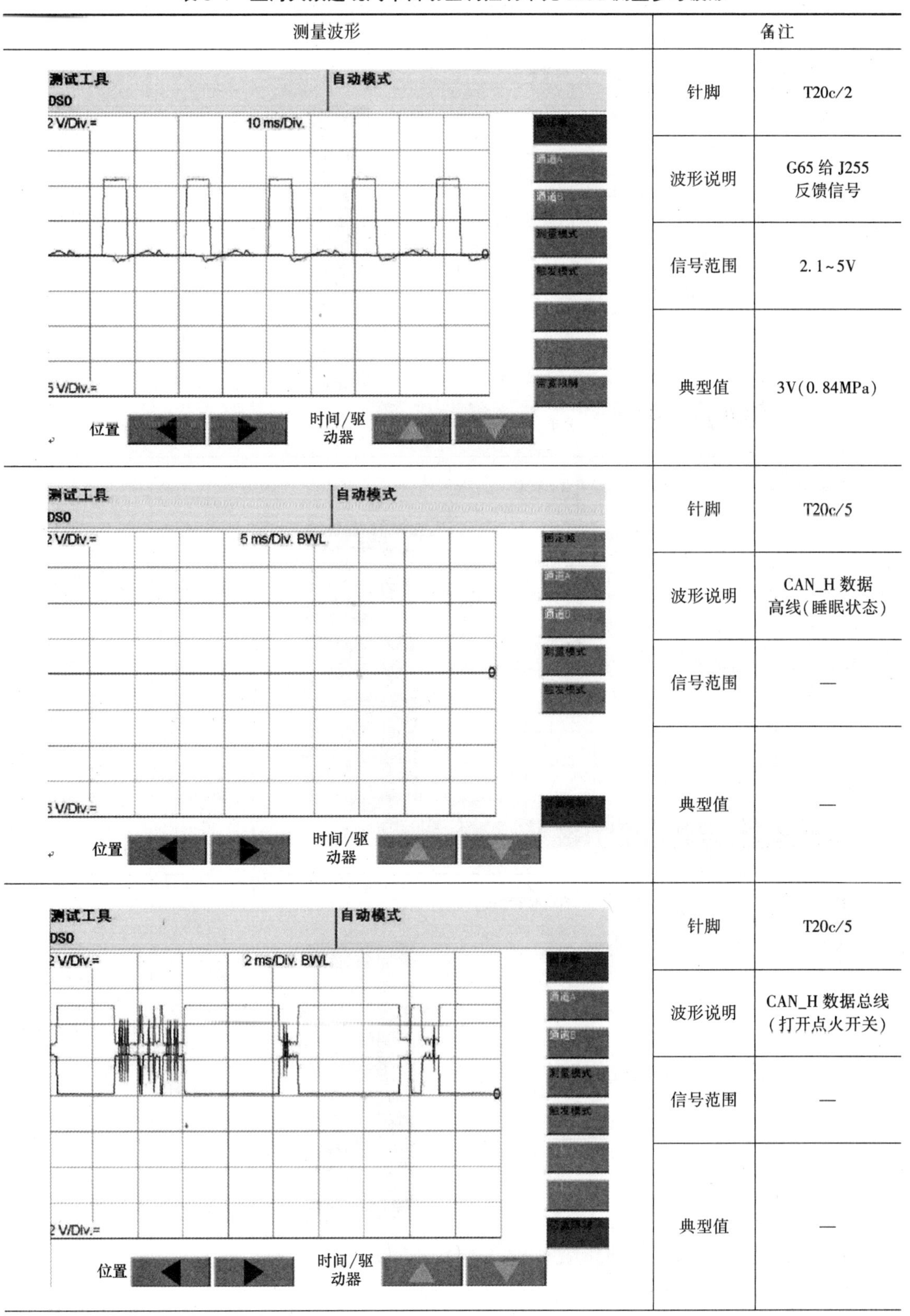

测量波形	备注	
波形 1	针脚	T20c/2
	波形说明	G65 给 J255 反馈信号
	信号范围	2.1~5V
	典型值	3V(0.84MPa)
波形 2	针脚	T20c/5
	波形说明	CAN_H 数据高线(睡眠状态)
	信号范围	—
	典型值	—
波形 3	针脚	T20c/5
	波形说明	CAN_H 数据总线(打开点火开关)
	信号范围	—
	典型值	—

（续）

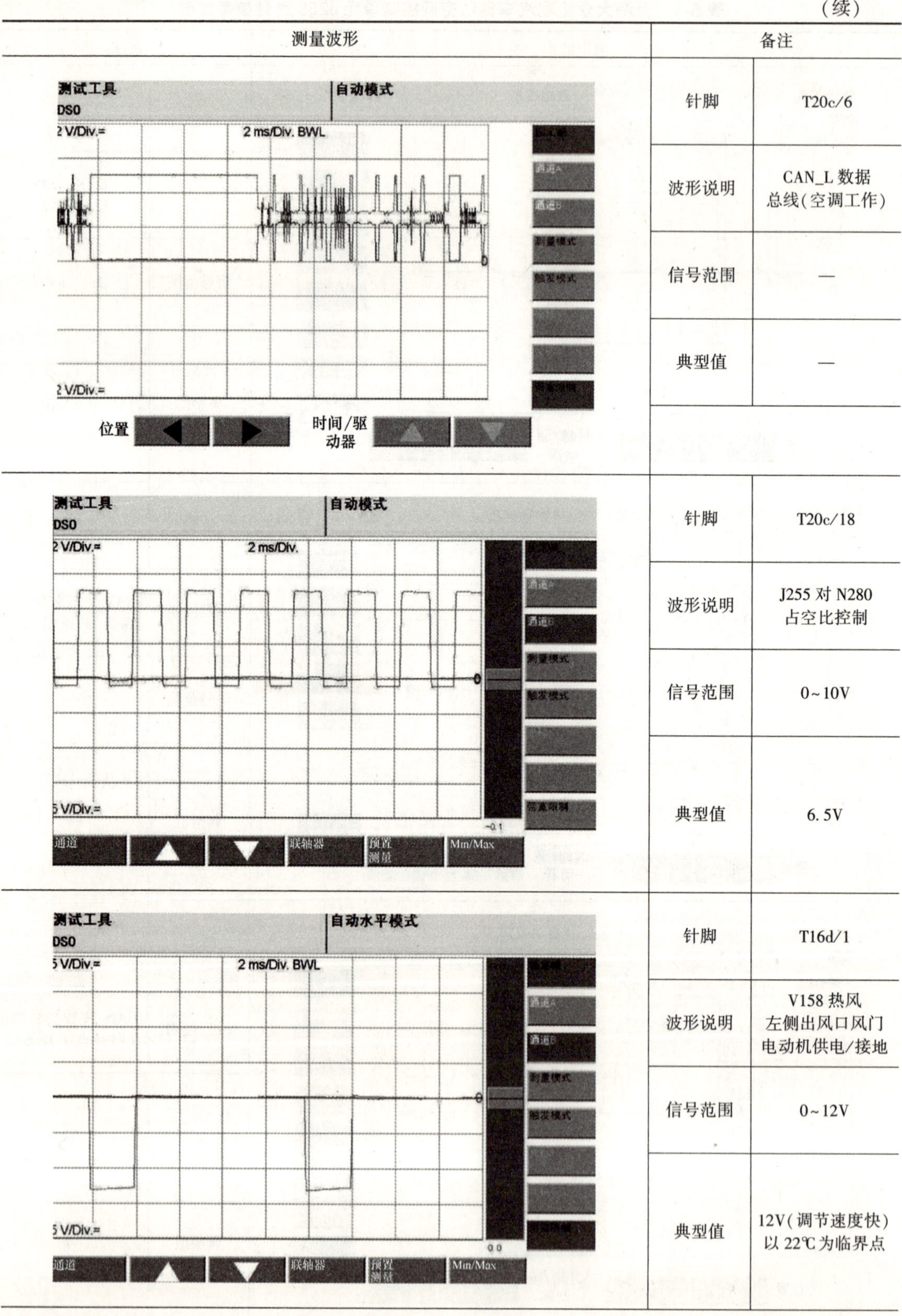

测量波形	备注	
波形1	针脚	T20c/6
	波形说明	CAN_L 数据总线(空调工作)
	信号范围	—
	典型值	—
波形2	针脚	T20c/18
	波形说明	J255 对 N280 占空比控制
	信号范围	0~10V
	典型值	6.5V
波形3	针脚	T16d/1
	波形说明	V158 热风左侧出风口风门电动机供电/接地
	信号范围	0~12V
	典型值	12V(调节速度快)以 22℃为临界点

（续）

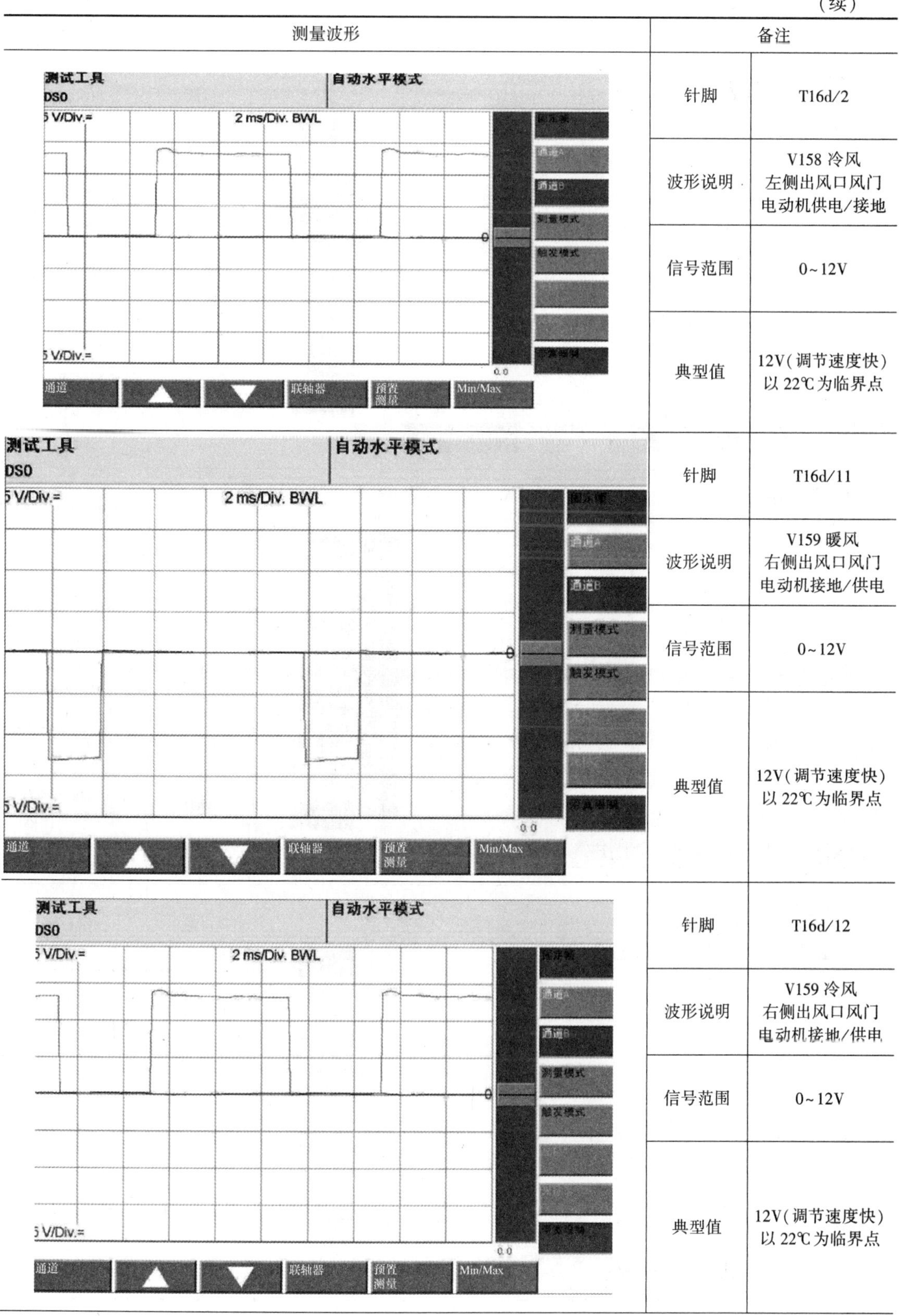

测量波形	备注	
	针脚	T16d/2
	波形说明	V158 冷风 左侧出风口风门 电动机供电/接地
	信号范围	0~12V
	典型值	12V（调节速度快） 以 22℃为临界点
	针脚	T16d/11
	波形说明	V159 暖风 右侧出风口风门 电动机接地/供电
	信号范围	0~12V
	典型值	12V（调节速度快） 以 22℃为临界点
	针脚	T16d/12
	波形说明	V159 冷风 右侧出风口风门 电动机接地/供电
	信号范围	0~12V
	典型值	12V（调节速度快） 以 22℃为临界点

（续）

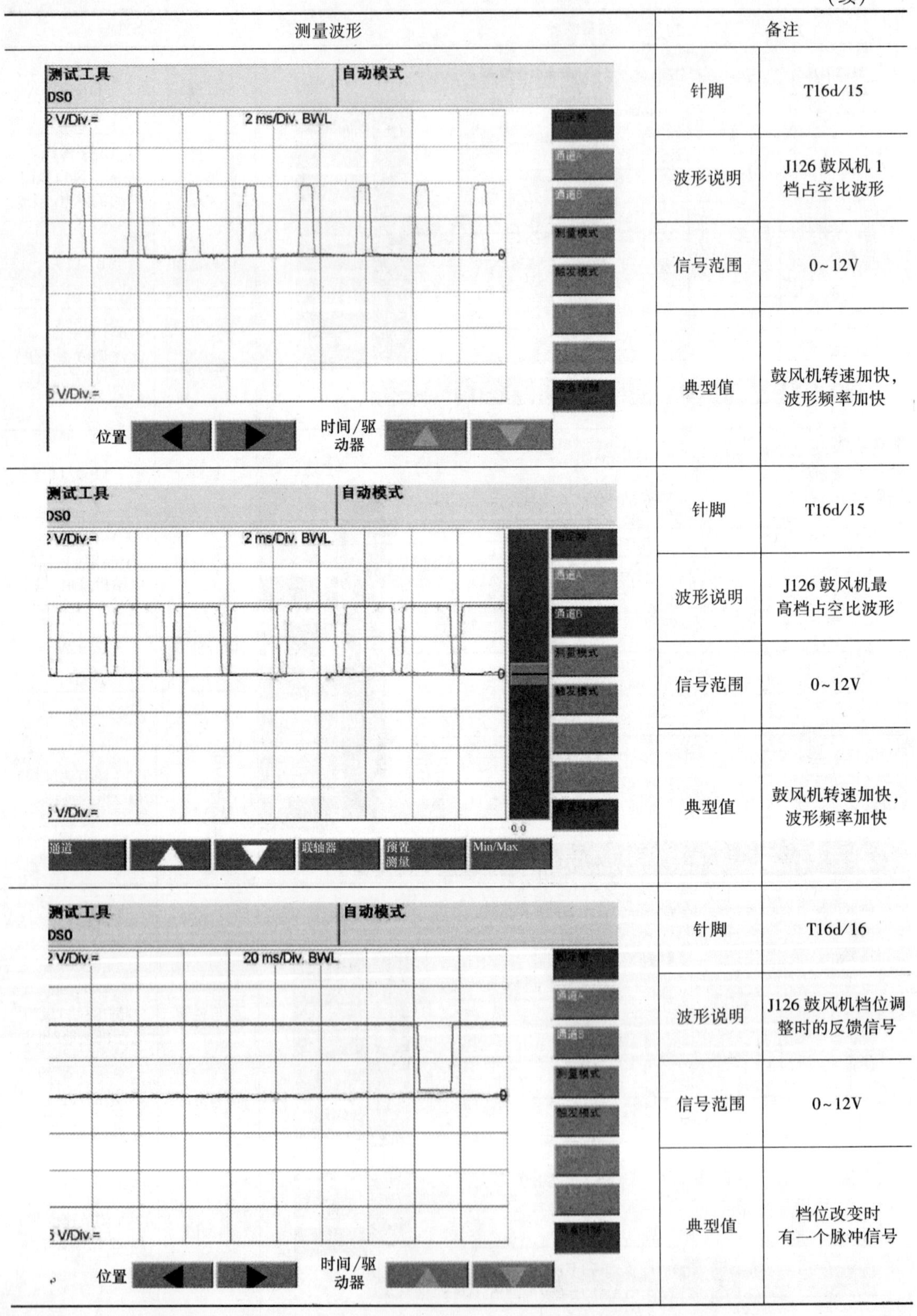

测量波形	备注	
	针脚	T16d/15
	波形说明	J126 鼓风机 1 档占空比波形
	信号范围	0~12V
	典型值	鼓风机转速加快，波形频率加快
	针脚	T16d/15
	波形说明	J126 鼓风机最高档占空比波形
	信号范围	0~12V
	典型值	鼓风机转速加快，波形频率加快
	针脚	T16d/16
	波形说明	J126 鼓风机档位调整时的反馈信号
	信号范围	0~12V
	典型值	档位改变时有一个脉冲信号

第六章 新能源汽车空调

【学习目标】

1. 了解新能源汽车空调的特点和制冷、制热原理。
2. 熟悉电动压缩机的构造与工作原理。
3. 掌握典型新能源汽车空调的控制系统。

第一节　新能源汽车空调概述

一、新能源汽车空调技术和优势

1. 新能源汽车空调技术

（1）全封闭柔性涡旋压缩机　新能源汽车空调使用的全封闭柔性涡旋压缩机，具有效率高、体积小、质量轻、噪声低、结构简单和运行平稳的特点。另外，它内置的电动机直接由电驱动，没有开放式活塞压缩机的缺点。

（2）高效率的制冷剂　新能源汽车空调采用制冷能力更强的 R407c 制冷剂。R407c 的导热系数高，黏度小，在同等条件下，其导热系数较 R134a 制冷剂高，管道的阻力损失也小，这对提高系统能效比、减小系统体积、减小车辆自重和节约成本有着不可低估的作用。

（3）高效传热和散热材料　传统冷凝器一般采用铜管铝片式，但存在换热效率不足的缺陷，而新能源汽车空调使用铝翅片，可以在有限的空间内将芯体的制冷能力发挥到极致。

（4）变频技术　变频技术专用于车载空调交流异步电动机的起动和运行，采用脉宽调制方式，变频变压，主电路能在频繁变化的浪涌电压、电流下可靠工作。主开关使用 IGBT（绝缘栅双极晶体管），体积小、效率高，能实现交流电动机的柔性快速起动和变速运行。

（5）控制系统安全　新能源汽车空调采用的是由车辆提供的 600V 直流电转换成的三相交流电，安全问题就成为重中之重，控制系统在电流、电压方面做足了保护。

2. 新能源汽车空调的优势

新能源汽车空调涉及的部件数更多，系统集成的难度也更大。新能源汽车空调采用电动热泵式空调或电动压缩机制冷与电加热器混合调节空调。其主要优点如下：

1）压缩机靠电动机驱动，因此可以通过精准的控制以及在常见热负荷工况下的高效率运行来降低空调的能耗，完全由空调自身独立实现制冷、制热功能，从而提高整车的经济性。

2）采用电驱动，噪声较低、可靠性高。

3）采用变频调速的电动一体化压缩机，取消了发动机与压缩机之间的传动带，相对于传统结构减小了整车质量。

4）可以在上车之前预先遥控起动空调，对车内的空气进行预先调节，相比传统空调可增加驾乘人员的舒适性。

二、新能源汽车空调制冷系统

如图 6-1 所示，电动汽车空调的制冷系统主要由电动压缩机、冷凝器、膨胀阀、蒸发器和储液干燥过滤器五大部件组成，另外，还增加了电气系统的空调驱动器。压缩机采用电动机（混合动力汽车有电动机和传动带两种模式）带动工作，制冷原理和传统的汽车空调制冷系统相同。

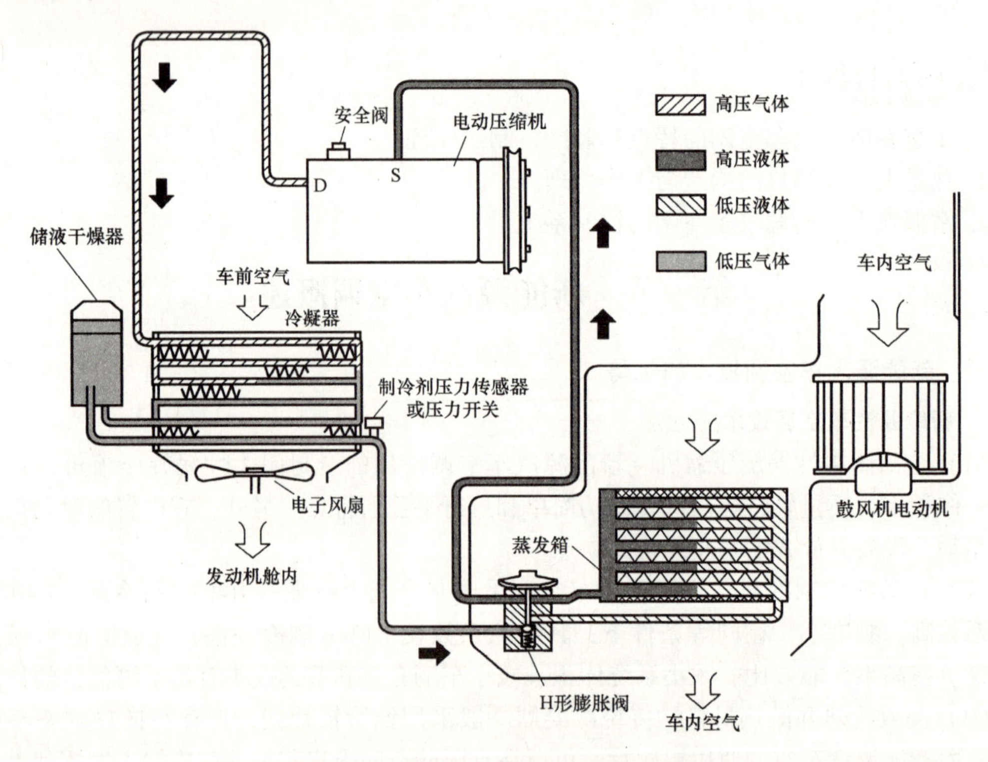

图 6-1 电动汽车空调制冷系统的组成

三、新能源汽车空调供暖系统

1. 电动汽车空调采暖系统

电动汽车主要采用热泵式空调采暖系统、PTC 电加热和综合加热的方式来供暖。

（1）热泵式空调供暖系统　图 6-2 为电动汽车热泵式空调采暖系统工作原理。直流无刷电动机通过传动带驱动压缩机。空调的制冷、制热模式由四通换向阀转换，实线箭头表示制冷工况，虚线箭头表示制热工况。从原理上讲，该空调与普通的热泵空调并无区别，但是用于电动汽车上，其专门开发了双工作腔滑片压缩机、直流无刷电动机和逆变器控制系统。在热泵工况下，系统从熔霜模式转为制热模式时，风道内换热器上的冷凝水将迅速蒸发，在风窗玻璃上结霜，影响驾驶的安全性。

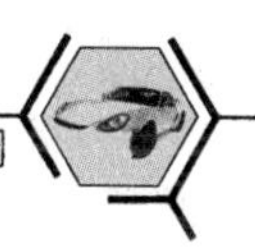

（2）PTC 电加热器　PTC 是一种直热式电阻材料，通电时将会产生热量，可供空调制热。为提高加热器的效率，现在的制热多以水为介质，将水加热后送到空调风道的散热器中，再经风机吹向车内或风窗玻璃，用以提高车内温度和除去风窗玻璃的霜雾，如图 6-3 所示。

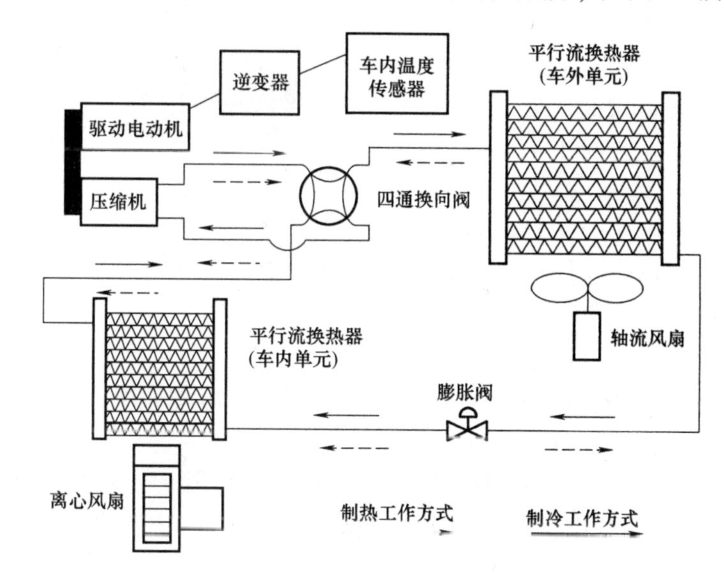

图 6-2　电动汽车热泵式空调采暖系统工作原理

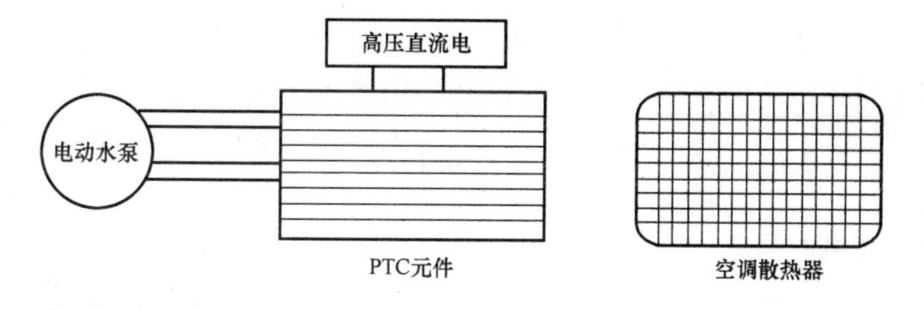

图 6-3　PTC 供热原理

图 6-4 所示为 PTC 的温度–电阻特性曲线。通电时，其电阻值会随着温度的升高而呈现缓慢下降的趋势，也就是其常温下的发热量较低。当温度超过“居里点”温度时，它的电阻值会随着温度的升呈高阶跃性的增高，在狭窄温度范围内，如达到 250℃温度时，其电阻值会急剧增加几个至十几个数量级，即电阻值变得极大，这就是所谓的非线性 PTC 效应。

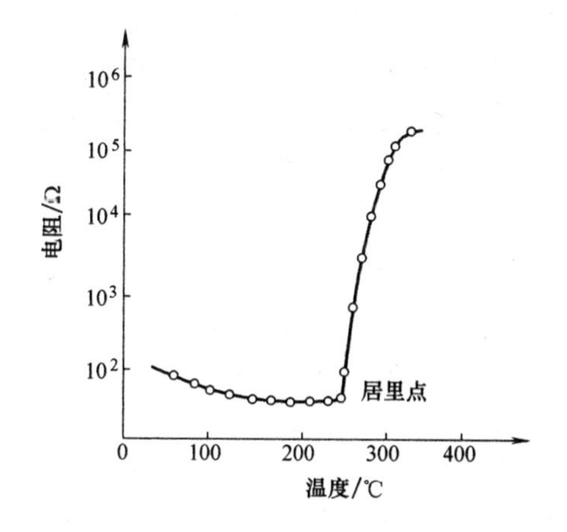

图 6-4　PTC 的温度-电阻特性曲线

吹出气体的温度最高可达 85℃，完全可满足空调制热的要求，如果高于 85℃，则 PTC 电阻值变得极大，实际表现为自动停止工作。作为加热用的 PTC，具有自动恒温的特性，可省去一套复杂的温控线路，而且其工作电压可高达 1000V，可直接由电池的高电压供电。

2. 混合动力汽车空调供暖系统

图 6-5 所示为混合动力汽车空调供暖系统，当混合动力汽车运行在内燃机拖动工况时，空调会自动采取传统发动机余热方式供暖。当空调设定温度为 HI 或高于 20℃，并有供暖需求时，发动机运行的条件应满足车外温度低于-3℃、冷却液温度低于 50℃。

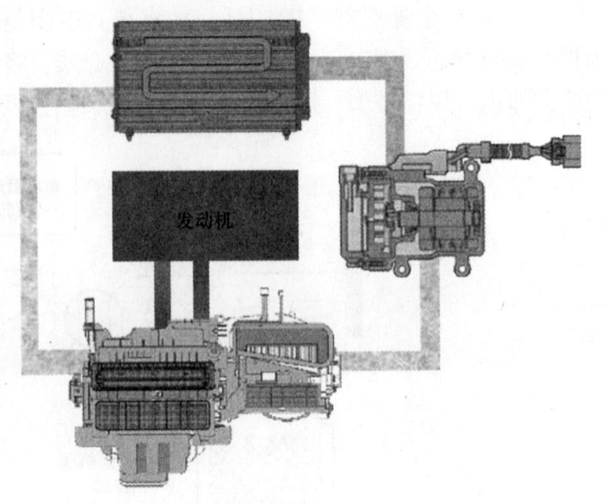

图 6-5　混合动力汽车空调供暖系统

此外，混合动力汽车空调供暖系统还采用储热技术，利用储热罐将发动机运转时循环冷却液的热量储存起来，冷起动时有一定的预热作用，可缩短热机过程。这种绝热的储热罐容量较大，放置在前保险杠内侧能长时间保持较高的温度，一般能保温 3 天。可利用储热罐的热量供给空调稳定热源。若供热量不能满足空调供暖需求，空调控制系统将根据设定温度及冷却液温度等信号，让发动机工作，辅助供暖。

第二节　电动压缩机

新能源汽车空调制冷系统与传统内燃机汽车空调制冷系统最大的区别在于对压缩机的控制。新能源汽车空调压缩机普遍把传统汽车空调的压缩机和电动机组装成一个全封闭整体，用电动机驱动压缩机工作。对于混合动力汽车，把电动机的转子轴延伸后安装有带轮，可以在两种模式下工作。

一、电动压缩机的构造

如图 6-6 所示，电动压缩机主要由三部分组成：涡旋式压缩机、变频器、电动机。涡旋式压缩机主要由排气口、油挡板、固定涡旋盘、可变涡旋盘等组成。涡旋式压缩机由电动机-压缩机轴驱动，为了提高电动机效率、减小体积，电动压缩机的电动机普遍采用三相永磁同步电动机。众所周知，电动汽车或者混合动力汽车的动力电池是直流电源，直流电动机的功率不利于压缩机大功率的实现，所以常用交流电动机，由变频器将直流电转换为交流电。

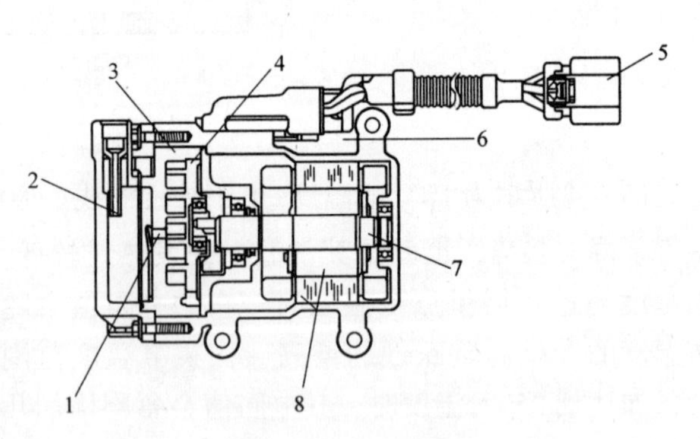

图 6-6　电动压缩机

1—排气口　2—油挡板　3—固定涡旋盘　4—可变涡旋盘
5—直流电源及控制插头　6—变频器
7—电动机-压缩机轴　8—电动机转子

与传统异步电动机相比，永磁同步电动机结构简单、运行可靠、体积小、质量轻、效率高、可采用变频调速，所以现代封闭式空调压缩机首选三相永磁同步电动机。例如，丰田普锐斯混合动力汽车的压缩机采用三相永磁同步电动机驱动。三相永磁同步电动机主要由定子

和转子组成，如图6-7所示。利用通电的定子绕组产生旋转磁场，作用于永磁转子上形成磁拉力而同步旋转。电动机定子通入三相对称交流电，从而在定子与转子的气隙间产生旋转磁场，不论定子旋转磁场与永磁转子起始时相对位置如何，定子的旋转磁极与转子的磁极间，总会产生磁力并拖动转子同步旋转。

图6-7　三相永磁同步电动机的构造
1—变涡旋　2—定涡旋　3—外壳（内变频器）　4—定子　5—转子

（1）转子　转子在定子的作用下旋转。转子上放有高质量的永磁体磁极。由于在转子上安放永磁体的位置有很多选择，因此永磁同步电动机通常会被分为三大类：内嵌式、面装式以及插入式。图6-8所示为三相永磁同步电动机的转子。

面装式转子主要由永磁体、转轴、铁心组成，永磁体和铁心形成磁场。其结构简单、制造方便、转动惯性小，磁场可以正弦分布，能够很好地改善电动机的运行性能。

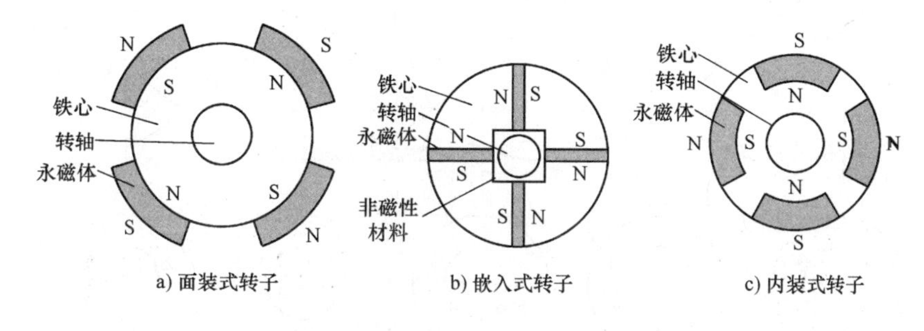

图6-8　三相永磁同步电动机的转子

嵌入式转子主要由铁心、转轴、永磁体、非磁性材料组成。和面装式转子相比，嵌入式转子的转轴与磁场之间通过非磁性材料隔离，改善了磁链的结构，有着不对称性，形成独特的磁阻转矩，能极大地提高电动机的功率密度，这种结构被比较多地应用于传动系统中。

内装式转子的永磁体安置在转子的内部，可以减少永磁体在被去磁后所带来的危险，使转子可以在更高的转速下运行。

在电动机的定子绕组中通入三相电流，就会在电动机的定子绕组中形成旋转磁场。由于在转子上安装了永磁体，永磁体的磁极是固定的，根据磁极的异性相吸、同性相斥的原理，在定子中产生的旋转磁场会带动转子旋转，使转子的旋转速度与定子中旋转磁极的转速相等。

（2）定子　如图6-9所示，定子的作用是通过三相交流电产生的旋转磁场来带动转子旋转。定子主要由三相绕组和定子铁心组成。定子铁心用硅钢片压制而成，以减少电涡流。三相交流电由U、V、W三相组成，每相间相差120°。

二、三相永磁同步电动机的工作原理

由于转子有磁极，在极低频率下也能旋转运行，所以它比异步电动机的调速范围更宽。三相永磁同步电动机转子同步转速计算公式为

$$n=\frac{60f}{P}$$

式中　n——电动机转子的同步转速（r/min）；

f——定子绕组的供电频率（Hz）；

P——电动机转子的磁极对数。

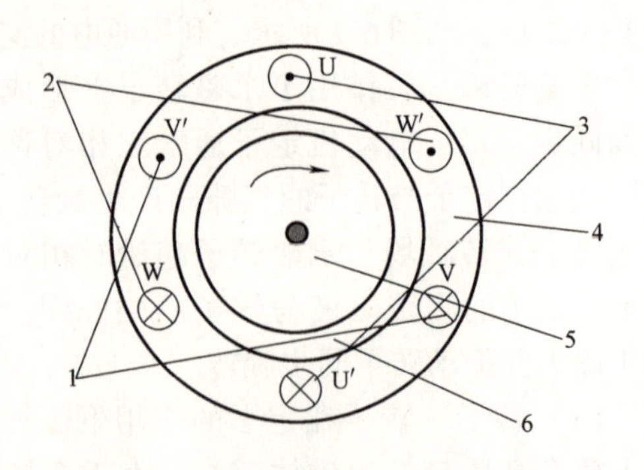

图 6-9　三相永磁同步电动机的定子

1—V 相　2—W 相　3—U 相

4—定子　5—转子　6—间隙

转子的永磁体 N、S 极沿圆周径向交替排列，在三个绕组通上 U、V、W 三相交流电后，在定子铁心中间会形成一个旋转磁场。

图 6-10 所示为三相永磁同步电动机的工作原理，当某相电流达到最大值时，旋转磁动势的波幅刚好转到该相绕组的轴线上。旋转磁动势的转向为：由超前电流的相转向滞后电流的相。

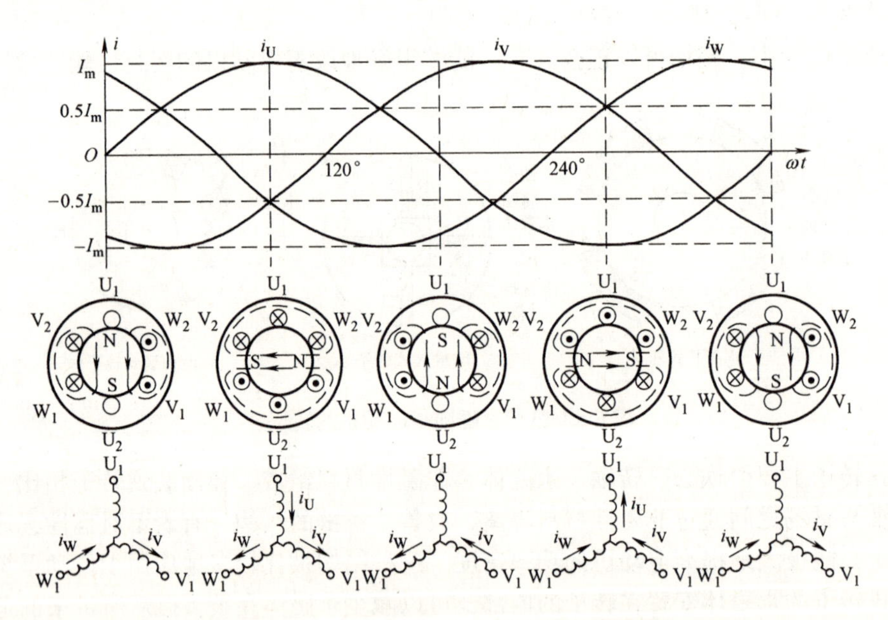

图 6-10　三相永磁同步电动机的工作原理

三、变频器

变频器可以将直流电转化为交流电。电动压缩机需要三相交流电，而电动汽车上使用的是直流电。如图 6-11 所示，电动汽车空调的变频器使用了 6 个 IGBT 和 6 个续流二极管，将直流电转化成三相交流电。IGBT 的导通或截止受控于其上的栅极电压。当 6 个 IGBT 的栅极按一定规律

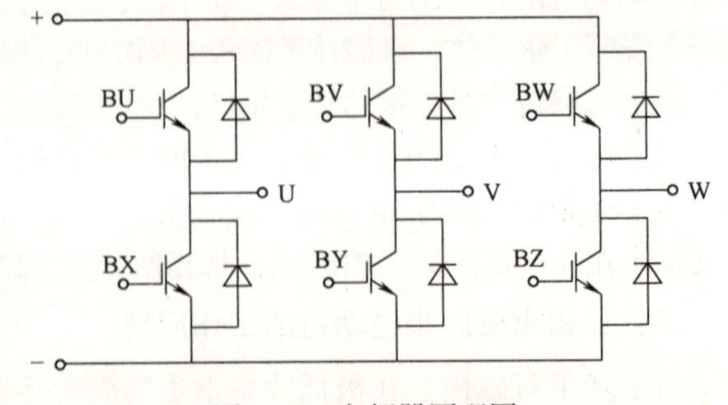

图 6-11　变频器原理图

轮流加上占空比时，整个过程由芯片的程序控制，电池的直流高压电流经过变频器，输出三相正弦交流电流，有利于三相永磁同步电动机平稳运转，产生的转矩用以驱动空调压缩机。

四、电动压缩机的控制

图 6-12 所示为混合动力汽车空调电动压缩机的控制原理。HV ECU 负责对 HV 蓄电池进行管理，负责全车用电的管理。电源电路负责向 CPU 和门驱动电路进行供电。中央处理 CPU 根据驾驶人设定的温度、车外温度传感器、车内温度传感器、日照传感器、空气流速等信息，控制空调变频器门驱动电路工作。门驱动电路接收处理器 CPU 的信号，对 6 个 IGBT 管的栅极进行控制，当它给各栅极进行 PWM 脉冲信号时，将输出三相交流电。通过 IGBT 的通断频率还可控制空调压缩机的变频，同时它还受保护电路监控。系统保护控制电路接收电流传感器、电压传感器和温度传感器等的信号，不让电流过大并对蓄电池电压进行检测，防止电压异常，用于对整个系统进行保护。

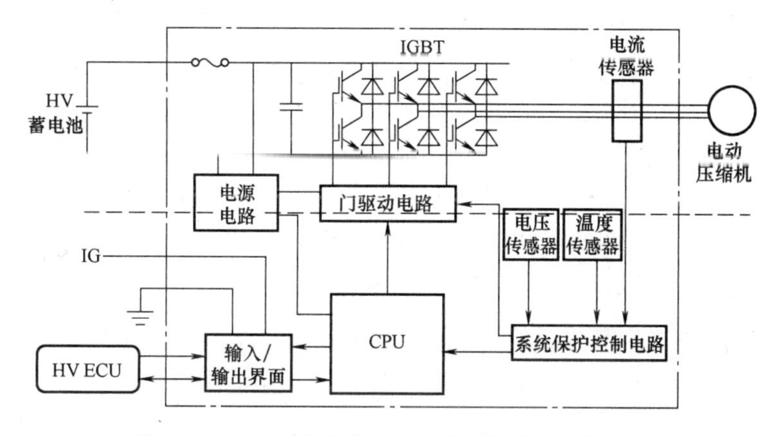

图 6-12　混合动力汽车空调电动压缩机的控制原理

CPU 通过控制三相永磁同步电动机定子三相绕组的通电频率及电流，可精确调节电动机转子的转速和转矩。三相交流电的频率高，会使驱动电动机的转速上升；电压的幅值大则会使电动机的驱动转矩大，实现对压缩机的控制。

第三节　典型新能源汽车空调控制系统

新能源汽车的类型很多，其中丰田普瑞斯汽车的油电混合动力系统可以使发动机和高压蓄电池根据行驶状况共同驱动或分开单独使用，尽可能使用电能驱动，降低排放。其在汽车空调技术方面也做出了很多创新。在此以丰田普瑞斯汽车为例，介绍新能源汽车空调控制系统。

一、空调制冷系统

丰田普瑞斯汽车空调制冷系统采用压缩-喷射技术，通过蒸发器上的喷射器避免传统制冷循环系统中产生涡流而导致的能量损失，提高制冷循环系统的 COP 值（COP = 制冷能力/压缩机消耗动力），起到节能的效果。

如图 6-13 所示，蒸发器使制冷系统的热交换器接收膨胀阀出口的气液两相混合制冷剂，在内部不断吸收外界空气热量，在低温下沸腾，最后以过热气态离开蒸发器到压缩机。与常规制冷系统相比，喷射循环系统（Ejector Cycle System，ECS）蒸发器为双层散热交换器结构，分为迎风面和出风面（迎风面即蒸发器通过热风的表面，出风面即蒸发器通过冷风的表面），喷射器安装在迎风面散热器的制冷剂储液槽内，采用一体化设计。在压缩-喷射型空调制冷系统中，经冷凝器冷却的高压液态制冷剂，通过膨胀阀的节流分成两部分：其中一部分通过毛细管节流后到蒸发器的出风面吸热蒸发，在压力差的作用下进入喷射器附近的蒸发器；另一部分直接进入喷射器膨胀，将其势能转化成动能，并与被吸流体混合，在喷射器扩压室减速升压，将动能转换为势能，使进入迎风面蒸发器吸热蒸发出来的制冷剂压力升高。喷射器的作用：一方面，提高压缩机入口制冷剂的压力，回收部分节流损失功；另一方面，使出风面蒸发器中的制冷剂压力低于迎风面蒸发器中的制冷剂压力，形成更低的温度条件，减少蒸发器温差传热损失。

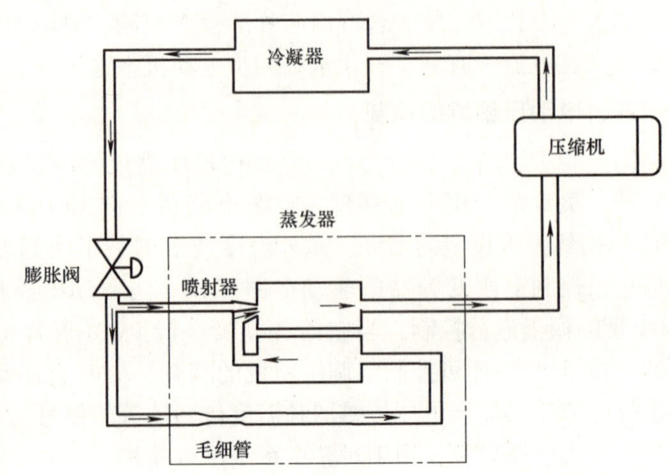

图 6-13　丰田普瑞斯汽车空调制冷系统原理简图

二、太阳能通风控制

当车辆在炎热的天气长时间停车时，车内的温度会升高，影响驾乘人员的舒适感。丰田普瑞斯汽车在空调中增加了太阳能通风系统。停车后，太阳能通风系统被激活，排出车内高温气体来降低或抑制车内温度升高。

图 6-14 所示为太阳能电池。太阳能通风系统依靠太阳能电池组吸收阳光产生电力，并提供给太阳能电池控制单元和鼓风机控制单元。太阳能电池组由 36 片电池片组成，最大输出功率为 53W。太阳能电池组在阳光照射量变大时，输出电量增加；当阳光照射角度小时，单位面积照射量减小，输出电量减少；当太阳能电池组温度变低时，供电量增加。

（1）太阳能通风系统控制电路的组成　如图 6-15 所示，太阳能通风系统控制电路主要由太阳能电池组、太阳能电池控制单元、空调控制单元等组成。太阳能电池控制单元主要作用是管理太阳能电池组，接收空调控制单元的指令，对鼓风机电动机输出电量，也可以对蓄电池充电。通风开关的作用是起动或关闭太阳能通风系统。空调控制单元主要作用是接收输入信息，对信息进行加工处理后，按程序输出指令。进、出风门伺服电动机主要依据空调控制单元信号切换循环模式。

图 6-14　太阳能电池

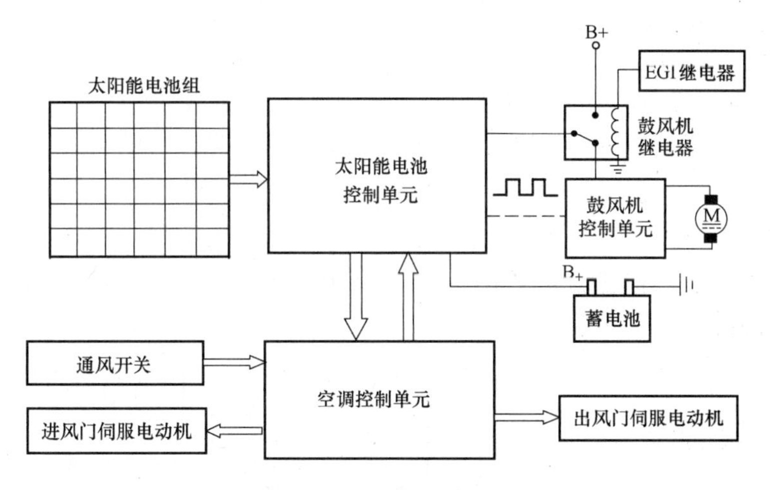

图 6-15　太阳能通风系统控制电路

（2）太阳能通风系统控制电路原理　太阳能通风系统打开的条件：车辆电源模式为关闭；通风开关打开；电源关闭；通风开关打开大约 10min 后；阳光照射量大约为 500W/m^{2}或更多。太阳能通风系统关闭的条件：车辆电源模式为打开；通风开关关闭；阳光照射量低于 500W/m^{2}超过 5min；太阳能电池组电压≤10V 或≥18V。太阳能电池电量达到一定电压时，就会对蓄电池进行充电。

为了防止停车后车内冷气流失，太阳能通风系统在电源开关关闭 10min 后开始运行。通风运行时鼓风机电动机按照太阳能电池组的电量来运转，并且为了提供更好的通风条件，在电源开关关闭大约 1min 后，空调控制单元开关选择空气流入模式为 FRESH（外循环），空气吹出模式为 FACE（面部）。当车辆电源打开后，空调控制单元会记忆上次停机前的进气模式或吹风位置。

（3）太阳能通风系统的检测　检测太阳能通风系统时，需将车辆停在温度稳定、日照量充足的地方，并静置大约 10min。通过智能检测仪菜单：车身电器→空调→数据流，读取系统数据。还可以通过测试模式激活鼓风机电动机运转。检查太阳能电池 ECU 接收到的太阳能通风开关状态和太阳能电池 ECU 输出至鼓风机电动机的占空比状态。对于带有太阳能通风系统的空调，更换滤芯的间隔时间需相应缩短。图 6-16 所示为太阳能通风系统进入测试模式的方法。

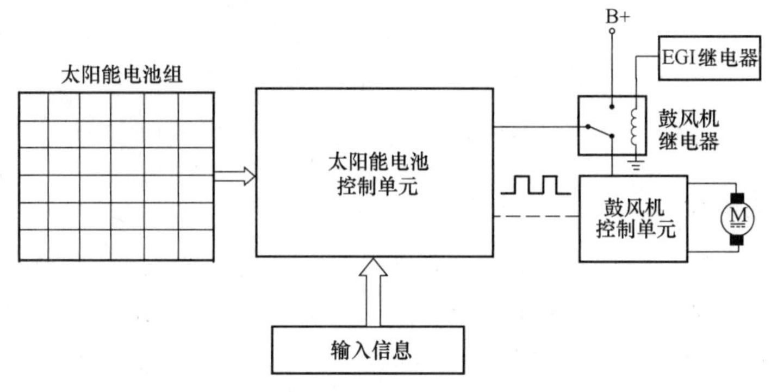

图 6-16　太阳能通风系统进入测试模式的方法

1）控制电源开关按 OFF→AOC→IG→ON 顺序在 5s 内操作 3 次。

2）控制太阳能通风开关按 OFF→ON 顺序在 3s 内操作 3 次。

3）检查数据列表中“太阳能电池检测状态”显示为“ON”。

注意：当太阳能电池电压在 10V 或高于 10V 时，可以进入检测模式（使用数据列表观察太阳能电池电压）。

三、自动空调控制

图 6-17 为第三代丰田普瑞斯汽车空调控制系统原理简图，该系统可以精确地控制空调，保证驾乘人员舒适。

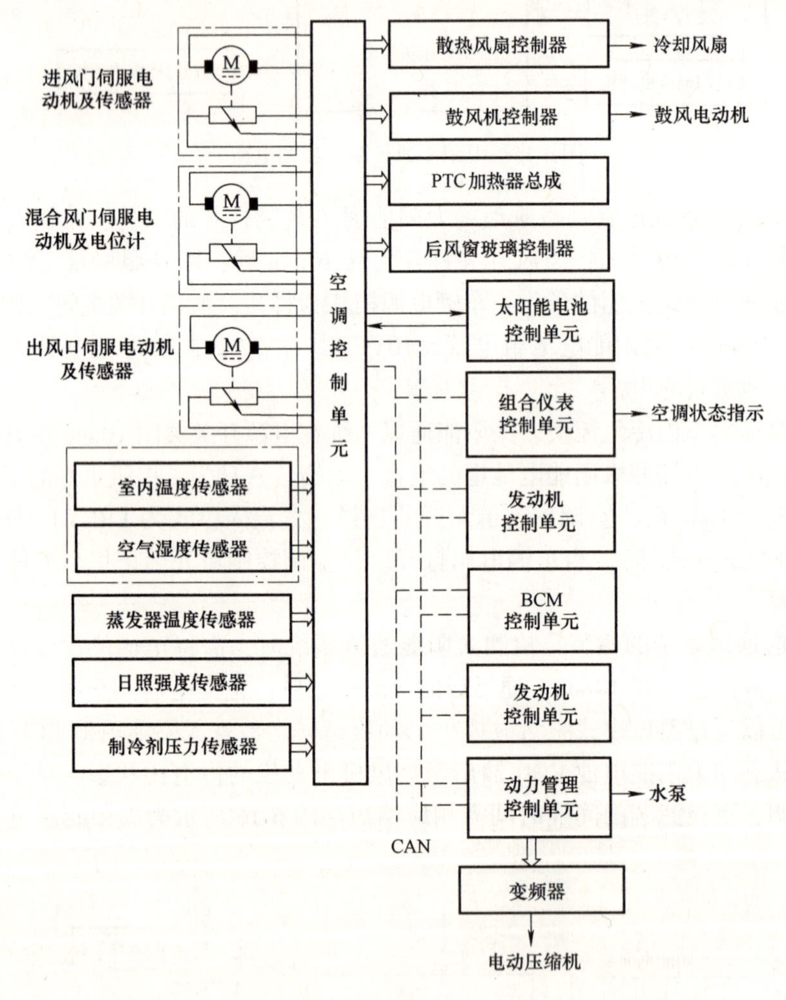

图 6-17　第三代丰田普瑞斯汽车空调控制系统原理简图

四、遥控空调控制系统

按下钥匙上的空调遥控开关，空调使用来自 HV 蓄电池的电源，自动控制运行，最长运行时间为 3min，在驾乘人员进入车辆前，发挥制冷功能。遥控空调控制框图如图 6-18 所示。

当满足电源模式为关闭、点火开关没有被按下、档位为 P 位、所有车门均关闭并锁止、发动机罩没有打开、制动踏板没有被踩下、防盗系统没有在报警状态、HV 蓄电池状态至少

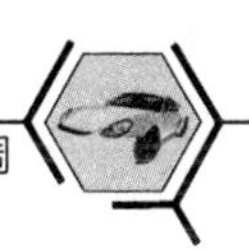

为三格、空调操作条件设定了目标温度的条件时，按下并保持空调遥控开关 0.8s 或更长时间，才能遥控起动空调。

系统停止操作条件：当上述遥控空调起动操作条件不满足时，运行大约 3min 之后停止，当空调遥控开关在 3s 内连按两次时。

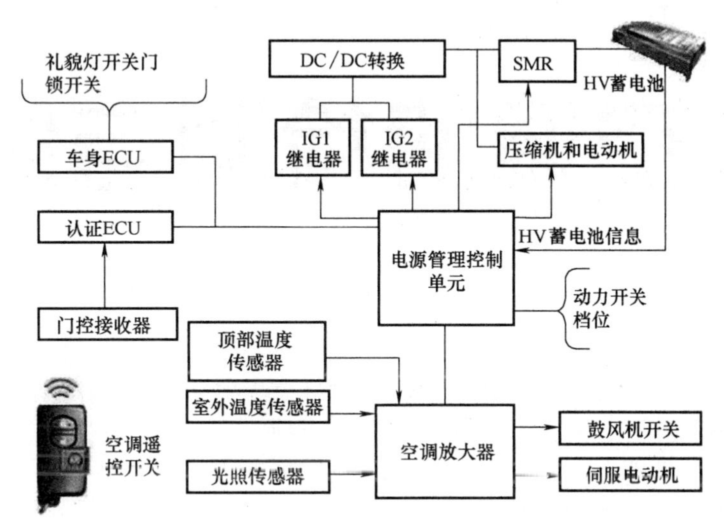

图 6-18　遥控空调控制框图

五、空调节能模式

按下控制面板上的 ECO 模式开关，环保行驶模式被激活。在环保行驶模式期间，空调放大器将空调性能限制在规定状态（见表 6-1），从而提高燃油经济型。

表 6-1　ECO 控制模式

<table>
<tr><th>ECO 控制模式</th><th>影响</th><th>ECO 控制模式取消条件</th></tr>
<tr><td>开关检测进气口处温度大约为 20℃ 或更低</td><td>降低通风系统的能耗</td><td rowspan="5">ECO 模式开关关闭
DEF 模式被选择
鼓风机电动机关闭
空调遥控控制系统进行中</td></tr>
<tr><td>当选择自动模式时，降低鼓风机 20% 的能耗</td><td rowspan="3">抵制能源消耗</td></tr>
<tr><td>停止 PTC 加热器工作</td></tr>
<tr><td>压缩机电动机最高转速降低 10%</td></tr>
<tr><td>降低冷起动前对发动机冷却液加热的功耗</td><td>增加发动机停机时间</td></tr>
</table>

注：ECO 模式指示灯点亮，并且 ECO 控制模式取消条件被解除，系统工作恢复正常。

空调放大器总成根据目标蒸发器温度（由温度控制开关、车内温度传感器、环境温度传感器和阳光传感器信号计算得出）计算目标压缩机转速。实际蒸发器温度参数通过空调放大器总成传输给 HV 动力管理控制 ECU。HV 动力管理控制 ECU 根据目标压缩机转速控制空调逆变器输出变频电压，从而控制电动变频压缩机达到适合空调工作条件的转速。此转速控制在不影响制冷或除雾性能的范围之内，以实现舒适性和低能耗。电动变频压缩机使用高压变频电压，如果电路线束中发生短路或断路，则 HV 动力管理控制 ECU 会自动切断空调变频器电路，停止向压缩机的电动机供电。电动变频压缩机需要使用具有高绝缘性的 ND-OIL11 型润滑油，以避免漏电故障。

第七章

汽车空调的检测与维修

【学习目标】

1. 熟悉汽车空调维修常用工具的使用方法及注意事项。
2. 掌握汽车空调制冷系统的维护内容及注意事项。
3. 掌握汽车空调制冷系统、控制元件故障的检修方法。
4. 掌握汽车自动空调自诊断流程。
5. 熟悉汽车空调常见故障现象、原因及检修方法。

第一节　汽车空调检修工具

汽车空调的维修不仅需要素质高的维修人员、优质的配件，而且需要配备专用的维修工具和设备。专业的人才和专业的维修工具结合起来，才能快速准确地判断空调故障并进行维修。

一、汽车空调制冷系统维修工具

图7-1所示为汽车空调成套维修设备。所谓成套维修设备就是把汽车空调维修时所需要的所有工具和设备合理地组装在一个工具箱内，在使用时更方便。

1. 制冷剂管割刀及管端精加工刀片

如图7-2所示，制冷剂管割刀主要由割刀、支架、手柄、滚轮四部分组成，是专用于切割制冷系统铜管和铝管的工具。制冷剂管割刀一般可切割直径为3~25mm的管子。切割时将管子放在两个滚轮中间，用手捏紧管子，顺时针旋转手柄进刀，旋转手柄使割刀碰到管壁，使割刀旋转，管子转动，边转边进刀，直到管子被割断。注意：切割时进给量不能过大，均匀用力旋转，以免压扁管子或使管口内凹。

切割铜管之后，铜管的切割面会产生毛刺，需要清除。用刮刀去除毛刺的方法如图7-3所示，作业时管口朝下，均匀地旋转刮刀，让毛刺脱落，并清除管内杂物，防止异物进入管内。铜管切割完成后，用棉纱将管内擦净，避免灰尘和切屑进入管内，必要时用封帽或胶带封堵。

2. 制冷剂管扩口器

制冷剂管连接时，特别是铜管和铜管之间连接时，如果直接焊接，往往容易密封不良，需对管口进行加工处理，通常用制冷剂管扩口器把管口扩张成喇叭口后焊接。

图7-4所示为制冷剂管扩口器，主要由弓架、螺母、手柄、螺杆、锥形支头、夹具组成。制冷剂管扩口器上有若干个直径不同的孔，使用时将铜管放入与夹具相适应的孔内，找

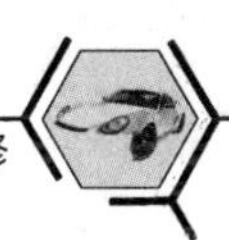

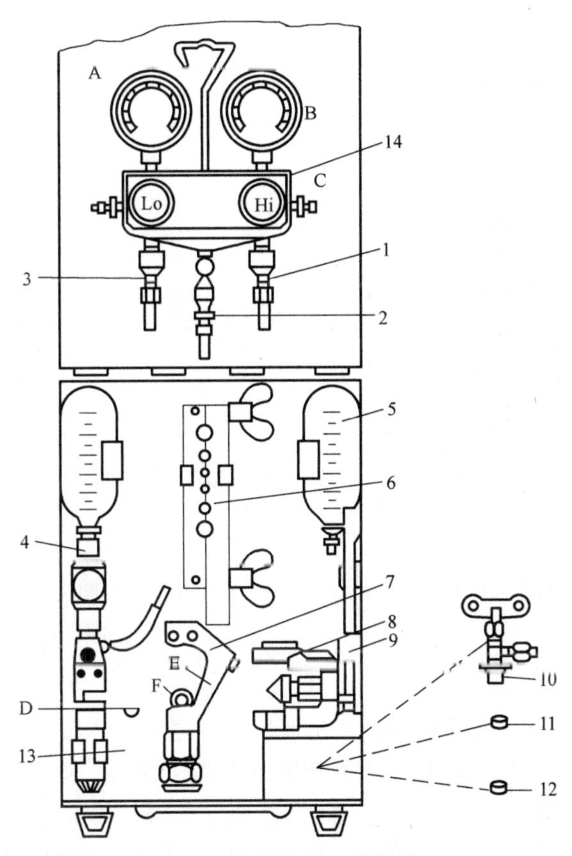

图 7-1 汽车空调成套维修设备

A—低压表 B—高压表 C—压力表座 D—反应板 E—铰刀 F—刀片

1—注入软管（红） 2—注入软管（绿） 3—注入软管（蓝） 4—漏气测试器 5—备用容器 6—制冷剂管固定架 7—制冷剂管割刀 8—扩口工具 9—检修阀扳手 10—制冷剂罐注入阀 11—注入软管衬垫 12—检修阀衬垫 13—工具箱 14—制冷剂注入用压力表

一个比所加工铜管直径小且最接近的孔，把弓架紧固在夹具内，以均匀的力量夹紧，铜管端部应该从固定夹具中稍微向上露出一段距离，然后插入锥形支头，慢慢旋动螺杆使管端部扩张成喇叭形。

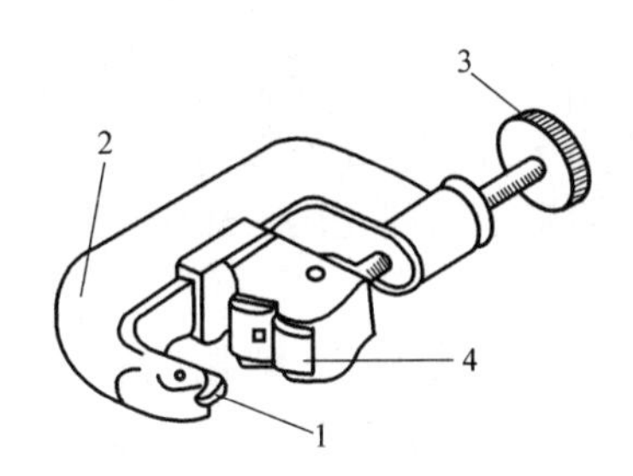

图 7-2 制冷剂管割刀

1—割刀 2—支架 3—手柄 4—滚轮

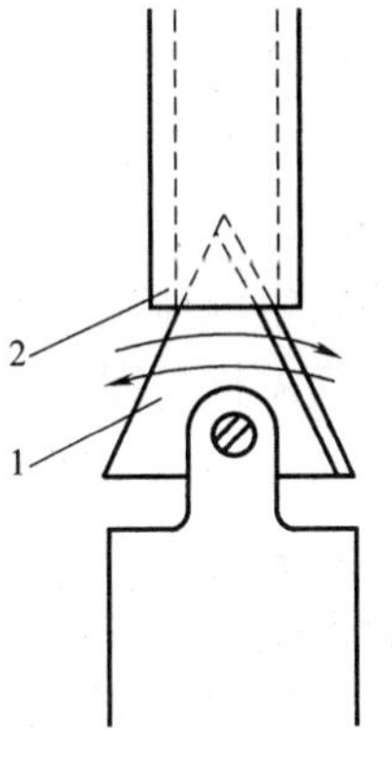

图 7-3 刮刀去毛刺

1—刮刀 2—管口

3. 气焊

如图 7-5 所示，气焊工具主要有乙炔气瓶、氧气瓶、减压器、气焊炬等，可以对铜管与铜管、铜管与钢管等进行焊接。各工具的作用如下：

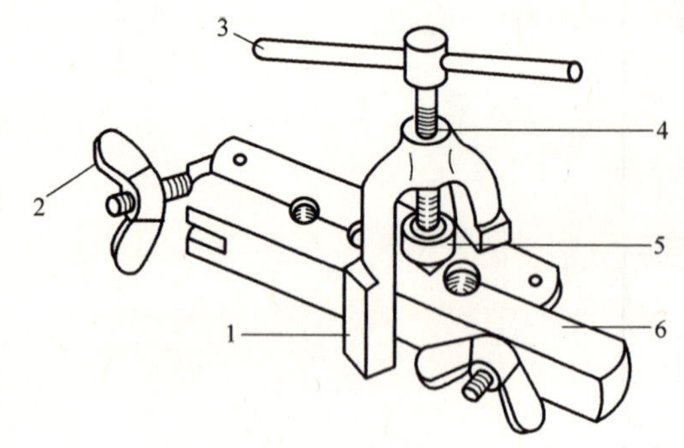

图 7-4 制冷剂管扩口器

1—弓架 2—螺母 3—手柄

4—螺杆 5—锥形支头 6—夹具

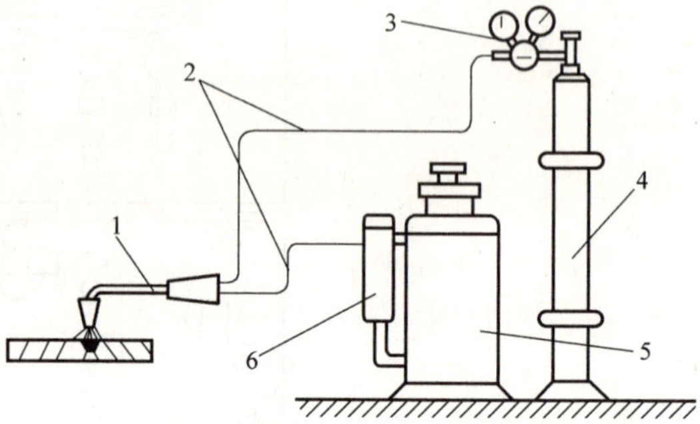

图 7-5 气焊工具

1—气焊炬 2—橡胶管 3—减压器

4—氧气瓶 5—乙炔气瓶 6—回火保险器

（1）氧气瓶 氧气瓶是储存和运输高压氧气的容器。瓶体漆成天蓝色，并漆有“氧气”黑色字样。氧气瓶容量一般为 40L，额定工作压力为 15MPa。必须正确地保管和使用氧气瓶，否则会有爆炸的危险。操作中氧气瓶距离乙炔发生器、明火或热源应大于 5m。

（2）乙炔 乙炔是用碳化钙（CaC_2，俗称电石）跟水反应而产生的，分子式为 C_2H_2，在常温下是无色气体。乙炔在氧气里燃烧，最终产物是二氧化碳和水，同时放出大量的热，温度可达 3000℃以上。乙炔气瓶漆成白色，“乙炔”字样漆成红色。乙炔气瓶安全且卫生，正在逐步取代乙炔发生器。

（3）减压器 减压器用来改变乙炔和氧气的比例，保证气焊正常进行。减压器工作时，应按顺时针方向将调压螺钉旋入，压缩调压弹簧，顶开活门，高压气体经通道进入低压室，低压室内气体压力增加，压迫薄膜及调压弹簧，使活门开启度逐渐减小。低压室内气体压力达到一定数值时，又会将活门关闭，低压表指示减压后气体的压力。控制调节螺钉，可获得所需的工作压力。

（4）回火保险器（安全瓶） 回火保险器是装在燃料气体系统上的防止向燃气管路或气源回烧的保险装置，一般有水封式与干式两种。正常气焊时，火焰在气焊炬的焊嘴外面燃烧，但当发生气体供应不足或管路焊嘴阻塞等情况时，火焰会进入喷嘴沿着乙炔管路向里燃烧，这种现象称为回火。如果回火蔓延到乙炔发生器或乙炔气瓶，就可能引起爆炸事故。当回火时，高温高压的回火气体从出气口倒流入回火保险器里，活门关闭，爆破橡胶膜泄压后排入大气。

通过调整混合气体中乙炔与氧气的比例，可获得中性焰、碳化焰、氧化焰三种不同性质的火焰。中性焰又称正常焰，其氧气和乙炔的混合比为 1.0∶1~1.2∶1。中心焰由焰心、内焰和外焰三部分组成。内焰区是焰心外边颜色较暗的一层，其温度最高，可达 3000~3200℃，适用于焊接低碳钢、中碳钢、合金钢、纯铜和铝合金等材料。碳化焰的氧气和乙炔

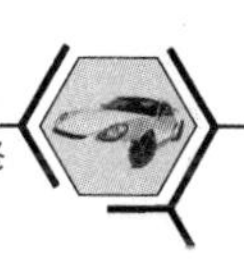

混合的体积比小于 1.0∶1。由于氧气较少，燃烧不完全，整个火焰比中性焰长，温度较低，约为 2700～3000℃。由于乙炔过剩，故碳化焰适用于焊接高碳钢、硬质合金，焊补铸铁等。氧化焰的氧气与乙炔混合的体积比大于 1.2∶1。由于燃烧时有过剩的氧气，故燃烧比中性焰剧烈。由于氧化焰对金属熔池有氧化作用，会降低焊缝质量，故只适用于焊接黄铜。

4. 弯管工具

对于管径小于 8mm 的铜管，可以用弹簧钢丝穿入管内进行徒手弯曲。对于管径大于 8mm 的铜管，一般用弯管器使其弯曲，如图 7-6 所示。不同的管径必须用不同规格的弯管器进行弯曲。

5. 气门阀与接头

图 7-7 所示为气门阀与接头。气门阀有两种：一种用于连接快速接头，适用于采用 R134a 的制冷系统；另一种上面是螺纹，适用于采用 R12 的制冷系统。气门阀又称检修阀，也称施拉德尔阀。在非独立式空调中，为了简化结构，压缩机上一般不设维修辅助阀（检修阀），检修阀往往焊接在制冷系统的管路上，也可以安装到储液干燥过滤器上。此阀的构造和原理与轮胎上的气门芯类似。

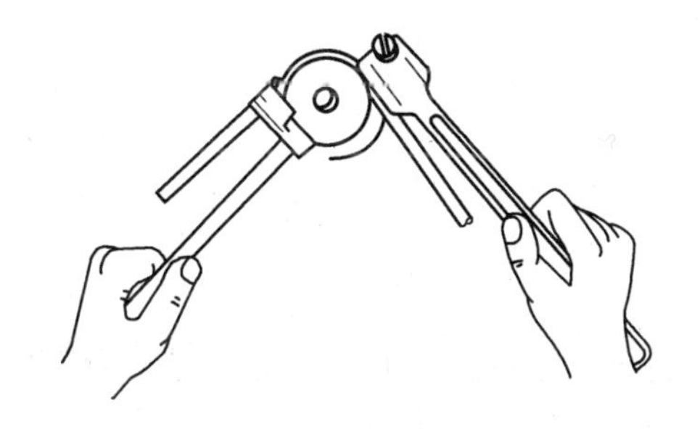

图 7-6　弯管器

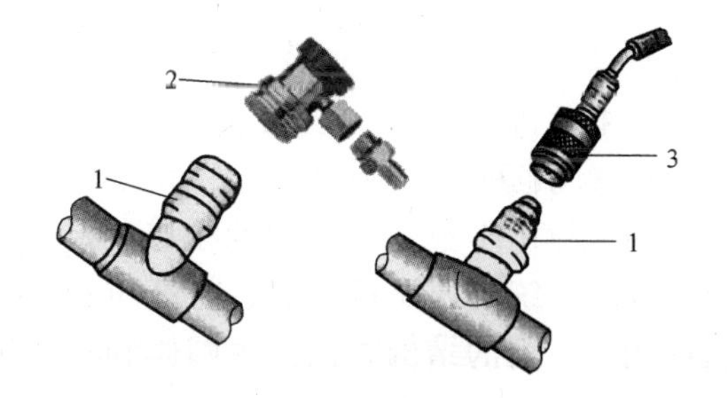

图 7-7　气门阀与接头

1—气门阀　2—快速接头　3—螺纹接头

6. 制冷剂注入阀

为了便于准确地按规定数量向制冷系统加注制冷剂，并便于维修时携带，目前制冷剂常用小型金属罐装，一罐为 250g 或者 300g。装制冷剂的金属罐是全封闭的，在使用时借助制冷剂注入阀打开。R12 和 R134a 的注入阀尺寸各不相同。制冷剂注入阀的结构如图 7-8 所示。制冷剂注入阀主要由手柄、接头、针阀、活动螺母等组成。其使用方法如下：

1）根据所需要注入的制冷剂种类（R12 或 R134 a）选择不同尺寸的注入阀。

2）在制冷剂罐上安装制冷剂注入阀之前，应朝逆时针方向旋转手柄，直到针阀完全缩回为止。

3）把制冷剂注入阀安装到制冷剂罐的顶部，然后顺时针方向转动板状螺母，使它与罐顶以螺纹装配。

4）把歧管压力表上中间的软管和制冷剂注入阀的接头连接起来，并且使其紧固。

5）朝顺时针方向旋转手柄，使针在小罐上开一个小孔。

6）如果此时需要加注制冷剂，应朝逆时针方向旋转手柄，使针阀抬起，将歧管压力表上中间软管中的空气排出后，打开歧管压力表的相应手动阀，让制冷剂注入制冷系统。

7）如果要停止充注制冷剂，应朝顺时针方向旋转手柄，使针阀落到刚开口的小孔里，封闭小孔，且同时关闭歧管压力表上相应的手动阀。

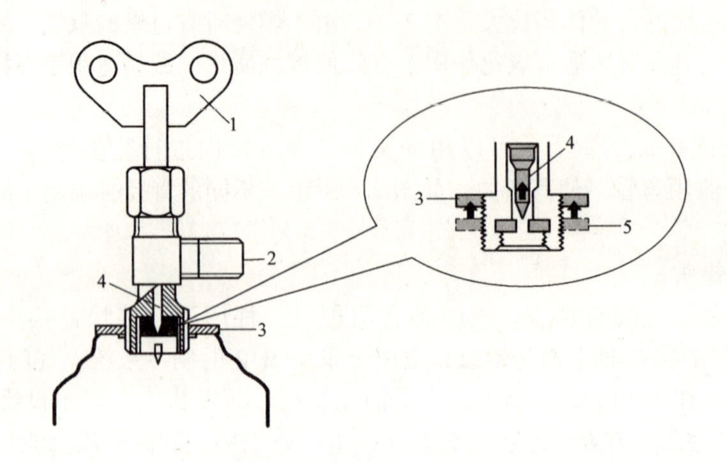

图 7-8　制冷剂注入阀的结构

1—手柄　2—接头　3—板状螺母　4—针阀　5—活动螺母

7. 检修阀

检修阀也称维修辅助阀，又称三通阀，主要由阀体、阀杆和接口组成，如图 7-9 所示。检修阀一般用于独立式空调的检修。独立式空调制冷系统的压缩机一般装有高压和低压检修阀，它们的结构相同，由阀体和柱塞组成。当柱塞处于不同位置时，可以对制冷系统加注制冷剂、排出制冷剂、抽真空，接上歧管压力表就可以检测系统的压力。检修阀的阀杆可利用棘轮扳手转动，可使阀杆处于三种位置：前座、后座或中间位置中的任意位置。利用这些位置能够在抽真空、加注制冷剂、用检测设备检查系统压力或者在更换压缩机、将压缩机拆下来修理等工作中，都不需要打开整个制冷系统，以节省维修作业时间。

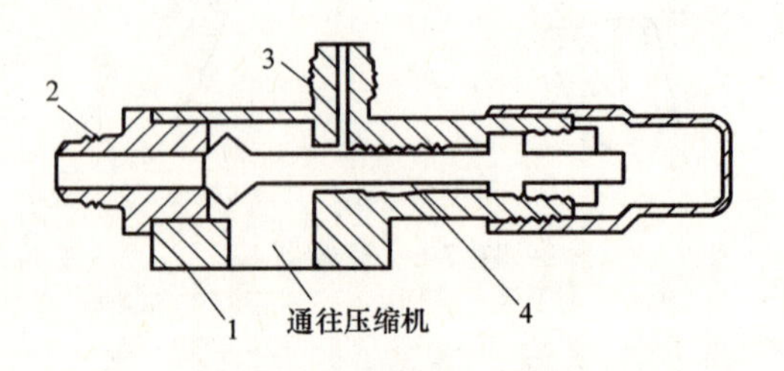

图 7-9　检修阀的结构

1—阀体　2、3—接口　4—阀杆

8. 歧管压力表

歧管压力表又称歧管压力计装置，由两个压力表（低压表和高压表）、两个手动阀（高压手动阀和低压手动阀）、三个软管接头（一个接检修阀、一个接高压检修阀、一个接制冷剂罐或真空泵吸入口）组成，这些部件都装在表座上，如图 7-10 所示。它是维修汽车空调的重要工具，如充注制冷剂、添加润滑油、系统抽真空等都需要使用歧管压力表，排除空调故障及排除也需要使用此设备。

（1）压力表

1）弹簧管式压力表的结构

弹簧管式压力表的结构如图 7-11 所示，主要由小齿轮、游丝、指针、扇形齿轮、弹簧秤、拉杆等组成。

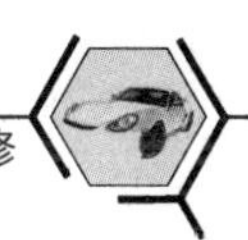

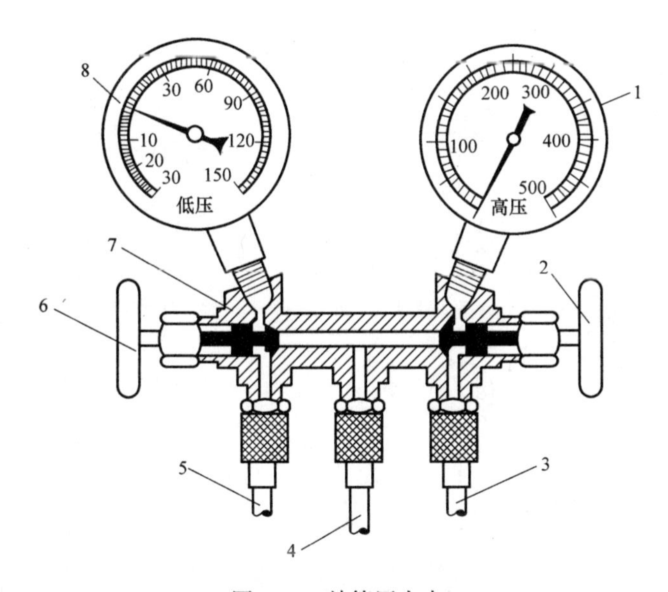

图 7-10　歧管压力表

1—高压表　2—高压手动阀　3—高压侧软管（红）　4—维修用软管（绿/黄）　5—低压侧软管（蓝）　6—低压手动阀（10）LO　7—表座　8—低压表

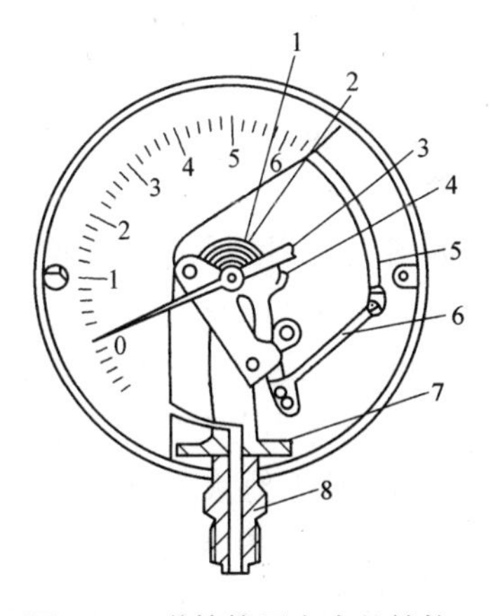

图 7-11　弹簧管压力表的结构

1—小齿轮　2—游丝　3—指针　4—扇形齿轮　5—弹簧秤　6　拉杆　7—固定块　8—接口

2）弹簧管式压力表的工作原理。当具有一定压力的被测制冷剂从接口进入弹簧管时，由于弹簧管内外压力差的作用，弹簧管膨胀变形，通过拉杆使扇形齿轮转过一角度，从而带动小齿轮和指针也转过一个角度，指针所指的读数便是所测的压力，也称表压力。如果被测工质的压力低于大气压力，则弹簧收缩变形，压力计所示的读数便是真空度。歧管压力表是一组，包括两个压力表，一个压力表用于检测制冷系统高压侧的压力，另一个压力表用于检测制冷系统低压侧的压力。低压侧的压力表既用于显示压力，也用于显示真空度，所以也叫连程表。真空读数范围为 0~0.1MPa。压力刻度从 0 开始，最大量程为 1.5MPa。高压侧的压力表压力最小为-0.1MPa，最大量程为 3.5MPa。

（2）连接软管　充注制冷剂用的软管应能承受一定的工作压力，高压端耐压 3.5MPa 以上，低压端耐压 1.6MPa，破裂压力就高达 13.8MPa，两端通过快速接头安装到汽车空调的检修阀上。根据国内外汽车空调制造厂规定，蓝色软管用在低压侧（吸入侧），绿色（黄色）软管用在中间，安装到真空泵或制冷剂罐上，红色软管用在高压侧（排出侧）。软管的一端装有销子，此端应接气门阀或检修阀，无销子的一端接歧管压力表的表座。使用软管时应注意以下事项：

1）软管上的螺母只能用手拧紧，不能使用工具。

2）使用时要把管内的空气排尽，可以用制冷剂把空气赶出来。

3）当不使用歧管压力表时，应将软管的端部与制冷剂注入软管用备用接头连接起来，防止灰尘、水蒸气等进入。

（3）歧管压力表组　通过两个手动阀和三根软管的组合，可使歧管压力表具有四种功能，如图 7-12 所示。

如图 7-12a 所示，当高压手动阀 B 和低压手动阀 A 同时全关闭时，可以对高压侧和低压

侧的压力进行检查。

如图 7-12b 所示，当高压手动阀 B 和低压手动阀 A 同时全开时，全部管连通，如果接上真空泵，便可以对系统抽真空。

如图 7-12c 所示，当高压手动阀 B 关闭，而低压手动阀 A 打开时，可以从低压侧充注气态制冷剂。

如图 7-12d 所示，当低压手动阀 A 关闭，而高压手动阀 B 打开时，可使系统放空，排出制冷剂，也可由高压侧充注液态制冷剂。

（4）歧管压力表使用时的注意事项

1）歧管压力表是精密仪器，必须细心维护，不要损坏，而且要保持清洁。

2）不使用时，要防止软管中进入水分和脏物。

3）使用时要把软管内空气排尽。

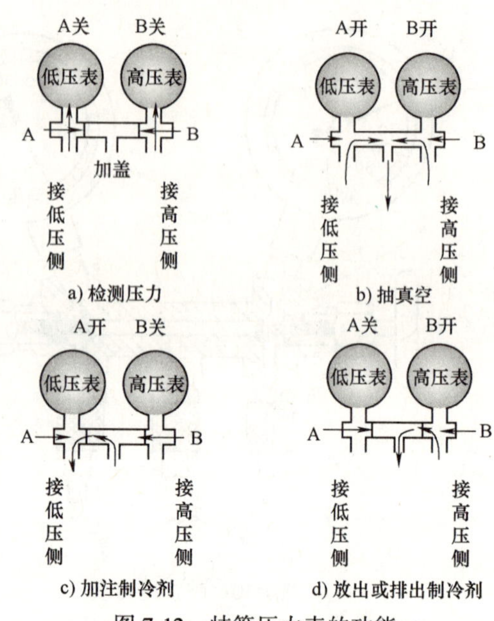

图 7-12　歧管压力表的功能

4）压力表接头与软管连接时，只能用手拧紧，不能用工具拧紧。

9. 真空泵

在安装、检修空调或更换空调零部件时，一定会有空气进入，空气中含有水分，会影响制冷系统正常工作。因此，安装、检修空调后，必须把制冷系统抽成一定的真空后，才能充注制冷剂。抽真空是检修后的必要工序，抽真空的任务是由真空泵来完成的。真空泵的作用是排除空调制冷系统内的空气水分。抽真空并不能把水抽出来，而是产生真空后降低了水的沸腾点，使水在较低的温度下沸腾，以水蒸气的形式从系统中抽出。

（1）真空泵的结构　叶片式真空泵的结构如图 7-13 所示，它主要由转子、定子、叶片、排气阀及壳体等零件组成。

（2）叶片式真空泵的工作原理　叶片式真空泵工作时，由于在离心力和弹簧 2 的张力作用下，叶片 3 紧贴在定子 4 缸壁上，并将其分隔成吸气腔和压缩腔。转子旋转时进气腔容积逐渐扩大，腔中压力下降，从而吸入气体；压缩腔容积逐渐减小，压力升高，气体从排气阀 6 排到大气中去。这样不断循环，便可以把容器内的空气抽出，从而达到抽真空的目的。

（3）真空泵类型　常见的汽车空调真空泵有两类：高真空泵和低真空泵。高真空泵主要用于维修大型客车，低真空泵用于维修小轿车。

1）高真空泵。空调制冷系统抽真空的第一种方法是高真空法，这种方法需要用高真空泵。用高真空泵一次就可以完成全部抽真空作业。高真空泵由叶片泵和凸轮活塞泵两种。高真空泵精度高，但价格也较贵。

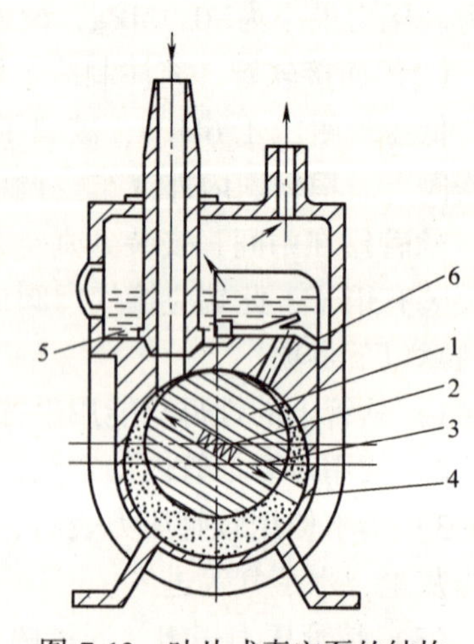

图 7-13　叶片式真空泵的结构

1—转子　2—弹簧　3—叶片　4—定子　5—润滑油　6—排气阀

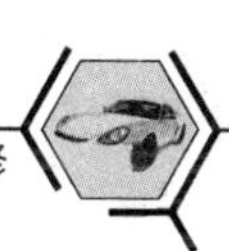

2）低真空泵。用低真空泵对系统抽真空时，需要先对系统抽真空，然后向系统充注无水氮气或干燥制冷剂，其含湿量应为5~10ppm（1ppm=10^{-6}），干燥气体应在系统内至少停留1h，以便让干燥气体在系统里扩散和尽可能多地吸收一些潮气，直到系统内压力稍高于大气压力时为止。如此重复三次，所以又称三次抽真空法。低真空泵价格较低，使用较普遍。

10. 冷媒鉴别仪

冷媒鉴别仪（见图7-14）可以对制冷剂类型进行快速鉴别，并打印结果。冷媒鉴别仪利用气相色谱进行分析，能够显示最终的鉴定结果，操作方便。

11. 电子检漏仪

泄漏是汽车空调制冷系统最常见的故障之一。在拆装或检修汽车空调制冷系统管道、更换零件之后，都需要在检修拆装的部位进行制冷剂的泄漏检查。由于制冷剂无色、无味，所以对制冷剂的检漏需用一定的设备。电子检漏仪就是常用的制冷剂检漏设备，如图7-15所示。

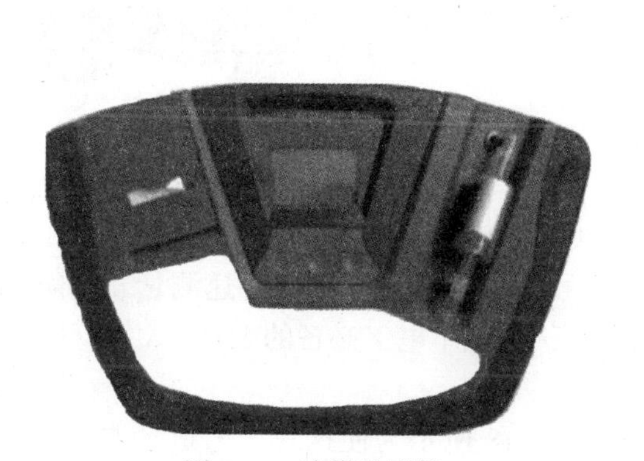

图7-14　冷媒鉴别仪

图7-15　电子检漏仪

电子检漏仪分为R12电子检漏仪、R134a电子检漏仪和多功能电子检漏仪等。目前最常用的是多功能电子检漏仪，它既能检测R12又能检测R134a。

（1）电子检漏仪的工作原理　如图7-16所示，电子检漏仪有一对电极，阳极板1用白金做成，放在空气中，当加热器6加电压时就有阳离子射向阴极板3，从而产生电流。如果开动鼓风机4，气体制冷剂2通过两极板之间，阳离子就会迅速增加，电路中的电流也会明显增大。通过放大器将电流放大，使微安表5上的指针摆动。有些电子检漏仪以产生闪光信号的强弱表示泄漏量的多少，有些电子检漏仪还设有蜂鸣器，从而测出制冷剂的泄漏部位及其泄漏量。

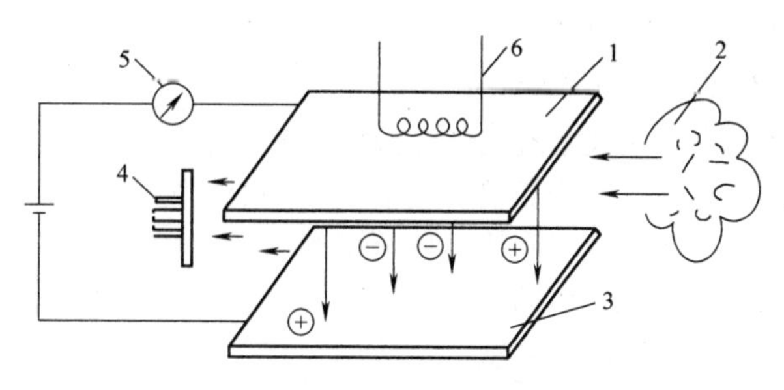

图7-16　电子检漏仪工作原理示意图
1—阳极板　2—气体制冷剂　3—阴极板　4—鼓风机
5—微安表　6—加热器

（2）电子检漏仪的使用方法　各种电子检漏仪的使用方法不完全

相同，一般使用方法如下：

第一步：将电子检漏仪接在电源上，预热 10min 左右。

第二步：将开关拨至校核档，确认指示灯和警铃工作正常。若电子检漏仪的灵敏度可调节，则调节至所要求的灵敏度范围。

第三步：将开关拨至检测档，将探头放至被检查位置，若有超过该灵敏度范围的泄漏量，则警铃会发生声响，指示灯也会闪光。

第四步：一旦查出泄漏部位，应使探头立即离开此部位，以免缩短仪器寿命及影响灵敏度。

第五步：如果空调制冷剂有大量泄漏，或刚经过维修，周围空间有大量制冷剂气体，则应吹散空气后，再进行检查，否则会影响检查的正确性，无法测出泄漏部位。

12. 冷媒回收机

图 7-17 所示为冷媒回收机，是专用于汽车空调维修的设备，能够对制冷剂进行回收、再生、充注，具有对汽车空调进行检漏、添加冷冻机油、压力检测等功能。冷媒回收机使用单片机对压缩机、压力表组、真空泵进行集中控制。

图 7-17 冷媒回收机

二、空调电气系统维修工具

1. 数字式万用表

万用表分为指针式万用表和数字式万用表两大类。数字式万用表除具有一般万用表的通断性和电压、电流、电阻测试功能之外，还具有信号频率测量、发动机转速测量、脉宽测量、温度测量、占空比测量等汽车电路检测实用功能，是汽车电工必备的工具。

2. 示波器

示波器是一种用途十分广泛的电子测量仪器。图 7-18 所示为便携式四通道示波器，它能把电信号变换成图像，以便于研究各种电现象的变化过程。利用示波器能观察各种不同信号幅度随时间变化的波形曲线，还可以用它测试各种不同的电量，如电压、电流、频率、相位差、幅值等。示波器不仅可以快速捕捉电信号，还可以记录信号波形，显示电信号的动态波形，便于观察分析。无论高速信号（如喷油器、间歇性故障信号）还是低速信号（如节气门位置变化及氧传感器信号），用示波器都可得到真实的波形曲线，就像医生给患者做心电图一样。

3. 汽车检测仪

汽车检测仪是现代汽车故障诊断、检测和维修必不可少的设备。汽车检测仪一般都具有读取故障码、清除故障码、动态数据分析和执行器测试等功能。此外，其还具有支持特定车系车型的专业功能，如具有系统基本调整、自适应匹配、编码、单独通道数据、登录系统、传送汽车底盘号码等专业功能。

大众汽车集团专用汽车检测仪 V. A. S5051 如图 7-19 所示。它是一个集车辆诊断、检测、信息系统于一体的综

图 7-18 便携式四通道示波器

合式检测仪，在大众、奥迪车系电路检测，特别是汽车网络系统故障诊断、检测和波形分析中发挥着不可替代的作用。V. A. S5051 实际上是一个检测仪系列，可以通过 CAN 总线诊断接口与汽车进行通信，实现汽车故障的诊断、检测和维修指导。

图 7-20 为 V. A. S5051 系列汽车检测仪通过 CAN 总线诊断接口与汽车进行通信的示意图。加装专用的以太网网卡（见图 7-21）和相应软件 ELSA 之后，V. A. S5051 还可以连接国际互联网，实现远程遥控诊断，如图 7-22 所示。

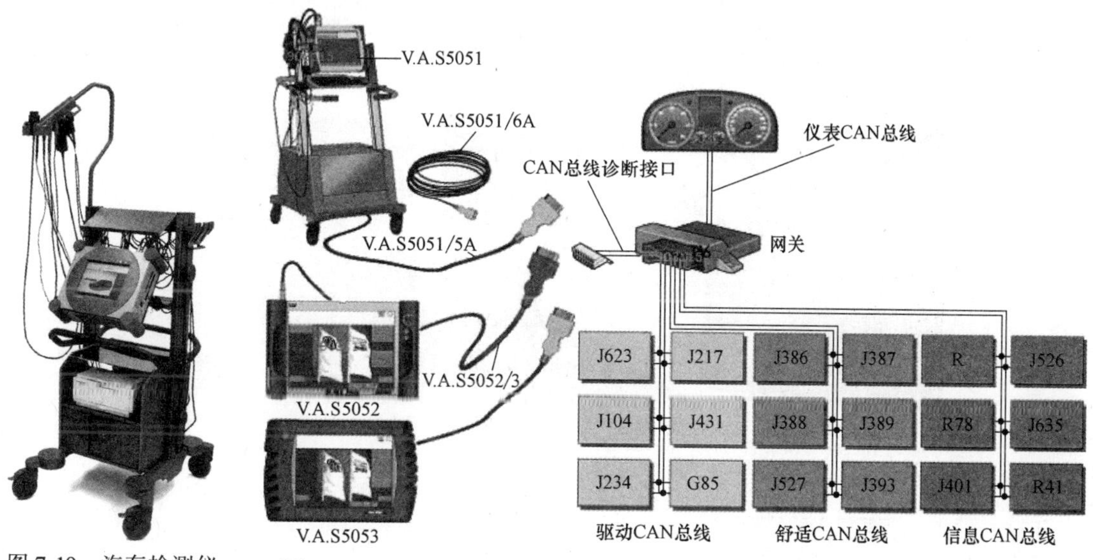

图 7-19　汽车检测仪 V. A. S5051

图 7-20　V. A. S5051 系列汽车检测仪通过 CAN 总线诊断接口与汽车进行通信

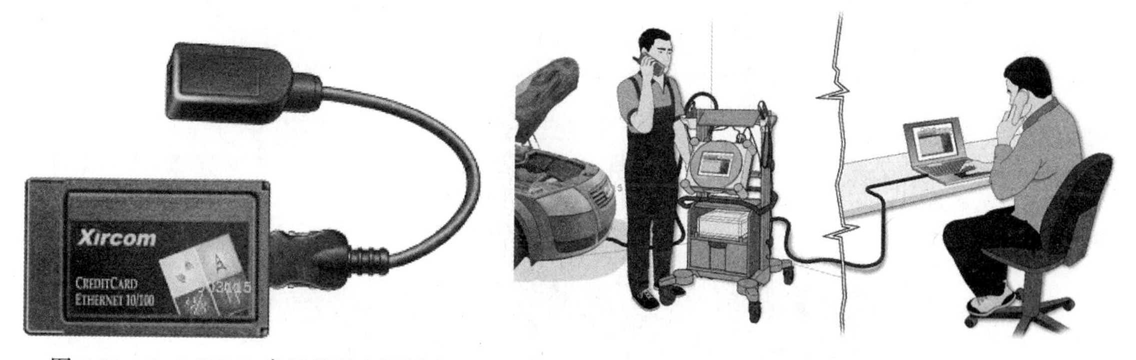

图 7-21　V. A. S5051 专用的以太网网卡

图 7-22　远程遥控诊断

如图 7-23 所示，起动 V. A. S5051 汽车检测仪，通过单击起动屏幕中的“车辆自诊断”按钮，进入“测量和信息系统”界面。如图 7-24 所示，进入 DSO（数字存储示波器）界面后，就可以进行参数设置、波形测量和读取测量结果了。

1）适配器的连接。如图 7-25 所示，就车检测时，应连接好适配器。

2）设备连接。在双通道工作模式下，检测中央舒适系统控制单元波形时的连接如图 7-26所示。

3）结果输出。如图 7-27 所示，在 DSO 屏幕上可以同时显示 3 条测量曲线。

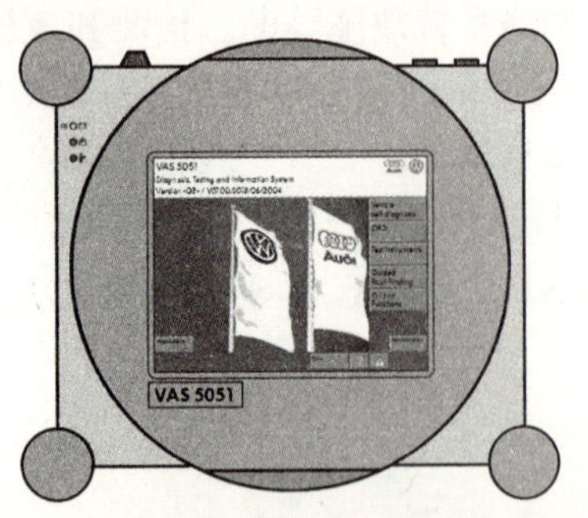

图 7-23　V. A. S5051 汽车检测仪界面

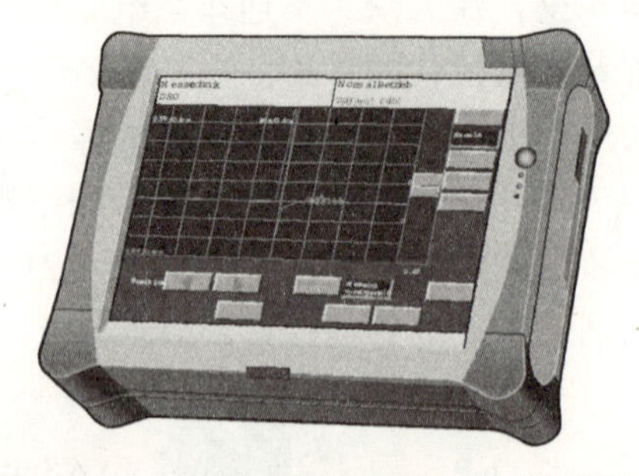

图 7-24　V. A. S5051 汽车检测仪进行波形测量

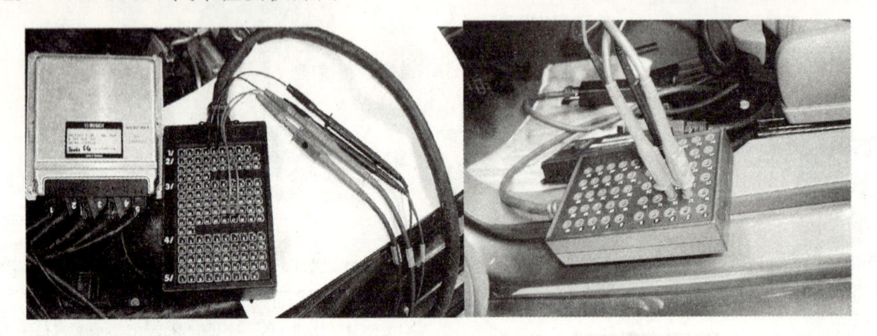

图 7-25　适配器的连接

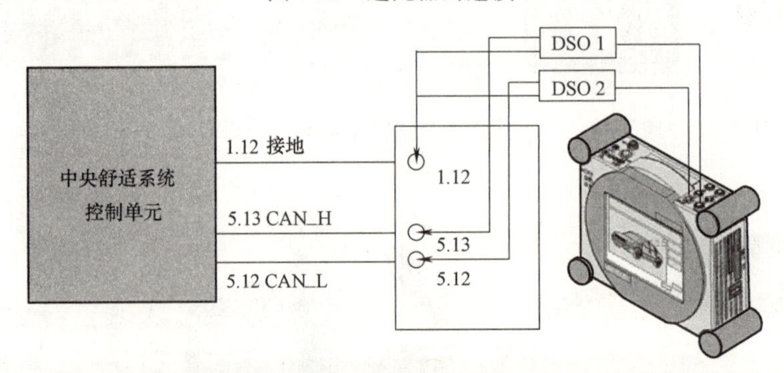

图 7-26　检测中央舒适系统控制单元波形时的连接

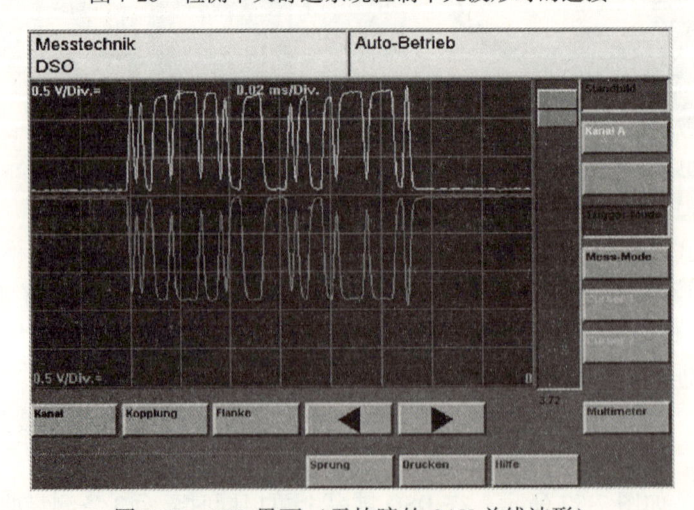

图 7-27　DSO 界面（无故障的 CAN 总线波形）

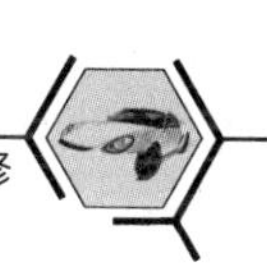

第二节　汽车空调维护

汽车空调维护相当于汽车空调“体检”，且这种检查是在没发现明显的故障的情况下进行的，目的在于发现一些隐患，避免出现更大的故障。因为故障的出现都是一个渐进过程，所以在维护中容易发现如零件磨损、电器线路插头松脱、管路连接松动、泄漏、变形等问题。针对发现的隐患，要及时进行修理和更换，确保汽车空调正常运行。

一、汽车空调的清洁与日常维护

1. 清洁

在汽车空调使用过程中，空气会在鼓风机、蒸发器、冷凝器（散热器）以及风道中流动。只要打开汽车空调制冷系统，空气就会进入上述系统。时间久了，会在蒸发器表面积累许多尘埃、细菌及其他污垢，可能会对人体呼吸系统造成伤害或者过敏反应，影响驾乘人员身体健康。汽车空调滤芯是保证进入车内空气清洁的第一道屏障，它能够过滤空气中的灰尘、花粉和细菌，防止车内空气污染。另外，具有活性炭涂层的汽车空调滤芯还能杀死空气中的细菌，并抑制细菌的再生。在汽车空调使用过程中，柳絮、杨絮、灰尘和细菌会在空调滤芯上逐渐积累霉变，使空调产生异味，并有可能被吸入车内，当到达一定程度之后空调还将出现一系列故障。因此，定期更换空调滤芯才能保持良好的空气质量。一般情况下，行驶5000km或3个月（以先到者为准）后应对空调滤芯进行一次清洁，每行驶20000km或12个月（以先到者为准）更换一次空调滤芯。

2. 日常维护

所谓汽车空调的维护，是指通过对汽车空调进行定期检查和调整，维持其最佳工作性能。

（1）压缩机的维护　压缩机的维护一般每三年进行一次，主要检查进、排气压力是否符合要求，各紧固件是否松动漏气等。电磁离合器的维护每1~2年进行一次，重点检查其动作是否正常，是否有打滑现象，接合面是否磨损，离合器轴承是否严重磨损。同时，还须用塞尺检查电磁离合器间隙是否符合要求。另外，还要做到以下几点：

1）停用制冷系统后，每两周起动压缩机工作5min。这样做能够将冷冻机油输送到轴封上，防止轴封干枯。因为压缩机是精密部件，长时间不用，其精密的配合表面会产生“冷焊”现象；另外，制冷剂和冷冻机油会产生化学变化，压缩机长期不工作，容易在配合表面形成腐蚀，破坏零件的光洁度和精度。

2）定期检查压缩机传动带张力。

3）及时维修。如果发现汽车空调的冷冻机油泄漏，要及时修理，并按规范加注汽车空调专用冷冻机油。对于压缩机，要注意检查轴封以及压缩机与进排管的连接部位是否有泄漏现象。

（2）冷凝器和蒸发器的维护　冷凝器主要用于保证空调有最大的气流量。平时要注意检查冷凝器运行是否正常。应经常清洁冷凝器通道，不要使其被杂物、油污、泥土等堵塞。清洗时需注意，请勿使用高压水枪，否则容易损坏散热翅片，降低散热效果。蒸发器同冷凝器一样都是换热器，要保持通风口清洁、排水道畅通、鼓风机运转正常等。当汽车空调处在最大制冷状态时，注意检查是否有发动机热水通过。

冷凝器及其冷却风扇的保养一般每年进行一次，主要是清除冷凝器表面的杂质、灰尘，用尖嘴钳扶正和修复冷凝器的散热片，仔细检查冷凝器表面是否有异常情况，并用检漏仪检查制冷剂是否泄漏。如果防锈涂料脱落，应重新涂刷，以防止冷凝器生锈穿孔而泄漏。检查冷凝器冷却风扇是否运转正常，检查散热风扇电动机的电刷是否磨损过量。

（3）蒸发器的维护　一般应每年用检漏仪进行一次检漏作业，每2~3年拆一次蒸发器盖，对蒸发箱内部进行清扫，清除送风通道内的杂物。

（4）储液干燥过滤器的维护　轿车空调在正常使用情况下，一般5年左右更换一次储液干燥过滤器。如果因使用不当使制冷系统进入水分，应及时更换。另外，如果制冷系统管路被打开，也应更换储液干燥过滤器。

（5）膨胀阀的维护　一般5~6年检查一次，主要检查其动作是否正常，开度大小是否合适，滤网是否被堵塞，如果不正常，应更换或做适当调整。

（6）制冷系统管路的维护　应每年检查一次，用检漏仪检查其密封情况，检查其是否与其他部件摩擦碰撞，检查软管是否有老化、裂纹现象，一般8~10年更换一次软管。

二、汽车空调制冷系统的维护

维护汽车空调制冷系统时，首先要注意，在安装歧管压力表组与制冷系统高、低压检修阀时，只能用手拧紧其螺母，不能用工具，以防止损坏。此外，要正确判断压缩机高、低压侧，判断方法如下：

（1）按制冷剂流向判断　制冷剂从压缩机流向冷凝器方向的是高压侧，从蒸发器流向压缩机方向的是低压侧。

（2）依据管道的冷热判断　开启压缩机工作几分钟以后，停止运转，用手触摸压缩机附近的管道，热的为高压侧，冷的为低压侧。

（3）按汽车空调制冷系统管路的粗细判断　粗管道上安装的是低压检修阀，细管道安装的是高压检修阀。

当新的汽车空调制冷系统各部件安装完成之后，或者当有故障的空调制冷系统修理之后，都要对制冷系统进行维护，如更换冷凝器后，需要做好六个环节：放空或者回收制冷剂，制冷系统检漏，抽真空，添加冷冻机油，加注制冷剂，制冷效果检验。当然，并不是所有的维护都需要以上六个环节，有的只需要加注制冷剂就可以了，但是这六个环节都是汽车空调安装或检修中最基础的作业，也是检修空调的基本操作。

1. 放空或者回收制冷剂

放空就是将汽车空调制冷系统的制冷剂排放出去。维修或更换零部件时，必须要放空制冷剂。放空制冷剂有两种方法：一是把制冷剂放到大气中，这种方法简单易行，但对于R12型制冷剂来说，直接排放会污染环境；二是回收制冷剂，二次利用。放空时，周围环境一定要通风良好，尤其是制冷剂R12，不能接近明火，否则会产生有毒的气体。图7-28所示为回收制冷剂时的接法。回收的操作步骤如下：

1）将歧管压力表和制冷系统检修阀连接起来，中间软管连接到回收机或回收罐上。

2）将发动机转速调到1000~1500 r/min，打开A/C开关，把制冷系统制冷效果调到最冷，鼓风机转速调到最大。

3）缓慢开启高、低压侧手动阀，让制冷剂经过中间软管流向回收罐。

4）歧管压力表的读数为零时，说明制冷剂已完成回收。

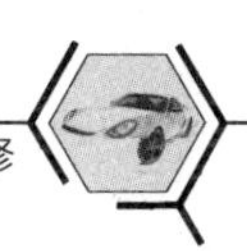

5）先关闭高、低压手动阀，然后关闭空调和发动机。

2. 制冷系统检漏

在检修或拆装空调制冷系统管道或更换部件之后，都必须检查制冷系统的密封性，防止制冷剂泄漏。汽车制冷系统的检漏方法通常有三种：加压检漏、充制冷剂检漏和真空检漏。三种方法都需要歧管压力表组，通过高压压力表的读数来进行判断。

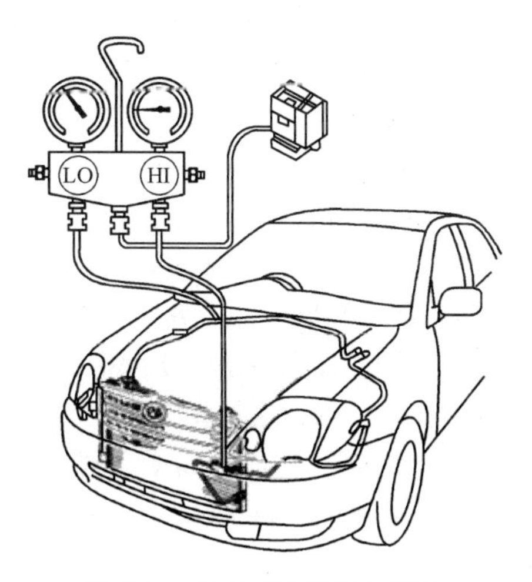

图 7-28　回收制冷剂时的接法

（1）加压检漏　首先应备有足够压力的干燥压缩氮气，如果没有氮气，也可用干燥的压缩空气（空气中78%是氮气）。加压检漏时一定要正确安装歧管压力表，如图 7-29 所示，将高压软管接在汽车空调制冷系统的高压检修阀上，低压软管接在汽车空调制冷系统的低压检修阀上，中间软管接到多功能泵（加压功能）上。当压力达到 1.5MPa 左右时，停止充气，用肥皂水涂抹可能出现泄漏的地方，如果冒泡，说明泄漏，应进行维修。此方法和传统轮胎泄漏的检修方法相似，只是制冷系统很难全面地用肥皂水进行涂抹，所以有一定的局限性，但可以通过高压表读数的变化来进一步判断。经过加压后的制冷系统，如果 24h 内压力无明显下降，说明制冷系统无泄漏。加压检漏方法可靠，但时间比较长。加压检漏时重点检查以下部分：

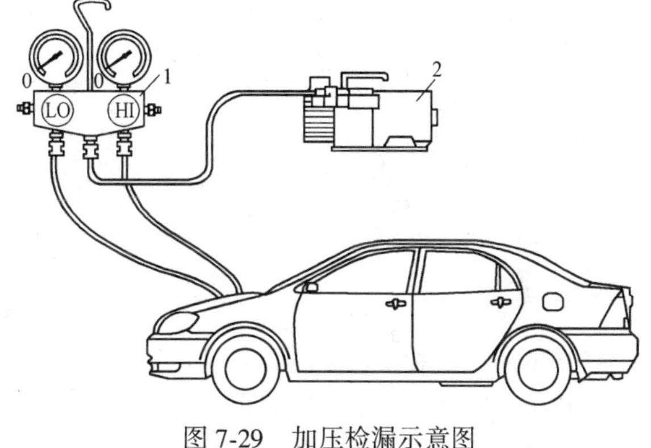

图 7-29　加压检漏示意图
1—歧管压力表　2—多功能泵（加压功能）

1）刚拆装或维修过的部位。

2）压缩机的进排气口、轴封、密封处。

3）冷凝器变形、划伤的部位。

4）管路接口的部位。

5）检修阀。

（2）充制冷剂检漏　充制冷剂检漏对于有冷媒回收机的维修企业来说，是一个非常好的办法。不是向制冷系统充注氮气而是充注制冷剂气体，使制冷系统中的压力达到 1.50MPa 左右，用电子检漏仪检漏，效率较高。

（3）真空检漏　真空检漏是目前最常用的一种检漏方法。若制冷系统密封不良，抽过真空后，外界的空气就会进入制冷系统。抽真空的目的是利用内外空气的压力差来检漏。如果制冷系统有渗漏的地方，应该进一步检修。

3. 抽真空

汽车空调制冷系统修理之后，由于接触了空气，必须用真空泵抽真空。制冷系统里变成真空之后，降低了水的沸点，水在较低温度下就会沸腾，以水蒸气的形式被抽出。抽真空实际上也就是进一步检查系统的气密性能。

如图 7-30 所示，抽真空的步骤如下：

1）使歧管压力表座上的高、低压手动阀处于闭合位置，歧管压力表上的中间软管与真空泵进口相连接，高压软管接在汽车空调制冷系统的高压检修阀上，低压软管接在制冷系统的低压检修阀上。

2）打开歧管压力表的高、低压手动阀，起动真空泵，观察歧管压力表，指针应该下降。

3）数分钟后，低压表指示值应达到-0.1MPa（绝对压力），高压表指针指示位置应略低于零刻度，如果高压表指针指示位置不能低于零刻度，表明制冷系统内有堵塞处，应停止工作，排除故障后再抽真空。

4）真空泵工作 15min 后观察压力表，高、低压表指示值应达到-0.1MPa，然后先关闭高、低压手动阀，再关闭真空泵，保持 30min 左右，如图 7-31 所示。

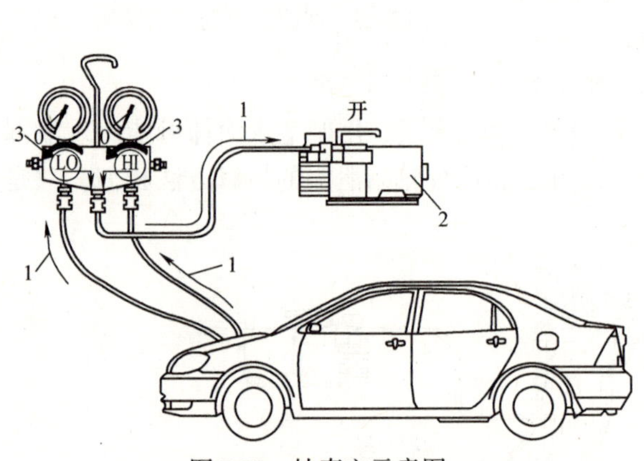

图 7-30　抽真空示意图

1—空气方向　2—真空泵　3—歧管压力表

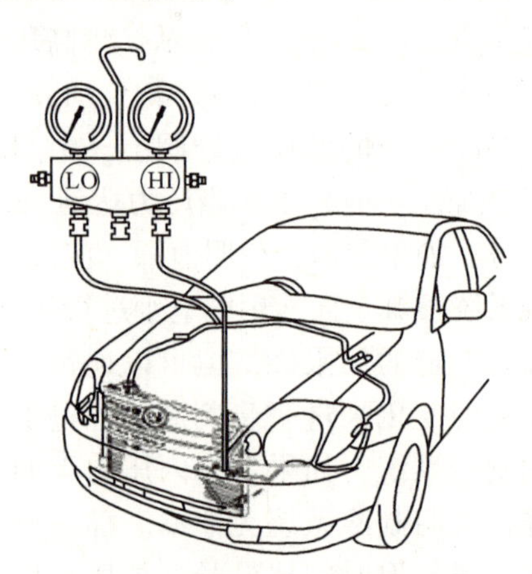

图 7-31　抽真空后保持压力

5）如果制冷系统无泄漏，压力表指针指示值不会上升。如果表针指示值上升较多，说明真空有损失，即系统有泄漏处，要查泄漏处，维修后才能继续抽真空。实质上这一步就是所说的真空检漏法。

6）抽真空总的时间不应超过 30min，防止冷冻机油被抽出，然后关闭手动阀。如果真空泵的功率比较小，可以采用三次抽真空的办法进行完全抽真空。抽真空后就可以向制冷系统中添加冷冻机油了。

4. 添加冷冻机油

一般情况下，汽车空调制冷系统的冷冻机油消耗量很少，可以每两年更换一次。添加时一定要保证是同一牌号的冷冻机油，因为不同牌号的冷冻机油放在一起会生成沉淀物。每次应加入规定数量的冷冻机油。如果制冷系统的制冷剂泄漏很慢，则对冷冻机油的泄漏影响不大，但如果制冷剂泄漏很快，冷冻机油也会随之迅速泄漏。压缩机内冷冻机油存量过少，就会导致压缩机过热，甚至发生拉缸现象。所以在检修空调制冷系统时，一定不要忽视对冷冻机油的检查。在添加冷冻机油时，如果添加过量，制冷系统中的膨胀阀、蒸发器也会生故障，因此，压缩机里的冷冻机油应该保持正常的存油量。

（1）压缩机冷冻机油的检查　压缩机内冷冻机油量的检查一般有两种方法：

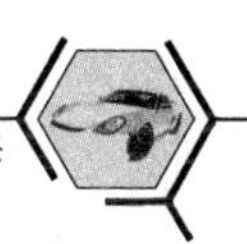

1）观察视镜。通过观察压缩机上安装的视镜，可观察压缩机中的冷冻机油量。一般认为压缩机内冷冻机油的油面达到视镜高度的80%位置是合适的。

2）观察量油尺。对于未装视镜的压缩机，可用量油尺检查其冷冻机油量。压缩机有的只有油塞，油塞下面装有刻度。对于油塞没有刻度的情况，需使用专用量油尺检查，观察油面的位置是否在规定的上、下限之间。

（2）添加冷冻机油　常用的添加冷冻机油的方法有两种：

1）直接加入法。对于压缩机有油量检查口的制冷系统，可以直接加入冷冻机油。将冷冻机油按标准量倒入量杯称量后，再倒入压缩机中。这种方法适合更换压缩机、蒸发器、冷凝器和储液干燥过滤器时使用。

2）真空吸入法。该方法适合无法直接加入冷冻机油的制冷系统。在抽完真空后，可利用真空吸力添加冷冻机油。需要注意的是，从低压检修阀吸入冷冻机油，压缩机工作后就可以直接将冷冻机油吸入压缩机。如图7-32所示，抽真空添加冷冻机油具体的操作步骤如下：

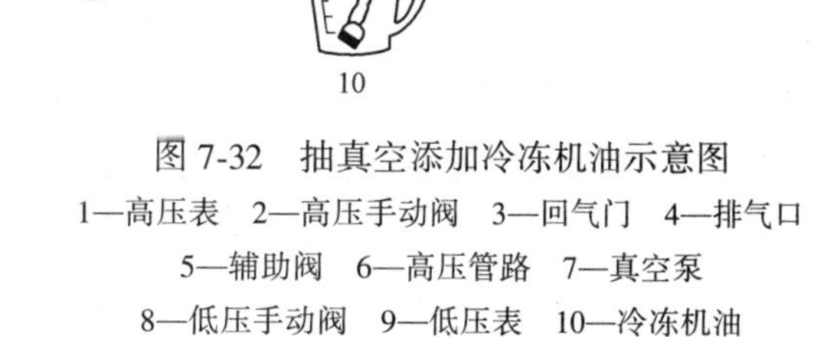

图7-32　抽真空添加冷冻机油示意图

1—高压表　2—高压手动阀　3—回气门　4—排气口　5—辅助阀　6—高压管路　7—真空泵　8—低压手动阀　9—低压表　10—冷冻机油

① 关闭高压手动阀。

② 关闭压缩机上的检修阀。

③ 把高压侧软管从歧管压力表上卸下，插到装冷冻机油的油杯里。

④ 打开检修阀，把冷冻机油从油杯吸入制冷系统。

⑤ 吸油快要完毕时，要注意立即关闭检修阀，以免空气被吸入。

更换部件后需要加注冷冻机油的参考量，请见表7-1。

表7-1　更换部件后需要加注冷冻机油的参考量

名称	加注冷冻机油量/mL	名称	加注冷冻机油量/mL
压缩机	压缩机倒出量加20	储液干燥过滤器	10~20
冷凝器/蒸发器	40~60	管路	5~10

注：具体的空调制冷系统，要参阅维修手册。

5．加注制冷剂

制冷系统在抽完真空并经检查确认没有泄漏后，就需要加注制冷剂了。在汽车空调维修作业中，约有80%属于向系统加注制冷剂的工作。加注前应先确定所要加注制冷剂的类型和质量。加注制冷剂的方法一般有两种：一种是从压缩机排气阀（高压阀）的检修阀加注，称为高压加注，注入的是液态制冷剂，其特点是安全、快速，适用于制冷剂抽真空检漏后加注；另一种是从压缩机低压侧的检修阀加注，注入的是气态制冷剂，其特点是加注速度慢，适合于制冷系统补充制冷剂。

（1）加注液态制冷剂　如图7-33所示，通过高压侧向制冷系统加注液态制冷剂的步骤

如下：

1）当制冷系统抽完真空后，关闭歧管压力表上的高、低压手动阀。

2）将中间软管的一端安装到制冷剂罐上，打开制冷剂罐开启阀，排除中间软管中的空气，拧开歧管压力表中间软管一端的螺母（有的歧管压力表有放气阀），让气态制冷剂将中间软管中的空气赶出。

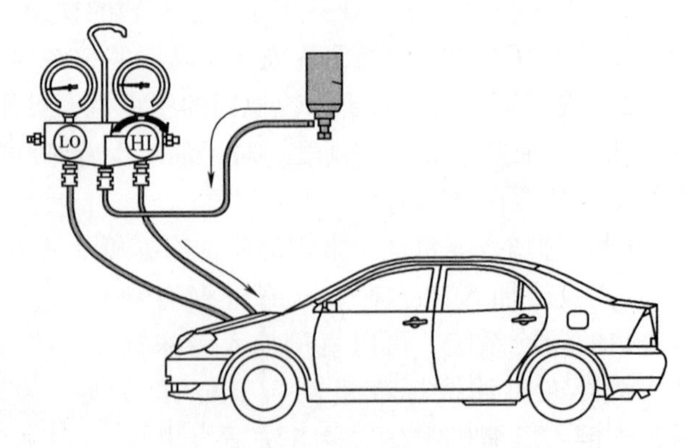

图 7-33　液态制冷剂加注方法

3）把制冷剂罐倒立，拧开高压侧手动阀到全开位置，液态制冷剂进入制冷系统。

4）从高压侧注入液态制冷剂，直到加不进为止。

5）关闭高压手动阀，关闭制冷剂罐阀门，从低压侧加注制冷剂，直到加注到规定值。

从高压侧向制冷系统加注制冷剂时需注意：千万不能起动发动机，而且加注时不要拧开低压侧的手动阀（如果此时打开低压手动阀，虽然加入的速度更快，但如果接着从低压侧加注制冷剂，可能损坏压缩机），当压力表读数接近 0.5MPa 时，关闭阀门。高压侧加注制冷剂往往能满足制冷系统设计要求，但需要从低压侧加注气态制冷剂。

（2）加注气态制冷剂　图 7-34 所示为通过歧管压力表向制冷系统低压侧注入气态制冷剂。其步骤如下：

1）关闭高、低压手动阀，将歧管压力表的高、低压软管安装到制冷系统高、低压检修阀上，中间软管安装到注入阀上。

2）排除中间软管中的空气。

3）打开低压手动阀，让制冷剂罐正立。

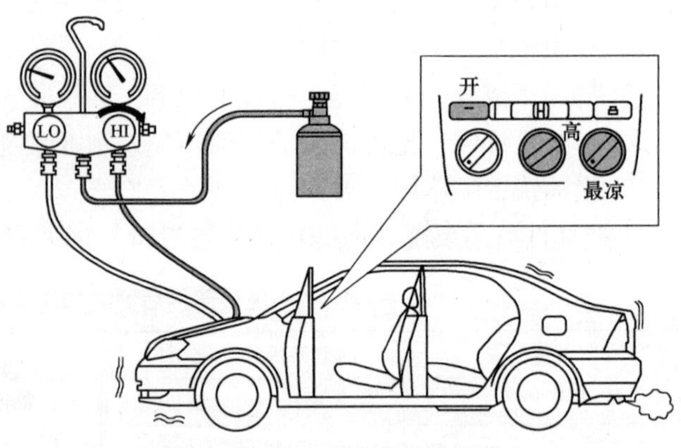

图 7-34　气态制冷剂加注方法

4）起动发动机，打开空调开关，把鼓风机转速调到最高，并将温度设置到最冷。

5）气态制冷剂被吸入制冷系统，直到加注量达到规定值。

6）加注完毕之后，先关闭歧管压力表的低压侧手动阀，再关闭制冷剂罐上的注入阀。

7）关闭空调制冷系统，使发动机停止运转，从制冷系统上迅速拆下歧管压力表软管。

特别注意：在补充加注制冷剂后，起动发动机使空调制冷系统工作时，一定要关闭歧管压力表的高压手动阀，否则，容易造成事故。另外，在低压侧加注制冷剂时，一定要让制冷剂罐正立，加注气态制冷剂。在低压侧加注制冷剂的过程中，可以通过制冷系统的观察窗观察制冷剂的流动情况，根据制冷剂的流动情况来粗略判断注入量，如果从观察窗看到有微量

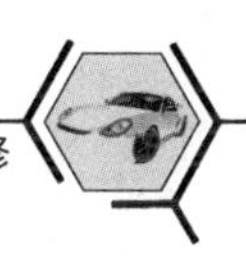

气泡，说明加注基本合适。另外，观察歧管压力表读数，在气温为 30~35℃，发动机转速稳定在 1500r/min，鼓风机开到最高档时，低压表读数应为 0.15~0.25MPa，高压表读数应为 1.37~1.57MPa，出风口温度在 5℃左右。

不同厂家、不同车辆的空调设计不同，其制冷剂的加注量也不相同，应根据各种车型的要求准确加注制冷剂。

6. 制冷效果检验

在对汽车空调制冷系统进行维修之后，制冷系统的制冷性能是否正常，故障是否排除，可以通过性能检验进行判断。对其检验应按以下步骤进行：

(1) 压力检测　把歧管压力表的高、低压侧分别安装到制冷系统的高、低压检修阀上，起动发动机，使压缩机转速维持在 1500r/min 左右，打开“A/C”开关，把鼓风机转速置于最高档，将调温旋钮置于温度最低处，制冷系统要运转 15min 以上，使各部件有充分的时间稳定工作。在有冷气吹出的情况下，检视镜里应看不到气泡。然后，观察高、低压表的读数，当车内的温度为 25~35℃时，高压表读数应在 1.37~1.57MPa 之间，低压表读数应在 0.15~0.25MPa 之间。具体的高、低压侧压力可参考图 7-35。压力表的读数是由车内的空气温度决定的，车里温度高，读数就偏高。如果低压表的读数太低，说明制冷系统中有堵塞处或制冷剂数量不足；如果低压表的读数太高，说明制冷系统中存在空气或制冷剂数量太多，也可能是压缩机效率降低的原因。高压值的高低主要受周围空气温度的影响。如果高压值太低并且在检视镜里看到气泡，则说明制冷剂数量不足；如果高压值太高，可能是制冷剂太多或制冷系统中存在空气，也可能是冷凝器散热不好等。

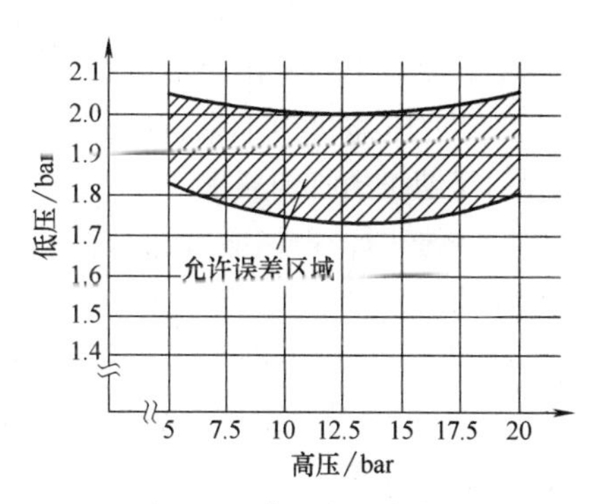

图 7-35　高、低压侧压力

注：1bar=10^5Pa。

(2) 制冷系统进气口和出气口的温度差　观察制冷系统冷气出口处的玻璃棒温度计指示值，再观察制冷系统进口处干湿球湿度计的指示值，计算出这两者的温度差值，即为所求的进气口与出气口的冷气温度差。

(3) 评价制冷性能　根据求出的空气相对湿度及进气口与出气口的冷气温度差，在标准性能曲线图上找到相应的点，如果该点在标准图上两条阴影线之内，则表明制冷系统制冷性能良好；如果该点在这个区域之外，则说明修理的制冷系统制冷性能不好，还需要继续进行维修。

三、汽车空调维护时的注意事项

汽车空调的维护在一般情况下是安全的，但如果操作不当，也会出现把人冻伤、爆炸和产生有毒气体等事故，所以在安装和检修汽车空调时必须注意以下问题。

1. 防止冻伤

制冷剂在标准大气压下的沸点一般都在-20~-30℃，是高度易挥发的物质，若接触到眼睛或皮肤，很容易产生冻伤，操作时面部应远离制冷剂罐。

制冷剂在正常状态下是没有毒的，但在燃烧后会产生毒气，所以为防止意外必须戴上护目镜和手套。如果制冷剂接触到眼睛或皮肤，应立即用大量的冷水冲洗，严重情况下要迅速到医院治疗。

2. 防止爆炸

气态制冷剂在大气里不会爆炸，但在一定压力条件下的容器中，因过热也会发生爆炸。因此，制冷剂的储存罐要存放在40℃以下的阴凉处，远离热源。在加注制冷剂时也应注意，必须找准制冷系统的高压和低压接口。

3. 防止有毒气体

1）避免在有火焰的密闭室内使用制冷剂。

2）修理空调制冷系统时，应保持通风良好。

3）尽量避免制冷剂罐发生碰撞。

第三节　汽车空调制冷系统部件的检修

一、压缩机的检修

汽车空调压缩机出现故障后，只有少数情况不用拆卸压缩机，可以在车上维修，大部分情况都要把压缩机拆下来进行修理。

1. 压缩机的拆卸要求

1）拆卸时应严格按拆卸步骤进行，拆下的零件应分类摆放，必要时可编号，以免搞乱。

2）拆卸零件时不要用力过猛，以免损伤零件。

3）需要用锤敲击时一定要小心，最好用橡胶锤。

4）不许用纱布擦洗零件，用冷冻机油和毛刷清洗卸下的零件。

2. 拆卸步骤

1）关闭点火开关，拆除压缩机电磁离合器的连接导线。

2）排除制冷系统内的制冷剂。

3）拆卸压缩机进、排气口的软管时，应立即封闭压缩机的进、排气口，以免进入杂物。

4）拆下压缩机固定螺钉，取下压缩机，同时将压缩机固定在工作台上。

5）用量杯装压缩机内的冷冻机油，测量出压缩机所使用的冷冻机油的数量，同时观察已使用过的冷冻机油的品质。

3. 压缩机轴封的拆卸和修理

（1）压缩机轴封的拆卸

1）拆下离合器总成，使用卡环钳，取下密封座卡环，如图7-36所示。

2）使用密封圈拆卸工具，伸入到密封座的位置，向外拉出密封座。

3）用钩子取出密封件的“O”形密封圈。

（2）压缩机轴封的修理和安装

1）拆下的轴封不能再用，必须更换新的轴封。在安装新的轴封前，应检查新的轴封摩擦表面是否良好以及轴封是否磨损。

2）用清洁的冷冻机油清洗压缩机密封部位，涂抹“O”形密封圈和轴封座，将“O”形密封圈装入密封沟槽内，并将其正确地压入安装孔中。

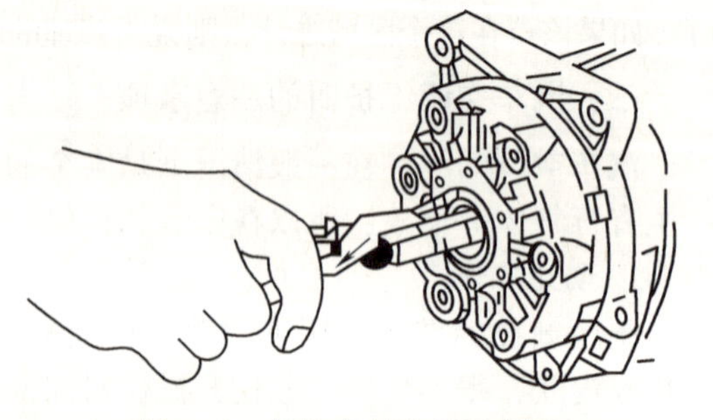

图7-36　拆卸密封卡环示意图

3）安装卡环和油封盖。

4）重新装上离合器。

4. 空调压缩机阀片和阀板的检修

轿车空调压缩机因要求小型化、结构紧凑，故多采用簧片阀，其厚度只有 0.16～0.30mm。阀片发生变形后与阀板贴合面不严会造成制冷剂泄漏，使压缩机排气量减少，引起制冷效果下降。阀片损坏后与阀板不能很好地贴合，将会引起压缩机不能压缩制冷剂气体。簧片阀还可能发生局部折断，使高、低压气体串通，制冷效果下降，以致不能制冷。压缩机阀片最容易发生破裂、炭化、凸凹不平或阀片热处理不好引起质量问题等。阀片的固定螺钉松动或断裂也可能使阀片损坏。阀片损坏后，必须更换新阀片。当没有新的阀片可更换而阀片仅锈蚀或炭化时，可研磨抛光后再用。压缩机中的阀片磨损变形，一般是不能修复的，必须更换新的。但阀板的表面可以研磨，研磨时将它固定在卡具上，在厚玻璃板上用研磨膏进行研磨。手工研磨时用力要均匀，不要只在一个方向或一个位置上研磨，应采用"8"形研磨，必须不断地改变位置和方向。研磨平整后就进行清洗，保持阀板清洁平整。对于有积炭的阀板，采取上述研磨法除去积炭即可。检修完后，应检查阀板的气密性。

5. 压缩机内部零部件的拆卸和修理

（1）内部零部件的拆卸

1）将压缩机从发动机上卸下并安装在专用夹具上。

2）取下离合器压板、带轮、离合器电磁线圈及轴封等。

3）从放油孔放出压缩机内的冷冻机油，并用量筒测量出油量。

4）用内六角扳手松开端盖上的所有螺栓，然后取下螺栓，如图 7-37 所示。

5）用橡胶锤轻轻敲击端盖凸缘，使它与压缩机分开。当压缩机的前后端盖打开后，就可以容易地抽出其活塞等部件，如图 7-38 所示。

6）取下气缸垫、O 形圈、簧片阀板。

7）取出内部的活塞组件和轴承等。

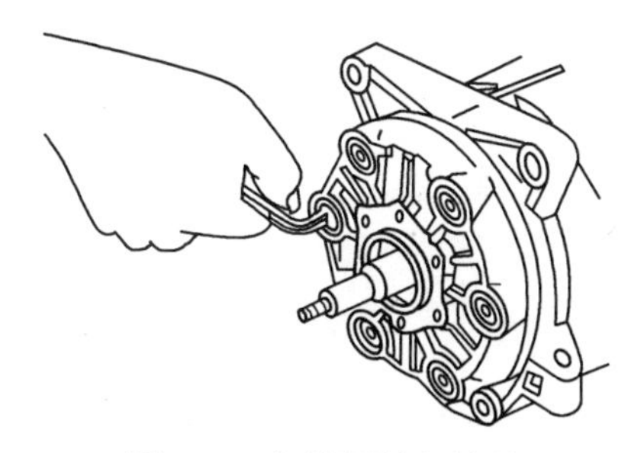

图 7-37　拆卸压缩机端盖

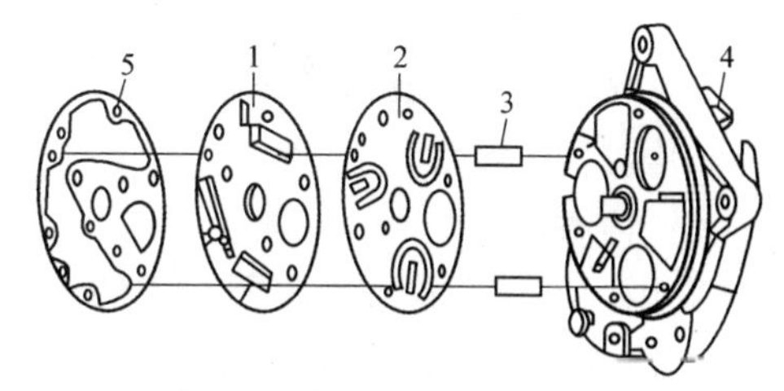

图 7-38　拆卸压缩机内部零件

1—阀板　2—吸气阀片　3—定位销　4—缸体　5—排气阀片

（2）内部零部件的修理和安装

1）检查压缩机的活塞和气缸，若活塞和气缸有拉毛现象，则须更换压缩机。

2）检查压缩机的轴承，若有损坏则必须更换。

3）检查压缩机的阀片和阀板，阀板应平整、无变形，阀片、缸垫和 O 形圈若损坏则需更换。

4）装配时要将所有零部件清洗干净，保证油路畅通，并在各摩擦部位涂上冷冻机油。

同时，要保持所有接合面清洁干净，并在密封垫上涂上冷冻机油，均匀地压紧螺栓，装上前、后盖板。

5）装配后，转动压缩机观察其运转是否顺利。

6. 压缩机维修后的性能检查

将压缩机安装在工作台上就可检查其性能，检查方法如下：

（1）压缩机内部泄漏情况的检查　在压缩机进、排气检修阀上装上歧管压力表，关闭手动高、低压阀，再用手转动压缩机主轴，每秒钟转一圈，旋转 10 圈，这时打开手动高压阀，高压表的读数应大于 0. 30MPa，若读数小于 0. 30MPa，则说明压缩机内部有泄漏处，必须重新修理或更换阀片、阀板和缸垫。

（2）压缩机外部泄漏情况的检查　从压缩机吸入端注入少量制冷剂，然后用手转动其主轴，用检漏仪检查轴封、端盖、吸排气阀口等处有无泄漏现象。若有泄漏现象，则必须拆卸重新修理；若无泄漏现象，则可安装到发动机上。

7. 空调惰轮轴承的更换

如图 7-39 所示，汽车空调使用惰轮，主要用于调整压缩机传动带的松紧度，防止压缩机传动带松动而产生噪声和损坏。发动机一起动，惰轮就转动。惰轮轴承是最容易磨损的部件，如果惰轮轴承损坏，起动空调时就会有明显的噪声。轴承损坏后必须进行更换，方法如下：

1）卸下传动带和惰轮支承轴。

2）卸下轴承锁紧螺母和弹性挡圈，拉出旧轴承，换上新轴承，在轴承座上涂抹冷冻机油，并压进新轴承。

3）重新装上惰轮组件，并调整压缩机传动带松紧度。

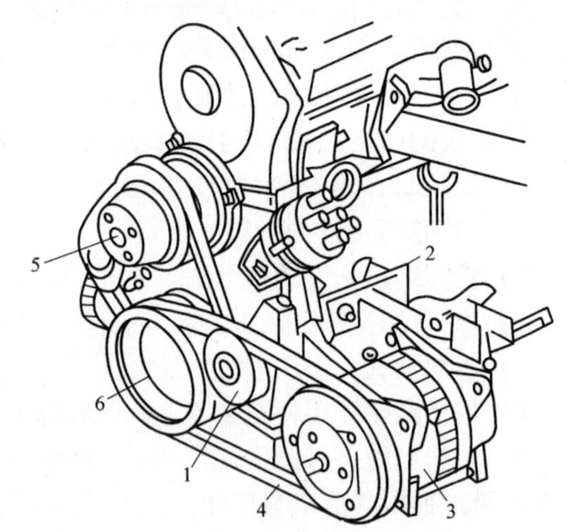

图 7-39　压缩机安装位置
1—惰轮　2—压缩机托架　3—压缩机
4—传动带　5—风扇轮　6—曲轴带轮

二、冷凝器和蒸发器的检修

1. 冷凝器的检修

（1）检查

1）用检漏仪器检查冷凝器总成的泄漏情况。

2）检查时如果发现压缩机排气压力过高，不能正常制冷，导管外部有结霜、结冰现象，说明冷凝器导管内部脏堵或严重变形。

3）检查时如果发现冷凝器散热不良，说明冷凝器导管及翅片外表有污垢、残渣。

（2）拆卸

1）回收或者放空制冷系统中的制冷剂。

2）拆下冷凝器与制冷系统的连接螺栓。

3）拆卸冷凝器，取出衬垫。

（3）检修

1）如果仅仅是外表脏污而造成冷凝器的散热片被堵塞，不必拆卸冷凝器，应用水清

洗，或用压缩空气吹，但注意不要损伤冷凝器散热片。如果发现散热片弯曲，可使用螺钉旋具或手钳加以修正。

2）如果冷凝器散热风扇有问题，也不必拆卸冷凝器，可直接检修散热风扇。

3）如果冷凝器漏气或内部堵塞，应检修冷凝器，并封闭管路。

4）如果冷凝器泄漏，可在泄漏处焊补。

5）如果冷凝器导管脏堵，或导管外部变形，应焊补或更换总成。

6）修理完毕装配时，应注意出口和入口，切勿接错，并且要加入一定量的冷冻机油。

2. 蒸发器的检修

（1）检查

1）检查蒸发器外表是否有积垢、异物。

2）检查蒸发器是否损坏。

3）用检漏仪检查蒸发器是否泄漏。

4）观察排气管路是否洁净、畅通。

（2）拆卸

1）关闭点火开关，拆下蓄电池负极。

2）排出制冷剂，拆卸相关附件。

3）拆卸蒸发器连接管路并密封管口，以防潮气及其他杂物进入系统。

（3）检修

1）清除外表积垢、异物。

2）清洁通气管路，并清除积聚在底板上的水分。

3）如果有泄漏处，应更换蒸发器或者对泄漏处进行焊补。

三、储液干燥过滤器的检修

1. 拆卸

1）拔掉压力开关的插接器。

2）放空或回收制冷剂。

3）拆卸管路，封闭管路接口，取下储液干燥过滤器。

2. 检修

储液干燥过滤器的主要作用是储存液态制冷剂，吸收制冷系统内的水分，过滤制冷系统内的杂质，保证制冷系统正常工作。一旦储液干燥过滤器吸收水分达到饱和状态或者滤网堵塞，就必须更换新件。其操作过程如下：

1）排出或回收系统内的制冷剂。

2）拆下储液十燥过滤器，并立即用堵头密封储液干燥过滤器两端的管口。

3）更换新的储液干燥过滤器，并向压缩机内添加10~20mL冷冻机油。

4）最后依次对制冷系统检漏、抽真空、加注制冷剂。

3. 安装

1）储液干燥过滤器要密封好，防止空气、杂质进入。

2）储液干燥过滤器要直立安装，倾斜度不大于15°。如果倾斜度太大，液态制冷剂与气态制冷剂将不能完全分离。

3）在空调安装和维修工作中，储液干燥过滤器必须最后一个被接到空调中，防止空气

进入储液干燥过滤器。

4）由于R134a和R12这两种制冷剂的性能不同，需要配备不同的储液干燥过滤器，两者不能混用，这一点要特别引起重视。

四、膨胀阀的检修

膨胀阀堵塞后，可用高压空气吹通，如果吹不通，只能拆卸进行清理。如果密封不良引起膨胀阀的膜片失去压力，需修补和加注制冷剂。用胶管加注制冷剂，可按以下步骤进行：

1）将感温包上的毛细管切断，用尖冲把内孔扩大，再将一根10cm长、内径与毛细管外径大致一样的纯铜管套在毛细管上，用银焊或铜焊焊牢，将相连之处扎牢。

2）将歧管压力表高压阀关闭，打开低压阀，将中间软管接在真空泵上，然后开动真空泵约1min，关闭后取下接头注入制冷剂。

3）把毛细管浸入水中，找出泄漏处，焊补好，再抽真空。

4）排气后，依靠钢瓶内制冷剂自身的压力逐渐注入。

5）由于感温包内的容积很小，抽气时间只需1~2min就行了，加入制冷剂的量，应根据车型决定。感温包所需制冷剂很少，无法计量，只能靠一定的压力来加注。由于制冷剂压力随着温度变化而变化，因此很难控制压力，一般以同类型汽车空调不运转时的高压侧压力作为膨胀阀毛细管中加注制冷剂的依据。

6）用封口钳压扁纯铜管，在封口前10mm处将纯铜管截断，将封口处焊牢后，松掉封口钳，将封口浸入水中做检漏试验，以无任何微泡出现为合格。

第四节　汽车空调电气系统的检测

汽车空调上的电气元件非常多，其检测主要分为三类：执行器的检测、传感器的检测和控制单元的检测。

一、汽车空调电动机的检测

汽车空调电动机按驱动电压的不同主要分三类：12V直流驱动的电动机、占空比控制的直流电动机、占空比驱动的步进电动机。

1. 12V直流驱动的电动机的检测

本书第四章中介绍的桑塔纳2000轿车冷却风扇电动机、鼓风机电动机都属于12V直流驱动的电动机。其最简单的检测办法就是将蓄电池正、负极加于鼓风机或者冷却风扇的接线柱上，电动机通电后应能平稳转动；改变蓄电池极性，电动机应能反转。当然，也可以用万用表测量电动机的导电性和绝缘性，与起动机的直流电动机检测方法类似。

2. 占空比控制的直流电动机的检测

本书第五章介绍的自动空调散热器风扇电动机由散热器风扇控制器控制转速，即用占空比控制。对于这类由控制单元提供信号的由占空比控制的直流电动机，可以用专用的诊断仪进行动作测试，也可以在理解电路的基础上，给散热器风扇控制单元进行独立的测试，具

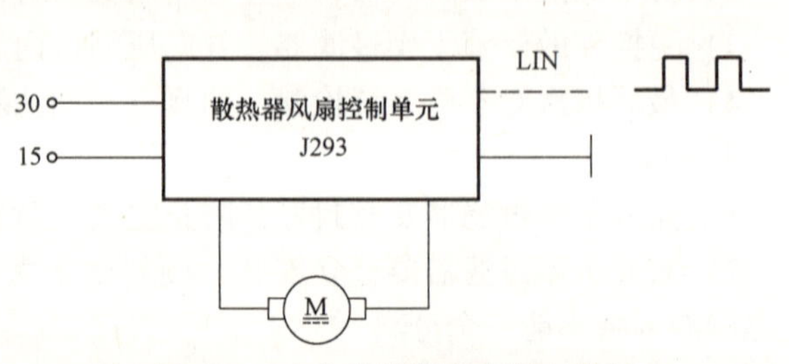

图7-40　占空比控制的直流电动机

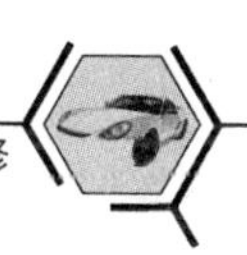

体的办法可以参考图 7-40 所示的接法，给 LIN 总线通一个占空比信号，信号电压最大为 12V，不能过高，过高会烧毁散热器风扇控制单元 J293，通过输入不同的占空比信号，散热器风扇电动机转速发生变化，占空比越大，转速越快。

3. 占空比控制的步进电动机的检测

对于占空比控制的步进电动机，可以通过检测线圈的导电性和绝缘性来进行初步判断，也可以通过占空比来进行检测。需要注意的是占空比控制的步进电动机的驱动占空比不能过高也不能过低。

二、压力开关的检测

在检测前需首先明确压力开关的类型，是常开的还是常闭的，闭合的压力是多少，可以在制冷系统中用万用表蜂鸣档判断。例如，在桑塔纳 2000 轿车空调制冷系统中，低压开关在压力大于 0.2MPa 时闭合，就算不打开空调制冷系统，低压开关也是闭合的，组合开关也一样。

三、电磁线圈的检测

电磁线圈在汽车空调里主要用于电磁离合器、怠速提升稳定电路中的怠速提升电磁阀、变排量压缩机的电磁阀等。

检测电磁线圈时，既可以检测电磁离合器线圈的电阻值，将检测的电阻值与标准值对照，也可以依据电磁线圈的工作电压要求进行通电试验。

四、保护部件的检测

1）波纹管式温度控制器的检测：波纹管式温度控制器的工作原理实际是利用制冷剂热胀冷缩的性质来控制开关的通断，所以，可以采用加热和冷冻的办法，来判断波纹管式温度控制器的好坏。

2）电子式温度控制器的检测方法：在电子式温度控制器与电磁离合器的中间串联一个 12V、50W 的灯泡，通电后看是否正常。

3）过热限制器的检测：最简单有效的办法就是用数字万用表测量电阻，阻值应为 5Ω 左右，若为无穷大，说明有断路故障。

五、传感器的检测

1. 随温度变化类正、负温度系数热敏电阻的检测

对于环境温度传感器、室外温度传感器、蒸发器温度传感器等，可以利用其本身的特点改变外界温度，通过测量电阻值的变化来判断其好坏。

2. 光电式温度传感器的检测

这类传感器直接测量非常困难，因为这种传感器大部分是做成集成电路了，可以根据电路的工作情况借助示波器来判断。

3. 湿度、环境质量类传感器的检测

直接测量非常麻烦，有时不准确，所以需借助专用的检测仪检测，或者利用汽车空调自带的自诊断系统检测，在此不再累述。

4. 压力传感器的检测

在自动空调中，压力传感器有三根线：一正、一负、一信号。可以借助示波器的测量波形来判断压力传感器的好坏。在检测时，可以通过减小和增大控制面板温度更加直观地观察示波器的输出电压变化。

六、控制单元的检测

控制单元的检测技术含量比较高。例如，第四章第八节介绍的发动机控制单元 J220 的芯片 5206-26p，可以通过测量管脚电压波形来检测。这种检测方法非常麻烦，要求也比较高，可以使用大众汽车专用的 V. A. S5051 诊断仪进行检测。如果存在故障，更换控制单元后需要进行在线匹配。

第五节　汽车空调制冷系统故障分析与诊断

一般来说，判断汽车空调制冷系统是否正常以车内空气的温度、湿度是否达标为主要依据。在测试空调制冷系统性能之前，一定要先起动发动机，使其稳定到一定的转速，持续5min 后，再依次进行检查。将控制开关拨到最大制冷量和最大送风的位置，检查有无冷气送入车内，如果有，再用温度表检测蒸发器出风口的温度。如果测得出风口温度在 0~5℃之间，说明该汽车空调制冷系统正常。

一、汽车空调制冷系统故障分析方法

汽车制冷系统的故障分析按两个步骤进行：静态分析和动态分析。

1. 静态分析

关闭汽车空调制冷系统，关闭点火开关，按下列项目逐一观察，发现故障时予以修复。

1）检查压缩机传动带，要求用两个手指压传动带的中间位置，用 15N 的力以能压下7~10mm 为宜。

2）检查压缩机在发动机上安装得是否牢固，压缩机带轮是否端正而不歪斜。

3）检查冷凝器翅片是否干净、完整无损。

4）检查蒸发器和空调滤芯，是否干净和通风良好。

5）检查制冷系统管路接口处，如果某处有油污，表明该处可能泄漏。

6）检查制冷剂管路是否有擦伤或折断。

2. 动态分析

动态检查即开机检查。此时发动机和压缩机都处于工作状态，操作时必须十分小心，确保安全。动态检查时，先起动发动机，打开汽车空调制冷系统，使压缩机运转，此时鼓风机会送风，冷凝器散热风扇也应工作，在制冷系统进入运行后，再检查其他问题。若制冷系统开始运行不顺利，则要根据现场实际情况用以下方法逐步检查：

（1）制冷系统整体不运转

1）检查电源。压缩机不运转，风扇也不旋转，很可能是电源方面的问题。例如，熔丝熔断，电线接头老化、锈蚀，开关损坏，导线断路等。如果熔丝熔断，说明电路某部位有短路故障，应查找短路原因，维修后更换相同规格的熔丝。

2）检查继电器。由于鼓风机的用电量较大，鼓风机通电时最大电流可达 10A，因此一般都装有专用的继电器，用小电流来控制大电流，实行分路供电。应检查继电器线圈是否烧坏，触点是否完好。

3）检查温度控制器。对于压力式（机械式）温控器，应该检查感温包的工质是否泄漏，各机构有无损坏。对于热敏电阻式（电子式）温控器，可先检查调温电阻是否损坏，热敏电阻的特性是否正常，然后再检查放大器部分。

4）检查压力开关。不同的压力开关，工作条件是不一样的。比如桑塔纳2000汽车空调的低压开关，在制冷系统压力正常时，即使不开制冷系统，低压开关也是闭合的。对于不同类型的开关，要先弄明白构造再检测。

（2）噪声　如果制冷系统有噪声，常常预示着将会有连带的故障发生。例如，压缩机的固定螺栓松动会产生噪声，若不及时修理会产生更严重的故障。

（3）冷气不足　一般情况下，环境温度在21℃时，蒸发器出风口温度应为7～10℃。

二、汽车空调制冷系统故障诊断方法

维修人员有一定的经验才能判断空调制冷系统故障，最基础的方法是：看、听、摸、测。

1. 看

1）观察冷凝器、蒸发器是否有污垢、残渣、垃圾，部件连接处有无油污。

2）观察外部各部件有无结霜、结冰现象。

3）观察检视窗，判断制冷剂的工作状态，如图7-41所示。

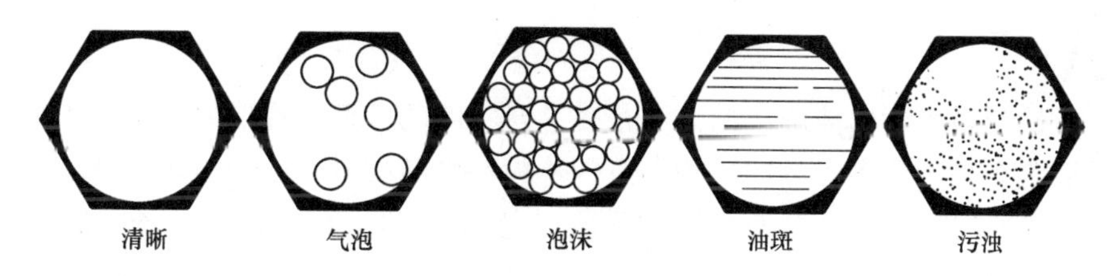

图7-41　从检视窗看到的情况

如果从检视窗看到里面很清晰，说明有两种可能：一是制冷系统内是空的，没有制冷剂，看起来是个空玻璃瓶；二是制冷系统内制冷剂充足，看起来像盛满水的玻璃瓶。对于这两种情况，可以从出风口有无冷气送出来判别。如果从检视窗看有气泡，则说明制冷剂不足、过多或制冷剂内含有潮气。制冷系统内制冷剂不足时常产生气泡，并流过检视窗。如果制冷剂太少，气泡数量猛增，看起来像是泡沫。如果向冷凝器喷水后，检视窗内的气泡消失，则表明制冷剂量过多。如果制冷系统内制冷剂充足，出现气泡，则表明制冷剂内含有潮气，应该更换新的储液干燥过滤器。如果从检视窗看到有油斑条纹，说明制冷系统内没有制冷剂，运行时油滴挂在检视窗上，在玻璃上形成条纹痕迹。

2. 听

1）鼓风机声音是否正常

2）制冷系统内循环声音是否正常。

3. 摸

感觉制冷系统各管路的温度。

4. 测

诊断空调制冷系统故障的仪器主要是歧管压力表。使用时先将歧管压力表的高、低压侧开关关闭，将高压软管和低压软管分别接在压缩机高、低压手动阀上，然后利用制冷系统内的制冷剂将歧管压力表里的空气排净，即可测得制冷系统的压力。

表7-2为制冷系统压力与温度的关系。测试时发动机一定要在规定的转速下运转（一般在1700r/min左右），控制在最大制冷量和最大送风量。如果制冷系统正常工作，在30～

50℃的气温下，低压表的压力应为0.098~0.196MPa，高压表的压力应为1.176~1.470MPa。

表7-2 制冷系统压力与温度的关系

回气压力/kPa	蒸发器温度/℃	排气压力/kPa	冷凝器温度/℃
167	-3	1245~1558	31
186	-2	1274~1588	32
196	-1	1294~1597	33
206	0	1323~1627	34
215	1	1372~1666	36
225	2	1441~1725	37
235	3	1509~1764	38

不同的车型制冷系统高、低压数据有所不同。如果歧管压力表的压力读数与该空调制冷系统所要求的压力值相差过大，则说明该空调制冷系统有故障。

三、其他诊断方法

1. 自诊断

第一代自诊断系统读取故障码的方法很多，对不同的车型，提取故障码所用的方法不完全相同。早期汽车利用仪表上的故障指示灯闪烁频率判断故障。高档轿车多通过电子仪表板显示故障码，维修时需要参阅各车型维修手册。空调ECU具有自诊断系统，用故障诊断仪和通过空调控制面板读取车内温度传感器测量的温度，与实际的车内温度相比较，如果测量的温度与实际温度不同，则说明车内温度传感器或控制电路有故障，详情可查阅各车型的维修手册。在自诊断系统中，ECU将指示器、传感器和执行器存在的所有异常以故障码的形式存入存储器内，即使点火开关关掉，自诊断结果也保存在存储器中。传感器有故障时，空调ECU自诊断系统能够存储相应的故障码，用故障诊断仪读取故障码可以快速判断故障部位。有些车型，在温度传感器出现故障时，空调ECU会采用默认值代替，以使空调继续工作。不同的车型默认值不同。

2. 诊断仪诊断

对汽车空调的诊断可以用通用解码器也可以用专用诊断仪，比如大众的V.A.S5051系列诊断仪。有条件的维修企业则利用通用或专用解码器直接读取故障信息。需要注意的是，故障码未必指明故障部件，只指出不正常的电路范围。

目前世界各汽车制造厂生产的新车普遍采用第二代车载诊断系统，即OBD-Ⅱ。该诊断系统有统一的16端子诊断座，并统一安装在驾驶室仪表板左下方。规定有统一的检测方式、统一的诊断模式，只需相应的诊断仪就可对各种配备OBD-Ⅱ接口的汽车进行检测。OBD-Ⅱ各端子的含义见表7-3。

表7-3 OBD-Ⅱ各端子的含义

端子	含　义	端子	含　义
1	制造厂编号	4	车身搭铁
2	+	5	信号回路搭铁
3	制造厂使用	6	CAN_H

（续）

端子	含　　义	端子	含　　义
7	K	12	制造厂使用
8	制造厂使用	13	制造厂使用
9	制造厂使用	14	CAN_L
10	-	15	L
11	制造厂使用	16	蓄电池正极

第六节　汽车空调自诊断

在此以奥迪 A6 轿车为例介绍汽车自动空调自诊断。

一、自诊断功能与检测要求

1. 自诊断功能

在空调自诊断过程中，空调的控制装置应处于工作状态。空调控制和显示单元 E87（控制单元）接收来自电器和电子部件（信息传感器）的信息，这些信息将按规定值进行处理。控制单元输出信号又控制电器部件（执行器）。为了能在部件发生故障或导线断路时快速查到原因，空调控制和显示单元 E87 中装备了一个故障存储器，可使用 V. A. G1551、V. A. S5051 读出故障。如果被监控的传感器和部件发生故障，这些故障连同故障类型一同被存入故障存储器。

开始查找故障前，必须进行自诊断，可用故障阅读仪 V. A. G1551、V. A. G1552 或 V. A. S5051 来查询存储的故障，将显示出的故障信息与故障码表对照，即可选择适当的修理方法。

只有在打开点火开关或发动机以小于 3000r/min 的转速运转时，数据才可输出。超过该转速，数据输出会受到限制或中断（执行器诊断时，发动机转速必须在 3000r/min 以下，超过该转速，自诊断即中止）。一旦车速超过 5km/h，执行器诊断即中止，显示屏将显示“功能未知或当前不能执行”。如果一个故障存在超过一定时间，那么该故障即被作为稳定故障存储起来；如果未超过规定时间，该故障就被记为偶然故障。该过程一直在不断地进行。偶然故障在显示屏右侧用“/SP”作为提示。如果偶然故障在规定时间内不再出现，就自动清除。只有使用 V. A. G1551、V. A. G1552 或 V. A. S5051，并在运作方式“快速数据传输”状态下才可进行自诊断。自诊断不仅可以存储、查询和清除故障码及进行执行器诊断，还可用于基本设定、控制单元识别及编码。运作方式 2（闪光灯输出）不用于空调/暖风系统的电子装置。运作方式 3（自检）和运作方式 4（操作码）与 V. A. G1551 和 V. A. G1552 有关，具体说明见使用说明书。空调自诊断技术数据见表 7-4。

表 7-4　空调自诊断技术数据

功　　能	说　　明
存储器	永久式存储器
数据输出	“运作方式 1”快速数据传输

（续）

功　　能	说　　明
自诊断	空调/暖风电子系统“地址码 08”
查询控制单元版本号	功能 01
查询故障码	功能 02
进行执行器诊断	功能 03
基本设定	功能 04
清除故障码	功能 05
结束输出	功能 06
控制单元编码	功能 07
读取测量数据块	功能 08

如果新装上的空调控制和显示单元 E87 尚未编码或者输入错误的编码，那么存储器将存储“00040”（其他地区使用的 4 缸汽油机，左置转向盘）。打开点火开关后，如果新装上的空调控制和显示单元显示屏闪亮（约 2min），那么可以编制空调控制和显示单元代码并进行基本设定。

进行自诊断时，空调控制装置应处于工作状态，不可关闭（压缩机、鼓风机、散热器风扇等是可控的）。自诊断开始后，空调控制不能中断，但选择执行器诊断和基本设定后，空调将关闭。如果选择其他功能，空调控制装置仍可工作。空调控制和显示单元 E87 不再与汽车电器系统 30 号接线柱相连，上一次的有效调整在关闭点火开关后存入 E87，在打开点火开关后又被起动。对于安装太阳能电池的滑动车顶的车，关闭点火开关后，空调控制和显示单元 E87 仍通电一段时间，供电是通过一个辅助控制单元来完成的。继续供电（插头 A，触点 10）是为了在关闭点火开关和系统处理空气再循环状态时，通风翻板伺服电动机 V71（该电动机还带动空气循环翻板）能将新鲜空气/空气再循环翻板置于“新鲜空气”位置。

对于带停车加热装置的车，施加一个电压后（插头 D，触点 1，在点火开关关闭时），空调控制和显示单元 E87 即被接通。点火开关关闭后持续的时间由空调控制和显示单元 E87 在打开点火开关后计算（由组合仪表板提供时间信号）。如果点火开关关闭超过 4h，那么由外部温度传感器测得的值即作为外部温度和发动机温度来调节系统。如果点火开关关闭时间少于 4h，那么实际值由空调控制和显示单元 E87 来计算（发动机和散热器的热辐射会导致测量不准，因此温度传感器的实际测量值被禁用一段时间），两个外部温度传感器的实际测量值中，较低的那个值来控制空调和外部温度显示。

2. 自诊断检测要求

进行自诊断时要求能满足以下几点：

1）所有熔丝均正常。

2）蓄电池电压正常。

3）打开点火开关或发动机正在运转（转速应低于 3000r/min）。

4）正确使用检测仪。

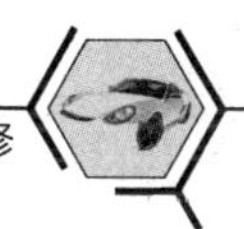

二、故障自诊断

1. 连接故障阅读仪 V. A. G1551 并选择功能

1）关闭点火开关，取下自诊断插头护板，用 V. A. G1551/3 接上 V. A. G1551。屏幕显示：

V. A. G 自诊断 帮助
1-快速数据传输（交替显示）
2-故障码输出（交替显示）

2）打开点火开关或起动发动机，接通压缩机（按空调控制和显示单元 E87 上的“AUTO”键），按“1”键选择“快速数据传输”。屏幕显示：

快速数据传输 帮助
输入地址码××

3）按“0”和“8”键，用“08”选择“空调/暖风电器系统”。屏幕显示：

快速数据传输 Q
08-空调/暖风电器系统

4）按“Q”键确认输入。屏幕显示：

快速数据传输
检测发送地址码 08

5）稍过一会，控制单元备件号、编码和服务站代码被显示出来。

4B0 820 043 H A6 全自动空调 D××
编码××××× WSC ×××××

控制单元备件号依据车上装备、空调装置及编码来匹配。空调控制和显示单元有多种，因此更换时一定要注意匹配，只能装用备件号中索引号在 H 以上的空调控制和显示单元。对于 2000 年以后的车型，只能装用备件号中索引号为 H、J、K 或 L 的空调控制和显示单元 E87，或索引号在 T 以上的空调控制和显示单元。这些空调控制和显示单元与备件号为 4B0 820 043 且索引号为 P、Q、R、S 的空调控制和显示单元的不同之处如下：

① 点火开关的匹配识别（测量数据块显示组 11 显示）。

② 压缩机关闭的后 4 个条件（测量数据块显示组 13）。

由于上述差别，2000 年以后生产的车型，只有在特殊情况下才具有索引号为 P、Q、R、S 的空调控制和显示单元 E87，绝不可装用索引号为 G 以前（包括 G）的空调控制和显示单元 E87。

2. 查询故障码

1）连接 V. A. G1551，输入地址码 08（空调/暖风电器系统），继续操作，直至屏幕显示：

快速数据传输 帮助
输入地址码××

2）按“0”和“2”键，用“02”选择“查询故障码”。屏幕显示：

快速数据传输 Q 02-查询故障码

3）按“Q”键确认输入。屏幕显示：

发现×个故障

或

没有发现故障

4）按“→”键，存储的故障依次显示并打印出来。打印完最后一个故障后，应按故障码表排除故障。按“→”返回键回到初始状态并结束输出（功能06）。关闭点火开关并拔下自诊断线。

如果查到有故障，则先排除故障，然后查询故障码（功能02）并清除故障码（功能05），检查编码（功能01）或给控制单元编制代码（功能07）并进行基本设定（功能04）。

如果查不到故障，但空调仍然工作不正常（如压缩机不转或只是有时转，空调控制状况不良，新鲜空气鼓风机转速无法控制），则读取测量数据块（功能08），进行执行器诊断（功能03），检查空调制冷效果。

如果打开点火开关，但空调控制和显示单元E87没有识别出“点火开关关闭时间间隔信号”，那么E87就认为停车时间已起过4h且发动机温度与环境温度相同。这将导致在加热状态时，尽管发动机已达到正常工作温度，但新鲜空气鼓风机会延迟一段时间才起动，仪表板内的外部温度指示器G106也可能显示错误的外部温度。

如果在打开点火开关后，空调控制和显示单元E87上的两个显示区不亮，按电路图检查E87的58d（变光开关）接线柱供电情况。

如果打开灯后，空调控制和显示单元E87的按钮不亮，应按电路图检查E87的58s（位置照明）接线柱供电情况（读取测量数据块和电气检测）。

3. 故障码表

表7-5列出了空调控制和显示单元E87能识别且可由V. A. G1551读出的故障，故障按故障码排列。如果是偶然发生的故障或排除故障后未清除故障码，这些故障就作为“偶然故障”显示（故障存储器的内容在清除前一直保留）。

故障码和闪光码（仅指个别部件）在运作方式“快速数据传输”下只出现在打印结果中。例如故障码00532（5位）对应闪光码2232（4位）。

故障类型也能出现在故障码表中（即带“·”的显示，它与相关部件或信息显示一同出现）。

更换部件前，一定要检查相应的正极和接地连接（接线柱15、75、30和31）以及所有插头（E87与显示的故障件之间的插头）。尤其对于偶然故障，更要检查插头是否松动。可以使用V. A. G1598/11和V. A. G1598/12按电路图检查空调控制和显示单元E87的导线连接情况。

更换了空调/暖风系统部件后，必须进行基本设定（功能04），然后查询故障码，排除后要清除故障码（功能02和05）。

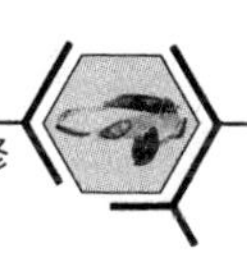

如果关闭点火开关后，空调控制和显示单元仍处于工作状态，则应按电路图检查 E87 的导线（插头 D，插口 1）是否对正极短路。

对于具有太阳能电池滑动车顶的车，如果在关闭点火开关后，新鲜空气/空气再循环翻板没有处于“新鲜空气”位置，则检查是否继续供电（E87 上插头 A，插口 10，电气检测）。如果某个空气分配伺服电动机上的电位计有故障，那么按空调控制和显示单元 E87 上的按钮则会影响空气分配。同时按下驾驶人一侧的温度按钮和空气再循环按钮，可将温度显示从摄氏度变为华氏度，也可从华氏度变为摄氏度。

如果空调/暖风电器工作不正常，但未查到故障，则应进行“执行器诊断 03”和“读取测量数据块 08”检查空调制冷效果。

表 7-5　空调故障码表

V. A. G1551 打印输出	可能的故障原因	故障排除
00000 无故障	修理后如出现“无故障”，则自诊断结束	
00532/2234（故障码） 供电电压 信号太弱/SP	汽车电器系统电压低于 9.5V[①] E87 的导线有接触电阻	检查交流发电动机和电压调节器 按电路图查找并排除导线故障
00601 中央翻板伺服电动机 V70 上电位计 G112 对地短路/SP 断路/对正极短路/SP 超过自适应极限[②]	G112 和 E87 之间短路、断路或插头有故障 中央翻板或脚部翻板运动困难 V70 上电位计 G112 损坏	按电路图查找并排除短路、断路或插头故障 检查中央翻板和脚部翻板是否运动自如 更换伺服电动机 V70
00604 通风翻板伺服电动机 V71 上电位计 G113 对地短路/SP 断路/对正极短路/SP 超过自适应极限[②]	G113 和 E87 之间短路、断路或插头有故障 通风翻板或空气再循环/新鲜空气翻板运动困难。 V71 上电位计 G113 损坏	按电路图查找并排除短路、断路及插头故障 检查通风翻板和空气再循环/新空气翻板是否运动自动[③] 更换伺服电动机 V71
00624 空调压缩机接通[④] 对正极短路/SP	发动机控制单元与 E87 之间对正极短路或插头有故障 发动机控制单元有故障 E87 不能中止输出	按电路图查找并排除短路或插头故障 检查发动机控制单元 检查 E87“压缩机接通”输出（执行诊断）
00625 车速信号 不可靠信号/SP	车速传感器 G68、仪表板或其他与此信号相连的部件（如收录机或 GRA 控制单元）与 E87 之间的导线松动 车速表 G21 或仪表板提供了不能使用的信号，或与此信号相连的部件破坏了该信号	按电路图查找并排除松动处 检查来自 G21 或仪表板的车速信号（注意与此信号线相连的所有部件）
00710 除霜翻板伺服电动机 V107 卡住或无电压/SP	V107 和 E87 之间短路、断路或插头有故障 除霜翻板运动困难 伺服电动机 V107 损坏	按电路图查找并排除短路、断路或插头故障 检查除霜翻板是否运动自如 检查伺服电动机 V107

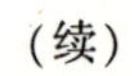
（续）

V. A. G1551 打印输出	可能的故障原因	故障排除
00717 除霜翻板伺服电动机 V107 上电位计 G135 对地短路/SP 断路/对正极短路/SP 超过自适应极限[2]	G135 和 E87 之间短路、断路或插头有故障 除霜翻板运动困难 V107 上电位计 G135 损坏	按电路图查找并排除短路、断路或插头故障 检查除霜翻板是否运动自如[3] 更换伺服电动机 V107
00756 左出风口温度传感器 G150 对地短路/SP 断路/对正极短路/SP	G150 和 E87 之间短路或断路 G150 损坏	按电路图查找并排除短路或断路故障 检查 G150
00757 右出风口温度传感器 G151 对地短路/SP 断路/对正极短路 SP	G151 和 E87 之间短路或断路 G151 损坏	按电路图查找并排除短路或断路故障 检查 G151
00779/3313(故障码) 外温度度传感器 G17 对地短路/SP 断路/对正极短路/SP	G17 和 E87 之间短路或断路 温度传感器 G17 损坏	按电路图查找并排除短路或断路故障 检查温度传感器 G17
00786/3211(故障码) 仪表板温度传感器 G56 对地短路/SP 断路/对正极短路/SP	温度传感器 G56 损坏(装在 E87 内)	温度传感器 G56 损坏，更换空调控制和显示单元 E87
00787/3213(故障码) 新鲜空气进气温度传感器 G89 对地短路/SP 断路/对正极短路/SP	G89 和 E87 之间短路或断路故障 温度传感器 G98 损坏	按电路图查找并排除短路或断路故障 检查温度传感器 G89
00792/3224(故障码) 空调压力开关 F129[5] 对地短路/SP	F129 和 E87 之间导线断路 风扇 V7(1 档，有故障) 冷凝器或散热器脏污 高压力开关 F129 对风扇 V7(2 档)控制有故障 压力开关 F129 损坏 制冷剂管路有故障(过高压或真空)	按电路图查找并排除断路或松动处 检查风扇 V71(1 档)的功能，进行执行器诊断和电气检测 清洁冷凝器和散热器 检查风扇 V7 的功能(通过高压力开关 F129 接 2 档) 检查压力开关 F129 到空调专修站修理
00794/3234 仪表板温度传感器鼓风机 V42 卡住或无电压/SP	鼓风机 V42 损坏(装在 E87 内)	更换空调控制和显示单元 E87
00797/3241(故障码) 阳光强度光敏电阻 G107 断路/对正极短路/SP 对地短路/SP	G107 和 E87 之间断路或短路 光敏电阻 G107 损坏	按电路图查找并排除短路、断路或插头故障 更换光敏电阻 G107
01044 控制单元编码错误	未按规定给 E87 编制代码 输入了错误编码	按规定给空调控制和显示单元 E87 编码

（续）

V. A. G1551 打印输出	可能的故障原因	故障排除
01087 未进行基本设定	基本设定过程中出现了故障或点火开关已关闭 E87 无法完成此功能 更换 E87 后未进行基本设定 对未编码或编码错误的 E87 进行了基本设定	检查空调控制和显示单元 E87 的编码 对空调控制和显示单元 E87 进行基本设定
01206 点火开关关闭时间间隔信号⑥ 不可靠信号/SP	仪表板与 E87 之间断路或短路 仪表板损坏	按电路图查找并排除短路、断路或插头故障 检查仪表板信号（读取测量数据块）
01272 中央翻板伺服电动机 V70 卡住或无电压/SP	V70 和 E87 间短路、断路或插头有故障 中央翻板或脚部翻板运动困难 伺服电动机 V70	按电路图查找并排除短路、断路或插头故障 检查中央翻板和脚部翻板是否运动自如 检查伺服电动机 V70（执行器诊断）
01273/4124（故障码） 新鲜空气鼓风机 V2 调整差别/SP	鼓风机 V2、鼓风机控制单元 J126 和/或 E87 之间短路或断路 供电或 J126 接地断路 控制单元 J126 损坏 新鲜空气鼓风机 V2 损坏	按电路图查找并排除短路或断路故障 按电路图查找并排除断路故障 检查控制单元 J126（电气检测） 更换新鲜空气鼓风机 V2
01274/4131 通风翻板伺服电动机 V71 卡住或无电压/SP	V71 和 E87 之间短路、断路或插头有故障 通风翻板和空气再循环/新鲜空气翻板运动困难 伺服电动机 V71 损坏	按电路图查找并排除短路、断路或插头故障 检查通风翻板和空气再循环/新鲜空气翻板是否运动自如 检查伺服电动机 V71（执行器诊断）
01297 脚部出风口温度传感器 G192 对地短路/SP 断路/对正极短路/SP	G192 和 E87 之间短路或断路 传感器 G192 损坏	按电路图查找并排除短路或断路故障 检查传感器 G192
01582 冷却液温度信号⑦ 不可靠信号	仪表板和 E87 之间断路或短路 仪表板损坏	按电路图查找并排除短路、断路或插头故障 检查仪表板信号（读取测量数据块）
01809 左侧温度翻板伺服电动机 V158 卡住或无电压/SP	V158 和 E87 之间短路、断路或插头有故障 温度翻板运动困难 伺服电动机 V158 损坏	按电路图查找并排除短路、断路或插头故障 检查温度翻板是否运动自如 检查伺服电动机 V158（执行器诊断）
01810 右侧温度翻板伺服电动机 V159 卡住或无电压/SP	G220 和 E87 之间短路、断路或插头有故障 温度翻板运动困难 V159 上电位计 G220 损坏	按电路图查找并排除短路、断路或插头故障 检查温度翻板是否运动自如 检查伺服电动机 V159
01841 左侧温度翻板伺服电动机 V158 上电位计 G220⑧ 对地短路/SP 断路/对正极短路/SP 超过自适应极限②	G220 和 E87 之间短路、断路或插头有故障 温度翻板运动困难 伺服电动机 V158 损坏	按电路图检查并排除短路、断路或插头故障 检查温度翻板是否运动自如③ 更换伺服电动机 V158

（续）

V. A. G1551 打印输出	可能的故障原因	故障排除
01842 右侧温度翻板伺服电动机 V159 上电位计 G221[8] 对地短路/SP 断路/对正极短路/SP 超过自适应极限[2]	G221 和 E87 之间短路、断路或插头有故障 温度翻板运动困难 V159 上电位计 G221 损坏	按电路图查找并排除短路、断路或插头故障 检查温度翻板是否运动自如[3] 检查伺服电动机 V159
65535 空调控制和显示单元(E87) 损坏	E87 导线(接线柱 15 或 31)断路、有接触电阻、松动 空调控制和显示单元 E87 损坏	按电路图查找并排除 E87 导线故障 更换空调控制和显示单元 E87

① 如果电压（插头 B，插口 3）降至 9.5V 以下，压缩机将关闭至少 25s，当电压超过 10.8V 时，压缩机才又接通。

② 只有在基本设定过程中才能查到该故障。

③ 必须达到两个止点。

④ 当压缩机关闭后，如果“压缩机接通”输出/输入信号处有电压，该故障就会被记录下来。

⑤ 压力开关 F129 由 2 对触点构成，当制冷剂回路中出现过高压力或真空时，通过接通触点 1 和 2 来关闭压缩机（开关打开），通过接通触点 3 和 4 将风扇接到 2 档（开关关闭）。如果压力开关 F129 的触点 1 和 2 之间断开，那么空调控制和显示单元 E87 首先将其判断为过高压力并存储该故障。如果外部温度在 0～50℃之间且开关断开时间超过 30s，过高压力将转为真空（低压开关功能）。如果一个行驶周期内查到压力开关打开 30 次，且原因为插头松动，那么压缩机将被关闭。按“压缩机测试”按钮或关闭并再打开点火开关，可重新接通压缩机。如果在几个行驶周期内该故障都曾出现，必须清除故障码后方可接通压缩机。

⑥ 如果打开点火开关，但空调控制和显示单元 E87 没有识别出“点火开关关闭时间间隔信号”（由仪表板发送），那么 E87 就认为停车时间已超过 4h 且将环境温度认定为发动机温度。这将导致在加热状态时，尽管发动机已达到工作温度，但新鲜空气鼓风机延迟一段时间才起动，仪表板内的外部温度指示器 G106 也可能显示错误的外部温度。

⑦ 冷却液温度由组合仪表计算出来并送至空调控制和显示单元 E87。如果冷却液温度超过 118℃，仪表板将输出接地，使 E87 关闭电磁离合器 N25。

⑧ 如果电位计 G220 或 G221 有故障，空调控制单元和显示单元 E87 将用出口温度传感器的测量值来计算温度翻板位置。

4. 执行器诊断

在执行器诊断过程中不能移动车辆且发动机转速应低于 3000r/min。执行器诊断过程中，调节被关闭，所有部件在 E87 的显示屏上控制。执行器诊断步骤如下：

1）起动发动机，接通压缩机（按“AUTO”键），按开仪表板出风口，向仪表板出风口分配空气。

2）连接 V. A. G1551，输入地址码“08”（空调/暖风系统电器），继续操作，直至屏幕显示：

快速数据传输	帮助
选择功能 XX	

3）按“PRINT”键可接通打印机（键内指示灯亮）。按“0”和“3”键选择“执行器诊断”。屏幕显示：

快速数据传输	Q
03-执行器诊断	

4）按“Q”键确认输入。屏幕显示：

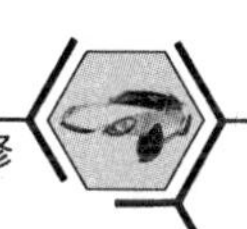

执行器诊断	→
电磁离合器 N25	

5）按“→”键可进行下一个执行器诊断，按“C”键可中止执行器诊断。完成执行器诊断后，应查询故障码。如果在执行器诊断开始时，显示屏上出现“功能未知或当前不能执行”（如发动机未转动），则按“→”并重新选择“03-执行器诊断”（执行器“空调电磁离合器 N25”在检测中不再受控）。

6）按“→”键可依次对新鲜空气鼓风机 V2、散热器风扇 V7、左侧温度翻板伺服电动机 V158、右侧温度翻板伺服电动机 V159、除霜翻板伺服电动机 V107、通风翻板伺服电动机 V71、外部温度指示器 G106、怠速调节控制信号、水加热控制信号等执行器进行诊断。各执行器显示的内容、规定功能及故障排除见表 7-6。

表 7-6　各执行器显示的内容、规定功能及故障排除

显示屏显示	规定功能	故障排除
空调电磁离合器 N25[①]	电磁离合器 N25 以 2s 的节拍吸合，压缩机开始工作，空调控制和显示单元 E87 的输入以 2s 节拍关闭（接地）	按电路图检查电磁离合器 N25 供电电压（通过继电器 J44） 修理电磁离合器 N25 按电路图检查 E87、J44 和 N25 间的导线 更换空调控制和显示单元 E87
新鲜空气鼓风机 V2	新鲜空气鼓风机 V2 在 0V、3V、6V、9V、12V、15V 时各起动 2s	检查新鲜空气鼓风机是否运转自如 按电路图检查新鲜空气鼓风机控制单元 J216 的接地状况 检查控制单元 J126 更换空调控制和显示单元 E87
散热器风扇 V7[②]	按下“→”键后，散热器风扇 V7 被接通 散热器风扇 V7（1 档）以 2s 节拍接通并关闭	按电路图检查 E87 和散热器风扇继电器 J26 之间的导线是否断路或对正极短路 检查 J26 对 V7 的控制功能[②] 检查 J26 的功能
左侧温度翻板伺服电动机 V158	伺服电动机 V158 从一个止点运动到另一个止点（新鲜空气鼓风机在运转且仪表板出风口出风[③]） 左出风口空气温度在改变	按电路图检查 V158 和 E87 间的导线是否断路或连接错误 检查左侧两个温度翻板是否运动自动 检查伺服电动机 V158 更换空调控制和显示单元 E87
右侧温度翻板伺服电动机 V159	伺服电动机 V159 从一个止点运动到另一个止点（新鲜空气鼓风机在运转且仪表板出风口出风）[③] 右出风口空气温度在改变	按电路图检查 V159 和 E87 间的导线是否断路或连接错误 检查右侧两个温度翻板是否运动自动 检查伺服电动机 V159 更换空调控制和显示单元 E87
中央翻板伺服电动机 V70	伺服电动机 V70 从一个止点运动到另一个止点（新鲜空气鼓风机在运转）[④] 空气分配在脚部和仪表板出风口之间转换	按电路图检查 V70 和 G87 间的导线是否断路或连接错误 检查中央翻板和脚部翻板是否运动自动 检查伺服电动机 V70 更换空调控制和显示单元 E87

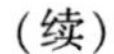
（续）

显示屏显示	规定功能	故障排除
除霜翻板伺服电动机 V107	伺服电动机 V107 从一个止点运动到另一个止点（新鲜空气鼓风机在运转）⑤ 来自风窗玻璃出风口的空气量在改变	按电路图检查 V107 和 E87 间的导线是否断路或连接错误 检查伺服电动机 V107 更换空调控制和显示单元 E87
通风翻板伺服电动机 V71⑥	伺服电动机 V71 从一个止点运动到另一个止点（新鲜空气鼓风机在运转）⑦ 从风窗玻璃出风口出来的空气量在改变（通风翻板），空调在新鲜空气和空气再循环间转换（空气再循环和新鲜空气翻板）	按电路图检查 V70 和 E87 间的导线是否断路或连接错误 检查除霜翻板是否运转自如 检查通风翻板和新鲜空气/空气再循环翻板是否运转自如 检查伺服电动机 V71 更换空调控制和显示单元 E87
显示分区检测	空调控制和显示单元 E87 上的所有显示区以 3s 的节拍开和关闭	更换空调控制和显示单元 E87
外部温度指示器 G106（在自检系统内）	外部温度显示（在自检系统内）从 -45℃ 开始一直向上	按电路图检查自检系统与 E87 之间的导线是否短路或断路 按电路图检查 G106（在自检系统内）的正极和搭铁连接是否断路。 检查自检系统 更换空调控制和显示单元 E87
怠速调节⑧	空调控制和显示单元 E87 的输出以 5s 的节拍空调从 0V 到 12V	
水加热控制信号⑨	空调控制和显示单元 E87 的输入关闭（接地）（中国型车上无柴油发动机，可不必考虑该功能）	
怠速调节⑩	空调控制和显示单元 E87 的输出（插头 A，插口 7）以 5s 的节拍从 0V 变到 12V（V. A. G1527 上发光二极管闪亮）	按电路图检查 E87 和发动机控制单元间的导线 更换空调控制和显示单元 E87

① 接通电磁离合器 N25 的同时，“压缩机接通”的输出（空调控制和显示单元 E87 插头 C，插口 15）就被起动（从 0V 变为 12V）。在读取发动机控制单元数据块时，可按 E87 上的“ECON”按钮来接通或关闭压缩机，以检查该输出。读取测量数据块时，可按 E87 上的“ECON”按钮来接通或开闭压缩机，以检查该输出。发动机控制单元利用该信号（空调压缩机接通）来修正当打开压缩机时发动机上暂时增加的负荷。发动机控制单元利用该输出/输入（压缩机接通信号）可关闭空调压缩机。检查时，在发动机运转情况下先读取点火和喷射系统控制单元的测量数据块，然后关闭并打开压缩机（按“ECON”按钮）或接上检测盒 V. A. G1598。如果压缩机关闭后，“压缩机接通”输出/输入信号有电压，这种情况作为故障存储。

② 散热器风扇在热敏开关 F18 闭合或空调压力开关 F129 闭合（触点 3 和 4）的情况下由继电器 J101 接通 2 档。

③ 中央翻板在“仪表板出风口”位置，新鲜空气/空气再循环翻板在“新鲜空气”位置，除霜翻板关闭。

④ 新鲜空气/空气再循环翻板在“新鲜空气”位置且除霜翻板关闭。

⑤ 新鲜空气/空气再循环翻板在“新鲜空气”位置，中央翻板和脚部翻板关闭。

⑥ 除通风翻板外，该伺服电动机不驱动空气再循环/新鲜空气翻板。

⑦ 中央翻板和脚部翻板关闭，除霜翻板打开。拆下花粉过滤器后可看见伺服电动机的运动。

⑧ 打开后窗加热装置时，有一个正信号加到该输出上（检查前，关闭后风窗加热装置）。

⑨ 仅指柴油车。如果满足某种条件，控制单元（用于柴油发动机时务必接通辅助加热装置）进行“怠速调节”执行器诊断。

⑩ 怠速升高或改变发动机控制单元内的控制值。如果手动关闭压缩机（在正常调节中），“怠速转速升高”输出信号不受控制。

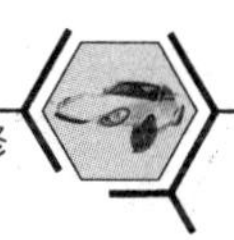

5. 基本设定

1）连接V. A. G1551，输入地址码“08”（空调/暖风系统电器），继续操作，直至屏幕显示：

快速数据传输	帮助
选择功能××	

2）按“PRNT”键接打印机（指示灯亮）。按“0”和“4”键选择“基本设定”。屏幕显示：

快速数据传输	Q
04-基本设定	

3）按“Q”键确认输入。屏幕显示：

基本设定	帮助
输入显示组号×××	

4）输入显示组号“01”或“001”（根据故障阅读软件版本号），按“Q”键确认输入。左侧温度翻板伺服电动机V158、右侧温度翻板伺服电动机V159、通风翻板伺服电动机V71、中央翻板伺服电动机V70和除霜翻板伺服电动机V107将一个接一个被起动，其终点位置存入空调控制和显示单元E87（指伺服电动机上电位计的电阻值）。屏幕显示：

基本设定 1				
×××	×××	×××	×××	×××

5）伺服电动机的运动可在显示屏上跟踪（反馈值的变化），如显示“0”时，说明基本设定结束。屏幕显示：

基本设定 1			→	
0	0	0	0	0

6）按“0”和“2”键选择“查询故障码”，按“Q”键确认输入，显示存储器的故障码或“无故障”。最后一个故障显示并打印完后，应按故障码表（表7-5）排除故障。

6. 清除故障码和结束输出

1）清除故障码前，应先查询故障码。查询故障码后屏幕显示：

快速数据传输	帮助
选择功能××	

2）按“0”和“5”键选择“清除故障码”。屏幕显示：

快速数据传输	Q
05-清除故障码	

3）按“Q”键确认输入。屏幕显示：

快速数据传输	→
故障码已被清除	

4）按“→”键。屏幕显示：

快速数据传输	帮助
选择功能××	

5）按“0”和“6”键选择“结束输出”。屏幕显示：

快速数据传输　　　　　　　　Q
06-结束输出

6）按“Q”键确认输入。关闭点火开关，拔下自诊断插头。

7. 控制和显示单元编码

编码结束后，必须进行基本设定。如果打开点火开关后，新安装的空调控制和显示单元显示屏闪亮（约2min），那么可以对其进行编码并进行基本设定。

1）启用V. A. G1551，输入地址“08”（空调/暖风系统电器），继续操作，直到屏幕显示：

快速数据传输　　　　　　　　帮助
选择功能××

2）按“PRINT”键可接通打印机（键内指示灯亮）。按“0”和“7”键选择“控制单元编码”。屏幕显示：

快速数据传输　　　　　　　　Q
07-控制单元编码

3）按“Q”键确认输入。屏幕显示：

控制单元编码
输入编码×××××

4）按“→”键切换到下一个程序。按车型、发动机和国别给空调控制和显示单元E87编制代码（见表7-4）。例如，输入“00040”，按“Q”键确认输入，稍过一会就会显示控制单元备件号、编码和服务站代码：

4B0 820 043 X A6 全自动空调　　D××
编码×××××　　　　　WSC ×××××

5）如果代码输入错误，则错误代码会被抑制，而代码“00040”则被存储。空调控制和显示单元E87的匹配因车上装备及空调的不同而不同。空调控制和显示单元有多种，因此更换时一定要注意匹配。只可装用备件号中索引在H以上的空调控制和显示单元。屏幕显示如下：

4B0 820 043 H A6 全自动空调　　D××
编码×××××　　　　　WSC ×××××

表7-7　控制单元编码表

代　码					含　义
0					无用
	0				无用
					国家代码
		0			除美国和日本以外的其他地区
					发动机类型
			4		4缸
			6		6缸
					车型/发动机类型
				0	左置转向盘/汽车发动机

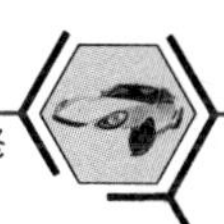

8. 读取测量数据块

备件号中的索引号为 P、Q、R 和 S 的空调控制和显示单元 E87，共有 12 个测量数据块，每个数据块有 4 个测量值。备件号中的索引号为 H、J、K 或 L 以及索引号在 T 以上的空调控制和显示单元 E87，共有 13 个测量数据块，每个数据块有 4 个测量值。

在自诊断过程中（读取测量数据块功能），空调调节功能处于接通状态并可显示当时的测量值。

显示组 2~6 显示各伺服电动机止点的实际值和规定值，或在上一次基本设定中学习并存储的值。

在自诊断过程中，伺服电动机和翻板的位置可通过按 E87 上的按钮来改变，故障阅读仪显示屏上可显示出实际值和规定值。

1）起动发动机，将空调控制和显示单元 E87 设置到“AUTO”状态（压缩机接通），使新鲜空气鼓风机高速运转约 1min（以调整伺服电动机）。

2）开启 V. A. G1551，输入地址码“08”（空调/暖风电器系统），继续操作，直至屏幕显示：

快速数据传输	帮助
选择功能××	

3）按“0”和“8”键选择“读取测量数据块”。屏幕显示：

快速数据传输	Q
08-读取测量数据块	

4）按“Q”键确认输入。屏幕显示：

读取测量数据块
输入显示组号×××

5）输入显示组号（见表 7-8），按“Q”键确认输入。屏幕显示：

读取测量数据块 X	→
输入显示组号×××	

6）选择另一显示组时，可先按“C”键，再输入显示组号。也可按“3”键切换到下一显示组或按“1”键切换到前一显示组。

表 7-8　可选显示组号

显示组	显示区	内　容
01	1	压缩机关闭条件
	2	电磁离合器 N25 的电压(V)
	3	接线柱 15 电压(V)
	4	点火开关关闭时间间隔信号(停车时间)
02	1~4	左侧温度翻板伺服电动机 V158
03	1~4	右侧温度翻板伺服电动机 V159
04	1~4	中央翻板伺服

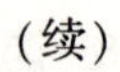
（续）

显示组	显示区	内　容
05	1~4	除霜翻板伺服电动机 V107
06	1~4	通风翻板伺服电动机 V71
07	1	计算出的外部温度（用于仪表板内外部温度指示器 G106）
	2	新鲜空气进气管温度传感器 G89
	3	外部温度传感器 G17
	4	冷却液温度（由 E87 计算出的值）
08	1	计算出的外部温度（用于仪表板内外部温度指示器 G106）
	2	新鲜空气进气管温度传感器 G89
	3	外部温度传感器 G17
	4	冷却液温度（由 E87 计算出的值）
09	1	新鲜空气鼓风机 V2 规定电压
	2	新鲜空气鼓风机 V2 实际电压
	3	接线在 58D 电压（与照明调节器 E20 相比）　%
	4	接线柱 58S 电压
10	1	发动机转速
	2	车速
	3	停车加热
	4	辅助加热器开/关
11	1	冷却液温度（从仪表板来）
	2	压缩机接合
	3	空调压力开关 F129
	4	备件号中索引号为 P、Q、R、S 的空调控制和显示单元未使用
		备件索引号为 H、J、K 或 L 以及 T 以上的空调控制和显示单元 点火钥匙匹配
12	1	阳光强度光敏电阻 G107（左侧）
	2	阳光强度光敏电阻 G107（右侧）
	3	未使用
	4	未使用
13	1~4	备件索引号为 H、J、K 或 L 或 T 以上的空调控制和显示单元 压缩机关闭的后四个条件作用时间超过 20s

显示组 01~13 各显示区的显示内容见表 7-9~表 7-21。

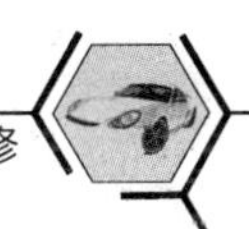

表 7-9　显示组 01 显示内容

<table>
<tr><th>显示区</th><th colspan="2">显示内容</th></tr>
<tr><td rowspan="15">1</td><td>代码</td><td>压缩机关闭条件：</td></tr>
<tr><td>0</td><td>压缩机接通：未识别出关闭条件（如果压缩机未接通，进行执行器诊断）</td></tr>
<tr><td>1</td><td>压缩机关闭：压力开关 F129（触点 1 和 2 之间）打开（过高压力或导线连接松动）</td></tr>
<tr><td>2</td><td>未使用</td></tr>
<tr><td>3</td><td>压缩机关闭：压力开关 F129（在触点 2 和 1 之间）打开（真空、制冷剂环路空或导线断路）</td></tr>
<tr><td>4</td><td>未使用</td></tr>
<tr><td>5</td><td>压缩机关闭：发动机转速低于 300r/min；未识别发动机转速信号
仪表板、发动机控制单元和 E87 之间导线断路（插头 A，插口 2）
发动机控制单元或仪表板提供了不能使用的发动机转速信号（检查转速信号）</td></tr>
<tr><td>6</td><td>压缩机关闭：用 E87 上的“ECON”按钮关闭了压缩机（按“AUTO”键接通压缩机）</td></tr>
<tr><td>7</td><td>压缩机关闭：用 E87 上的“OFF”按钮关闭了压缩机（按“AUTO”键接通压缩机）</td></tr>
<tr><td>8</td><td>压缩机关闭：测得的外部温度低于 2℃（将车放到热屋内检查），温度传感器（G17 或 G89）发送错误值</td></tr>
<tr><td>9</td><td>未使用</td></tr>
<tr><td>10</td><td>压缩机关闭：电磁离合器 N25 供电电压低于 9.5V（显示区 3 和故障码表）</td></tr>
<tr><td>11</td><td>压缩机关闭：发动机温度过高，仪表板收到的发动机温度过高，已将输出接地，检查仪表板与 E87（插头 A，插口 3）之间导线对地短路</td></tr>
<tr><td>12</td><td>压缩机关闭：空调压缩机接合，发动机控制单元已关闭了压缩机（检查显示组 10 和执行器诊断）</td></tr>
<tr><td>13</td><td>压缩机关闭：转速高于 600r/min 时，压缩机接通延迟（约 10s）</td></tr>
<tr><td></td><td>14</td><td>压缩机关闭：压力开关 F129（触点 1 和 2 之间的开关）在车行驶过程中接通了 30 次，F129 和 E87 之间导线松动，开关 F129 或制冷剂环路有故障</td></tr>
<tr><td>2</td><td colspan="2">电磁离合器 N25 电压（V，插头 B，插口 3）
如果发动机运转且电磁离合器 N25 接通时显示值低于 12V，按电路图检查 E87 导线（正极和接地）</td></tr>
<tr><td>3</td><td colspan="2">接线柱 15 电压（V，插头 D，插口 9）
如果发动机运转时显示值低于 12V，按电路图检查 E87 导线（正极和接地）</td></tr>
<tr><td>4</td><td colspan="2">点火开关关闭时间间隔（停车时间）：从上次点火开关关闭至再次打开的时间
显示值在 00:00—04:00 之间
如果打开点火开关，空调控制和显示单元 E87 未识别出“点火开关关闭时间间隔信号”（由仪表板发送来的），那么 E87 将认为停车时间已经超过 4h，也就是将环境温度认定为发动机温度。这将导致在加热状态时，虽然发动机已达到工作温度，但新鲜空气鼓风机延迟一段时间才起动，仪表板上的外部温度指示器 G106 也可能显示错误的外部温度值</td></tr>
</table>

注：1. 如满足关闭条件 1、8、11 和 12 中的任何一个，在执行器诊断过程中，电磁离合器 N25 不能起动。如果压缩机关闭条件 5 与另一个压缩机关闭条件一同出现，则不必考虑关闭条件 5。

2. 如果几个压缩关闭条件同时存在（显示区 1），那么这些关闭条件要么交替显示，要么由空调控制和显示单元 E87 显示。

3. 如果压力开关 F129 打开，则先显示压缩机关闭条件 1（过高压）且压缩机关闭。如果压力开关打开超过 30s，系统将切换到压缩机关闭条件 3（真空，制冷剂环路空）。

表 7-10 显示组 02（左侧温度翻板伺服电动机 V158）显示内容

显示区	显示内容
1	电位计 220(在伺服电动机 V158 上)的实际反馈值 显示数值大于 5 且小于 250 与规定反馈值最大允许偏差 3 个单元(只在 50~200)
2	电位计 G220 规定反馈值(由 E87 计算出) 显示范围:5~250
3	当伺服电动机在“加热止点”位置时,在基本设定过程中,确认并存入 E87 中的 G220 值(温度翻板将空气直接引到热交换器) 显示值大于 5 且小于 50
4	当伺服电动机在“制冷止点”位置时,在基本设定过程中确定并存入 E87 中的 G220 值(温度翻板将空气从热交换器附近引开) 显示值大于 200 且小于 250

注：如果显示区 3 和 4 中显示值超出允许范围，参见故障码表进行检查。如果显示区 1 和反馈值小于 5（短路）或大于 20（断路），则进行电气检测。在 5~50 和 200~250 之间的实际反馈值被预先设定为左温度翻板伺服电动机止点的允许公差范围或空调控制和显示单元上翻板止点的允许公差范围。

表 7-11 显示组 03（右侧温度翻板伺服电动机 V159）显示内容

显示区	显　示
1	电位计 G221(在伺服电动机 V159 上)的实际反馈值 显示值大于 5 且小于 250 与规定反馈值最大允许偏差 3 个单元(只在 50~200)
2	电位计 G221 规定反馈值(由 E87 计算出) 显示范围:5~50
3	当伺服电动机在“加热止点”位置时,在基本设定过程中确定存入 E87 中的 G221 值(温度翻板将空气直接引到热交换器) 显示值大于 5 且小于 50
4	当伺服电动机在“制冷止点”位置时,在基本设定过程中确定并存入 E87 中的 G221 值(温度翻板将空气从热交换器旁引开) 显示值大于 200 且小于 250

表 7-12 显示组 04（中央翻板伺服电动机 V70）显示内容

显示区	显示内容
1	电位计 G112(在伺服电动机 V70 上)的实际反馈值 显示值大于 5 且小于 250 与规定反馈值最大允许偏差 3 个单元(只在 50~200)
2	电位计 G112 规定反馈值(由 E87 计算出) 显示范围:5~250
3	当伺服电动机在“下止点”位置时,在基本设定过程中确定并存入 E87 中的 G112 值(中央翻板关闭,空气被引向除霜翻板和脚部翻板) 显示值大于 5 且小于 50
4	当伺服电动机在“上止点”位置时,在基本设定过程中确定并存入 E87 中的 G112 值(中央翻板将空气引向仪表板出风口) 显示值大于 200 且小于 250

表 7-13　显示组 05（除霜翻板伺服电动机 V107）显示内容

显示区	显 示 内 容
1	电位计 G135(在伺服电动机 V107 上)的实际反馈值 显示数值大于 5 且小于 250 与规定反馈值最大允许偏差 3 个单元(只在 50~200)
2	电位计 G112 规定反馈值(由 E87 计算出) 显示范围:5~50
3	当伺服电动机在“下止点”位置时,在基本设定过程中确定并存入 E87 中的 G135 值(除霜翻板关闭) 显示值大于 5 且小于 50
4	当伺服电动机在“上止点”位置时,在基本设定过程中确定并存入 E87 中的 G135 值(除霜翻板打开,空气从除霜喷嘴流向风窗玻璃) 显示值大于 200 且小于 250

表 7-14　显示组 06（通风翻板伺服电动机 V71）显示内容

显示区	显 示 内 容
1	电位计 G113(在伺服电动机 V71 上)的实际反馈值 显示值大于 5 且小于 250 与规定值最大允许偏差 3 个单元(只在 50~200 之间)
2	电位计 G113 规定反馈值(由 E87 计算出) 显示范围:5~250
3	当伺服电动机在“下止点”位置时,在基本设定过程中确定并存入 E87 中的 G113 值(蒸发器进气区的通风翻板关闭,空调在空气再循环状态) 显示值大于 5 且小于 50
4	当伺服电动机在“上止点”位置时,在基本设定过程中确定并存入 E87 中的 G113 值(蒸发器进气区的通风翻板打开,空调在新鲜空气状态) 显示值大于 200 且小于 250

表 7-15　显示组 07 显示内容

显示区	显 示 内 容
1	外部温度计算值(用于仪表板自检系统外部温度指示器 G106)
2	新鲜空气进气管温度传感器测量值 G89(℃)
3	外部温度传感器测量值 G17(℃)
4	E87 计算出的冷却液温度(控制新鲜空气鼓风机转速的辅助值)

注：显示区 1 显示的是两个测得的外部温度值（显示区 2 和显示区 3）中较低的一个。关闭点火开关后，该值最多可存储 4h。如果计算出的外部温度过低，原因可能是两个温度传感器 G87 和 G89 中的一个接触不良或导线连接不好。有故障的温度传感器的测量值由 E87 排除，E87 使用一个内部计算值来进一步调节。只有在仪表板不发送冷却液温度信号时，才用由 E87 计算出的冷却液温度来调节空调。E87 计算冷却液温度时要用到很多输入信号（打开点火开关后持续的时间、发动机转速、发动机运行时间、外部温度值、停车时间）。

表 7-16　显示组 08 显示内容

显示区	显示内容
1	左出风口温度传感器 G150 测得的温度值(℃)
2	右出风口温度传感器 G151 测得的温度值(℃)
3	脚坑出风口温度传感器 G192 测得的温度值(℃)
4	仪表板温度传感器 G56 测得的温度值(℃)

注：有故障的温度传感器的测量值由 E87 排除，E87 使用一个内部计算值来进一步调节（当前测得值被显示出来）。

表 7-17　显示组 09 显示内容

显示区	显示内容
1	新鲜空气鼓风机 V2 规定的电压值(由 E87 计算出) 0~12.5V(根据 E87 调整状况而定)
2	新鲜空气鼓风机 V2 实际电压 与规定电压偏差(在车上电源电压内)小于 0.7V
3	E87 上各显示照明电压 在 5%~100%之间,决定于下列因素:仪表照明控制器 E20 的位置,接线柱 58d,仪表板内光敏电阻确定的亮度(插头 A 上插口 5 与 E87 间电压)
4	空调控制和显示单元 E87 的开关照明电压(接线柱 58s) 0%~100%之间,决定打开停车灯时仪表照明调节器 E20 的位置(插头 C 上的插口 7 与 E87 间的电压) 停车灯关闭时,显示 10%或小于 1.0V

注：检查空调控制和显示单元 E87 上接线柱 58d 和 58s 的输入电压，接线柱 58d 上的电压由仪表板产生，是一个矩形信号，E87 显示屏亮度由其工作后持续的时间来决定。只有当接线柱 58s 上有电压时，E87 的按钮才亮。E87 显示屏亮度也可在关闭停车灯后由照明调节器 E20 来调节。

表 7-18　显示组 10 显示内容

显示区	显示内容
1	发动机转速(r/min)
2	车速(km/h) 0=打开点火开关后,无车速信号 1=打开点火开关后至少识别出一次车速信号
3	停车加热 0=停车加热不工作(插头 D 的插口 1 上电压小于 5V) 1=停车加热工作(插头 D 的插口 1 上电压大于 5V)
4	辅助加热器开/关(仅指柴油发动机) 1=辅助加热器开(E87 输入接地) 0=辅助加热器关(E87 输入断开)

注：1. 显示区 2 只有在车速超过 1km/h 时开始显示车速。

2. 显示区 3：如果关闭点火开关后，E87 仍处于工作状态且显示“1”，按电路图查找并排除插头 D 上的插口 1 对正极短路；当关闭点火开关后，如果有电压作用在该输入上，则 E87 开始工作，最大 6V 即可起动新鲜空气鼓风机，空气被引向风窗玻璃。

3. 显示区 4 只用于柴油发动机车型。

表 7-19　显示组 11 显示内容

显示区	显示内容
1	仪表板发送的冷却液温度(控制新鲜空气鼓风机转速的辅助值,冷却液温度过高) 9~117℃:冷却液温度允许范围内/信号正常 10℃:没有来自仪表板的信号 65℃:没有来自仪表板的信号或插头 A 的插口 3 电压低于 5V 118℃:冷却液温度过高(温度开关关闭,仪表板将输出接地,插头 A 的插口 3 电压小于 5V)
2	压缩机接合 0:压缩机接合输出信号"断开"(插头 C 的插口 12 电压低于 5V) 1:压缩机接合输出信号"接通"(插头 C 的插口 12 电压高于 5V)
3	空调压力开关 F129 1:压力开关断开(插头 C 的插口 12 电压低于 2V) 0:压力开关断开(插头 C 的插口 12 电压高于 2V)
4	备件号中索引号在 G 以下(包括 G)及 P、G、R 和 S 的空调控制和显示单元未使用(不考虑显示内容)
	备件号中索引号为 H、J、K 或 L 以及 T 以上的空调控制和显示单元显示 0:用钥匙打开了点火开关,但该钥匙与仪表板不匹配,没有来自仪表板的信息 1 或 2、3、4:用钥匙打开了点火开关,该钥匙被置于组合仪表板上 1 或 2、3、4 号位置

注：1. 显示区 1：检查冷却液温度传感器和仪表板，当冷却液温度在 50℃以下时，用 E87 计算出的温度和仪表板发送的温度的平均值来调节；当冷却液温度在 50℃以上时，只用仪表板发送的温度值调节。如果 E87 不能使用来自仪表板的信号，那么显示的冷却液温度是-10℃或-65℃，且 E87 的计算值用于调节。如果显示-65℃，压缩机不能接通。在冷却液温度达到 118℃时，仪表板输出就接地，E87 将关闭电磁离合器 N25 并显示冷却液温度为 118℃。

2. 显示区 2：接通电磁离合器 N25 时，输出也接通（电压高于 5V）。如果在电磁离合器接通的状态下，电压降至 5V 以下（发动机控制单元将输入接地），那么 E87 将关闭电磁离合器。

3. 显示区 3：如果空调开关 F129 断开（插头 1 和 2 间的高/低压开关），则压缩机关闭。

4. 显示区 4：对于 2000 年以后生产的车，当打开点火开关时，点火开关的适配连同冷却液温度及"发动机温度过高"信号一起由组合仪表板送至 E87（数据通信）。只有备件号为 4B0 820 043 且索引号为 H、J、K 或 L 以及 T 以上的空调控制和显示单元才能处理点火开关的适配。如果冷却液温度过高，则无法传递信息。打开点火开关时，E87 起动，起动状态是上次关闭点火开关时使用该开关所产生的有效状态（温度、空气分配、新鲜空气鼓风机转速）。只有装备防盗器的车，其组合仪表板才能识别并传递点火开关适配信息。

表 7-20　显示组 12 显示内容

显示区	显示内容
1	阳光强度光敏电阻 G107(左侧) 0%~100%(相当于 4.5V 和 0.5V),按阳光强度变化
2	阳光强度光敏电阻 G107(右侧) 0%~100%(相当于 4.5V 和 0.5V),按阳光强度变化
3	未使用(不考虑)
4	未使用(不考虑)

注：将光敏电阻 G107 放到一只合适的灯泡前，其显示值会改变。如果不论照射光敏电阻 G107 的光源有多强，总显示最强光源的约 90%，则应检查 G107 导线是否接错。

表 7-21　显示组 13 显示内容

显示区	内　容	显示区	内　容
1	倒数第四个压缩机关闭条件	3	倒数第二个压缩机关闭条件
2	倒数第三个压缩机关闭条件	4	最后一个压缩机关闭条件

注：显示组 13 只用于备件号为 4B0 820 043 且索引号为 H、J、K 或 L 以及 T 以上的空调控制和显示单元，只有当压缩机关闭条件存在超过 20s 后才能存储起来。

三、丰田普瑞斯汽车空调的自诊断

丰田普瑞斯汽车全电动空调出现故障时，可以通过故障自诊断和元件测试来寻找故障原因与部位。

（1）故障自诊断　把空调“AUTO”开关和“R/F”开关同时按下，并接通点火开关，空调指示灯在1s间隔内连续亮灭4次，故障自诊断便自动开始自检。如果有故障码，则故障码由小到大显示，故障码及故障部位如表7-22所示。如要退出故障自诊断状态，只需按下“OFF”开关。

（2）执行器测试　在空调指示灯闪烁状态下，再按下“RF”开关，故障自诊断系统进入执行器元件测试状态。然后，空调控制系统每隔1s自动运行执行器和继电器，维修人员可用手感觉温度和空气的流量，用眼睛观察执行器工作情况。如果想慢慢显示，可按“TEMP”开关，将执行器的工作改变为步进运转。每按1次“TEMP”开关，改变1步显示，自动改变到对下一个执行器进行测试。

表7-22　丰田普瑞斯汽车空调故障码及故障部位

故障码	故障部位	故障码	故障部位
B1411	车内温度传感器或电路	B1412	车外温度传感器或电路
B1413	蒸发器表面温度传感器或电路	B1421	阳光传感器或电路
B1423	压力开关或电路	B1431	空气混合风门位置传感器或电路
B1432	进风口风门位置传感器或电路	B1433	出风口风门位置传感器或电路
B1441	空气混合伺服电动机或电路	B1442	进风口伺服电动机或电路
B1443	出风口伺服电动机或电路	B1462	湿度传感器或电路
B1171	空调变频器高压电源电路	B1472	空调变频器高压输出电路
B1473	空调变频器起动信号电路	B1475	空调变频器冷却系统
B1476	空调变频器负载电路	B1477	空调变频器低压电源电路
B1498	通信系统	P0A66-11	混合蓄电池系统

（3）故障码的清除　故障排除后，必须清除空调ECU存储器内的所有故障码，然后重新进入故障自诊断状态，以验证维修后空调是否正常。清除故障码的方法是拔下空调ECU电源电路中的熔丝10s以上；清除ECU存储器中的故障码后，重新插上熔丝，检查是否有正常代码输出。

第七节　汽车空调故障诊断与排除

汽车空调运行时的常见故障可分为暖风系统故障和制冷系统故障两大类。

一、暖风系统故障

暖风系统故障主要为不供暖或供暖不足、暖风过量、空调除霜热风不足和漏水，具体见表7-23。

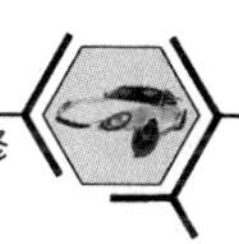

表 7-23　暖风系统故障

<table>
<tr><td rowspan="2">故障现象</td><td colspan="2">故障原因及措施</td></tr>
<tr><td>机械故障</td><td>电气故障</td></tr>
<tr><td rowspan="5">不供暖或
供暖不足</td><td>加热器故障
漏风：应密封加热器壳体；加热器翅片积灰或变形，导致通风不畅，应清洁、修理或更换加热器；加热器内部积垢堵塞，可用化学方法除垢；加热器芯管内部有空气，应排出管内空气</td><td rowspan="5">1. 鼓风机故障
电动机损坏，应检查鼓风机电动机并予以修复或更换；鼓风机调速电阻断路，应更换调速电阻；鼓风机继电器损坏，应检查并修复或更换继电器
温度调节门的真空伺服电动机损坏，应更换伺服电动机
控制暖风循环热水量的电磁阀失灵，应更换该电磁阀
2. 电路故障
熔丝烧断或开关接触不良，应检查熔丝或开关，必要时维修或更换；电路断路或者断路，应检修
3. 电子节温器故障：检修或者更换
4. 控制单元故障：检修或者更换
5. 蓄电池电压过低：检查电源系统
6. 风门伺服电动机故障：检修或更换
7. PTC 加热器故障：检修或更换</td></tr>
<tr><td>发动机冷却液不足，应检查冷却系统内是否有泄漏处，如有应修复，并补充冷却液</td></tr>
<tr><td>发动机节温器失效，造成冷却液升温时间长，导致冬天无法为加热器提供足量的热水，应更换节温器</td></tr>
<tr><td>热水开关或真空电动机失效，导致没有足够的热水量，应拆修或更换
冷却液管受阻说明水管严重扭曲变形，应检查修理或更换水管</td></tr>
<tr><td>空气循环量不足：加热器漏风、混合风门位置不对等，应进行检查并予以维修、更换、堵漏或重新调整</td></tr>
<tr><td>空调除霜
热风不足</td><td>出风口堵塞：清除堵塞物
除霜风门调整不当：应重新调整</td><td>除霜开关损坏：更换除霜开关
鼓风机或者控制单元故障：检修或更换
PTC 加热器故障：检修或更换</td></tr>
<tr><td>空调暖风过量</td><td>调温风门位置不当：可调节调温风门的位置，必要时更换
发动机冷却系统节温器损坏：应更换节温器</td><td>风机调速电阻损坏：应更换调速电阻
控制单元故障：更换
PTC 加热器故障：检修或更换</td></tr>
<tr><td>漏水</td><td colspan="2">暖风水管老化、接头不牢：应更换暖风水管或接头</td></tr>
</table>

二、制冷系统故障

汽车空调制冷系统的故障主要是汽车空调不制冷、制冷效果不良或者间断制冷、噪声和异响等。故障类型包括电气故障、机械故障和制冷系统故障三大方面。

1. 汽车空调不制冷

汽车空调不制冷的故障原因及措施见表 7-24。

表 7-24　汽车空调不制冷的故障原因及措施

<table>
<tr><td>系统故障</td><td>机械故障</td><td>电气故障</td></tr>
<tr><td rowspan="2">制冷剂泄漏：制冷剂泄漏较多后，低压保护开关起作用，使压缩机不能起动，此时应检查泄漏部位并将其修复</td><td rowspan="2">传动带与带轮发生打滑，不能驱动压缩机运转，此时应先检查传动带磨损程度，磨损量过大时应予以更换，接着检查松紧度，若不合适，用张紧轮调整</td><td>总电路熔丝熔断：要查明原因并维修，更换同规格的新熔丝
总控制线或搭铁线断开：先检查各接线柱或搭铁是否松动、脱开，若属实，则重新接好</td></tr>
<tr><td>压力开关故障：将被检查的压力开关短接后仍不能工作，而在压力开关被短接之后又恢复工作，则说明该压力开关有故障，应对其予以修理或更换</td></tr>
</table>

（续）

系统故障	机械故障	电气故障
制冷剂泄漏：制冷剂泄漏较多后，低压保护开关起作用，使压缩机不能起动，此时应检查泄漏部位并将其修复	膨胀阀损坏：先检查感温包是否与蒸发器的出口管贴紧，若没贴紧，则应重新固定，然后检查感温包是否泄漏，若泄漏应予以更换	环境温度过低：当环境温度低于15℃时，低温保护开关起作用自动切断压缩机电路，此时应检查环境温度是否低于15℃，以及低温保护开关工作是否正常
系统压力过高：若系统压力过高，高压保护开关便起作用，使压缩机不能起动，此时应检查系统压力是否过高及其导致因素，并予以维修	电磁离合器间隙过大，导致其不能带动压缩机运转，此时应检查间隙，必要时应重新调整其间隙或更换电磁离合器	设定温度过高：如果温控器旋钮调在温度较高的档位上，而这时车内温度已很低，温控器不能接通压缩机工作，此时应检查设定温度并正确调整温控器旋钮
	发动机怠速自动调节机构失灵：由于怠速自动调整机构失灵，空调安全控制电路工作电磁离合器断电，压缩机便不能运转，此时应检查并调整怠速调整机构	热敏电阻损坏，导致不能正确感应温度，应检查并更换热敏电阻
		鼓风电动机损坏：短接通电后看其是否转动鼓风机继电器损坏：检查继电器线圈是否烧坏、触点是否完好，若有问题应予以修理或更换
系统堵塞：系统堵塞一般是储液干燥过滤器滤网或膨胀阀滤网堵塞，其检查方法是堵塞处前后温差很大，可根据需要清洗滤网或更换整个部件	压缩机不能起动或者压缩机卡死，此时应卸下压缩机进行维修成更换：卸下压缩机检查、维修或更换 压缩机阀片损坏：检查确认后更换阀片	电磁离合器线圈损坏：用万用表检查电磁线圈的导电性和绝缘性，若存在故障，应更换电磁离合器线圈
		温控器损坏：对于热敏电阻式温控器，应先检查调温电阻是否损坏及热敏电阻的特性是否正常，然后再检查放大器有无问题。若存在上述故障，则应予以修理或更换
	温控器损坏：对于压力机械式温控器，应检查感温包内的工质是否泄漏，各机构是否损坏	控制单元故障：空调控制单元、鼓风机控制单元、冷却风扇控制单元故障，此时应用专用设备进行检测，如果存在故障应更换

2. 汽车空调制冷效果不良或者间断制冷

汽车空调制冷效果不良或者间断制冷的故障原因及措施见表7-25。

表7-25　汽车空调制冷效果不良或者间断制冷的故障原因及措施

系统故障	机械故障	电气故障
制冷剂过多：观察视液镜中无气泡，停机后立即清晰，高、低压侧压力均偏高，此时应从低压检修阀放出部分制冷剂	风门控制故障：检查真空伺服器，检查空调送风管道是否堵塞	冷凝风扇转速过低：将造成高、低压侧压力均过高，且出风不冷，此时应检查风速开关
冷剂量过少：观察视液镜中有较多气泡，高、低压侧压力都偏低。此时应先检漏、修理或更换部件，然后充注制冷剂，重新运行观察，气泡应消失，压力表读数应正常	冷凝器散热片脏污：冷凝器散热片灰尘过多，将影响散热效果，导致高压侧压力过高。此时清理冷凝器散热片上的灰尘即可	蒸发器风机转速不够：将造成蒸发器严重结霜，出风不冷。此时应检查和修理风机开关、风机继电器或更换鼓风机

（续）

系统故障	机械故障	电气故障
系统内有水分：其现象是空调运行一段时间后，低压侧压力异常低甚至出现真空、膨胀阀冰堵、出风不冷现象，停机休息后重新开启空调，开始尚能正常工作，过一会儿又出现上述现象。此时应检漏、更换储液干燥过滤器、抽真空、加注制冷剂	压缩机阀片损坏或者活塞密封不好，导致压缩机输出功率下降	蒸发压力调节阀损坏或调节不当：此时应重新调节或更换蒸发压力调节阀
	压缩机传动带过松：将造成压缩机转速过低且出风不冷。此时应张紧或更换传动带	温控器调整不当：导致温控器断开温度过高，达不到设定温度。此时应重新调整温控器
系统中有脏物：其现象是低压侧出现真空，高压侧压力也很低，储液干燥过滤器或膨胀阀前后管路上结霜或结露，出风不冷，停机后重新运行故障依旧。此时应清洗或更换储液干燥过滤器	膨胀阀滤网堵塞：将导致吸气压力稍低，排气压力稍高，制冷效果下降。此时应卸下滤网清洗或更换 膨胀阀开度过大：将导致高、低压侧压力均过高，制冷效果也下降，此时应调整膨胀阀的度 膨胀阀感温包泄漏，此时应更换膨胀阀 膨胀阀感温包捆扎不好，使绝热层松开，感应温度不准确，此时应重新捆扎好	电磁离合器打滑：将造成压缩机不能正常运转 电磁离合器线圈故障：主要是线圈接触不牢、搭铁不良、松动等，应将离合器线圈拆下进行维修或更换
		空调风门未关严：在空调工作正常的情况下，导致达不到设定温度
		继电器、风机电动机故障，导致空调工作断断续续，此时应卸下故障零件进行修理或更换
系统内有空气：观察视液镜中有较多气泡，高低压侧压力都过高，且压力表指针剧烈抖动，此时应放出多余制冷剂直至正常，然后检漏、更换储液干燥过滤器、抽真空、加注制冷剂	蒸发器散热片脏污，将导致出风量减少且出风不冷。此时应用高压空气吹掉翅片上的灰尘，清洗滤网	温度设定值偏高：空调运行在短时间内就可达到规定的温度值，压缩机便停止工作，温控器通断的时间间隔较短，引起压缩机开停频繁。此时应重新设定温度
系统中冷冻机油过多：观察窗中有混浊的条纹，此时应放出多余的冷冻机油	储液干燥过滤器滤网堵塞，干燥剂失效，或者储液干燥过滤器进、出口接反	压力开关控制值调节不准：如低压控制值过高或高压控制值过低，应更换压力开关。 压力传感器故障：应检查压力元件是否正常，不正常时应更换
系统冰堵：其现象是开始时工作正常，工作一段时间后就不制冷了，停机后重新开机，但过一会儿又不制冷了。出现这种情况后，应检漏、更换储液干燥过滤器、抽真空、加注制冷剂	膨胀阀失灵：膨胀阀感温包位置变动，导致感温不准，造成间歇制冷	控制单元故障：空调控制单元、鼓风机控制的单元、冷却风扇控制单元故障，此时应用专用设备进行检测，如果存在故障应更换

3. 汽车空调制冷系统噪声

汽车空调制冷系统噪声的故障原因及措施见表7-26。

表 7-26　汽车空调制冷系统噪声的故障原因及措施

系统故障	机械故障	电气故障
制冷剂过多：仔细听察，高压管路有振动声，压缩机有敲击声。此时应排掉过多的制冷剂	传动带噪声：传动带松动打滑或过度磨损，均会产生噪声。此时应张紧或更换传动带	电磁离合器噪声：由于电磁离合器打滑，因此接合时产生噪声。此时应拆下电磁离合进行检修
	压缩机失去润滑：由于压缩机缺油，引起零部件运行时干摩擦，产生噪声。此时应更换或加注冷冻机油	电磁离合器吸合电压不足，导致电磁离合器不能完全吸合，产生噪声。此时应查明原因并维修或更换
制冷剂过少，导致蒸发器进口处有“嗤嗤”声。此时应检查泄漏处，重新充注制冷剂	压缩机机械噪声：紧固件松动或压缩机零部件磨损或损坏。此时应先检查紧固件，然后卸下压缩机进行拆检维修或更换轴承 工作时有机械摩擦响声，用手转动带轮时有摩擦阻滞感觉。此时应更换轴承	鼓风机噪声：主要是风机叶片变形和鼓风机电动机过度磨损产生的噪声。此时应维修或更换鼓风机或电动机
	护板松动或变形，导致工作时产生敲击或摩擦声。此时应紧固夹紧卡，消除软管与其他部件的磨蹭或擦碰	

汽车空调故障是多种多样的，以上只是对空调所出现的一些典型故障的现象、原因进行了简单的归纳，如果想顺利地排除汽车空调的各种故障，还需要弄清汽车空调的结构、原理、电路和控制系统，研究相关资料，并不断地加以实践。

参 考 文 献

[1] 郝军. 汽车空调 [M]. 北京：机械工业出版社，2015.

[2] 马明金. 汽车空调构造、使用与维修 [M]. 北京：北京大学出版社，2005.

[3] 张桂荣，陈德阳. 汽车空调图册 [M]. 北京：人民交通出版社，2007.

[4] 蒋屹. 2012 款帕萨特、途观车系完全维修手册 [M]. 北京：机械工业出版社，2013.